Der Grundsatz der Gläubigergleichbehandlung in der EuInsVO und nationalen Rechtsordnungen

Europäische Hochschulschriften Recht

European University Studies in Law

Publications Universitaires Européennes de Droit

Band/Volume 6747

Anna Leipson

Der Grundsatz der Gläubigergleichbehandlung in der EuInsVO und nationalen Rechtsordnungen

PETER LANG

Lausanne - Berlin - Bruxelles - Chennai - New York - Oxford

Bibliografische Information der Deutschen Nationalbibliothek
Die Deutsche Nationalbibliothek verzeichnet diese Publikation in der Deutschen Nationalbibliografie; detaillierte bibliografische Daten sind im Internet über http://dnb.d-nb.de abrufbar.

Zugl.: Hamburg, Univ., Diss., 2022

D 18
ISSN 0531-7312
ISBN 978-3-631-89709-6 (Print)
E-ISBN 978-3-631-90478-7 (E-PDF)
E-ISBN 978-3-631-90479-4 (EPUB)
DOI 10.3726/b20987

Verlegt durch:
Peter Lang GmbH, Berlin, Deutschland

info@peterlang.com http://www.peterlang.com/

Vorwort

Diese Arbeit entstand während meiner Tätigkeit als wissenschaftliche Mitarbeiterin am Seminar für Zivilprozess- und Allgemeines Prozessrecht an der Universität Hamburg und meiner ersten Berufsjahre als Rechtsanwältin. Sie wurde vom Promotionsausschuss der Fakultät für Rechtswissenschaften im Juli des Sommersemesters 2022 als Dissertation angenommen. Literatur und Rechtsprechung sind bis zu diesem Zeitpunkt berücksichtigt.

Mein besonderer Dank gilt meinem Doktorvater Prof. Dr. Reinhard Bork für die Anregung des Themas, sowie die stetige Unterstützung und Begleitung während der Erstellung der Arbeit. Ich habe während meiner Tätigkeit an seinem Lehrstuhl viele wertvolle Erfahrungen sammeln können und lehrreiche Jahre verbracht, die mich juristisch und menschlich sehr geprägt haben. Prof. Dr. Dörte Peolzig danke ich herzlich für die rasche Erstellung des Zweitgutachtens. Ich bin beiden Gutachtern sehr dankbar für die rasche Terminierung der Verteidigung kurz vor der Geburt meines Sohnes Caspar Jakob.

An dieser Stelle sei auch Herr Prof. Dr. Mankowski erwähnt, der sich aus Interesse an meinem Dissertationsvorhaben oft Zeit für Diskussionen genommen hat und immer ein paar aufmunternde Worte parat hatte.

Abschließend möchte ich meiner Familie meinen Dank aussprechen, insbesondere meiner Mutter, meinem Stiefvater und meinem Ehemann, die immer an mich geglaubt und mich motiviert haben, die Arbeit abzuschließen. Auf ihre Unterstützung und Förderung konnte ich jederzeit zählen.

Hamburg, April 2023
Anna Leipson

Inhaltsverzeichnis

Vorwort 5

Abkürzungsverzeichnis 15

Literaturverzeichnis 19

A. Einführung 49

B. Nationale Gläubigergleichbehandlung 53

I. Römisches Recht 53
1. Historie 53
a) Zwölftafelgesetz 54
b) Digesten 56
aa) Verfahrensablauf 56
bb) Privilegien 58
cc) Insolvenzanfechtung *Actio Pauliana* 60
2. Funktionen der Gläubigergleichbehandlung im Römischen Recht 63
a) Ordnungsfunktion und Verfahrensökonomie 64
b) Masseschutz und Massemehrung 64
c) Ausgleichende Gerechtigkeit, Gläubigerschutz 64
d) Sozialer Frieden 65
3. Funktionsbeeinträchtigung infolge von Gläubigerprivilegien 65
4. Bewertung 66

II. Oberitalienische Handelsstädte 67
1. Historie 67
2. Privilegien 68
3. Funktion der Gläubigergleichbehandlung in Italien 69

4. Bewertung ... 70

III. Französisches Insolvenzrecht ... 70

1. Historie ... 70

a) Coutumes, Ordonnanzen und Napoleonische Gesetzgebung . 71

b) Entwicklung ab der Reform von 1967 ... 74

c) Entwicklung ab der Reform von 1984/1985 ... 76

2. Aktuelle Rechtslage ... 78

3. Bewertung ... 80

IV. Deutsches Insolvenzrecht ... 82

1. Historie ... 82

a) Mittelalterliche Stadt- und Landesrechte sowie gemeines Konkursrecht ... 82

b) Konkursordnungen ... 86

2. Aktuelle Rechtslage ... 90

a) Gesetzliche Verankerung der Gläubigergleichbehandlung ... 91

b) Ausnahmen der Gläubigergleichbehandlung ... 94

c) Reform des Anfechtungsrechts ... 94

3. Bewertung ... 96

V. Englisches Insolvenzrecht ... 100

1. Historie ... 100

a) Elisabethanisches und Viktorianisches Zeitalter ... 100

aa) Privatinsolvenzen ... 100

bb) Unternehmensinsolvenzen ... 104

b) Rechtslage vor Einführung des Insolvency Acts 1986 und Enterprise Acts 2002 ... 106

2. Aktuelle Rechtslage ... 107

a) Insolvency Act 1986 ... 108

b) Enterprise Act 2002 ... 111

c) Finance Act 2020 ... 113

d) Anti-Deprivation-Rule ... 113

3. Bewertung ... 115

VI. Zusammenfassende Stellungnahme ... 117

1. Gemeinsamkeiten 118
a) Einzelzwangsvollstreckung und Sanktion als Ausgangspunkt . 118
b) Normative Schwierigkeiten 118
c) Öffentlich-rechtliche Komponente 119
d) Gesamtvollstreckung als Kernelement 120
e) Einteilung in unterschiedlicher Gläubigergruppen 120
f) Sonderstellung von Arbeitnehmern in der Insolvenz 120
g) *pro rata* Verteilung für ungesicherte Gläubiger 121
h) Relative Gläubigergleichbehandlung 121
i) Schutzbedürftigkeit als Rechtfertigungsgrund 122
2. Unterschiede 122
a) Historie 122
b) Zielsetzung und Gewichtung der Gläubigergleichbehandlung 122
c) Sicherungsrechte und Privilegien in der Insolvenz 123
d) Anfechtungsrecht 124
3. Funktionen der nationalen Gläubigergleichbehandlung 126
a) Gewährleistung der Durchführung eines effizienten Insolvenzverfahrens 126
b) Masseschutz 126
c) Bestmögliche Gläubigerbefriedigung und Gläubigerschutz 126
d) Ordnungsfunktion und Rechtssicherheit 127
e) Rechtsfrieden 127
f) Ausgleichende Gerechtigkeit 127

C. Europäische Gläubigergleichbehandlung 129
I. Parallele Entwicklungen 130
1. Instanbul Übereinkommen 130
2. IBA Cross-Border Insolvency Concordat (1995) 131
3. UNCITRAL Model Law on Cross-Border Insolvency (1997) 133
4. UNICTRAL Legislative Guide on Insolvency Law (2004) 135
5. The World Bank's Principles for Effective Insolvency and Creditor/Debtor Regimes (2015) 136
6. Richtlinie für präventive Restrukturierung 138

II. Die EuInsVO ... 139
1. Historische Entwicklung der Verordnung/Historie ... 139
2. Die reformierte EuInsVO/Aktuelle Rechtslage ... 140
a) Ziele der Verordnung ... 141
b) System der Verordnung ... 141
3. Verwirklichung der Gläubigergleichbehandlung in der EuInsVO ... 142
a) Anwendungsbereich, Art. 1 EuInsVO ... 143
aa) Alte Fassung der EuInsVO ... 143
bb) Neue Fassung der EuInsVO ... 145
(1) Gesamtverfahren ... 146
(2) Vorinsolvenzliche und hybride Verfahren ... 147
(3) Mindestanforderungen an den sachlichen Anwendungsbereich ... 147
(a) Entzug der Verfügungsgewalt und Verwalterbestellung ... 148
(b) Kontrolle oder Aufsicht durch Gericht ... 148
(c) Vorübergehende Aussetzung der Zwangsvollstreckung ... 148
cc) Bewertung ... 149
b) Internationale Zuständigkeit Art. 3 bis 6 EuInsVO ... 151
aa) Alte Fassung ... 151
bb) Neue Fassung ... 154
cc) Bewertung ... 157
c) Anwendbares Recht Art. 7 EuInsVO ... 160
aa) Massebildung, Art. 7 Abs. 2 S. 2 lit. b) EuInsVO ... 162
bb) Aufrechnung, Art. 7 Abs. 2 S. 2 lit. d) EuInsVO ... 163
cc) Rechtsverfolgungsmaßnahmen einzelner Gläubiger, Art. 7 Abs. 2 S. 2 lit. f) ... 164
dd) Insolvenzforderungen und Masseverbindlichkeiten, Art. 7 Abs. 2 S. 2 lit. g) EuInsVO ... 165
ee) Anmeldung, Prüfung, Feststellung, Art. 7 Abs. 1 lit. h) EuInsVO ... 165

ff) Verteilung des Schuldnervermögens lit. i), Art. 7 Abs. 2 S. 2 lit i) EuInsVO 167
gg) Nichtige, anfechtbare, relativ unwirksame Rechtshandlungen, die die Gesamtheit der Gläubiger benachteiligen, Art. 7 Abs. 1 lit. m) EuInsVO 168
d) Anerkennung von Verfahren und Wirkungserstreckung, Art. 19 bis 20 EuInsVO 169
aa) Art. 19 Abs. 1 EuInsVO 171
bb) Art. 20 Abs. 1 EuInsVO 172
cc) Ordre Public, Art. 33 EuInsVO 173
e) Synthetische Sekundärverfahren, Art. 36–38 EuInsVO 174
aa) Neuregelung durch die Reform 174
bb) Bewertung 176
f) Herausgabepflicht und Anrechnung, Art. 23 EuInsVO 178
aa) Herausgabepflicht, Art. 23 Abs. 1 EuInsVO 178
bb) Anrechnung, Art. 23 Abs. 2 EuInsVO 180
(1) Kein Gläubiger darf mehr als 100 % seiner Forderung erhalten 181
(2) Die Forderung ist in jedem Verfahren in voller Höhe anzumelden 181
(3) Eine Forderung wird erst dann berücksichtigt, wenn alle Gläubiger gleichen Ranges befriedigt wurden 181
(4) Rang / Kategorie der einzelnen Forderungen bestimmt sich für jedes Verfahren nach der lex fori concursus 182
cc) Bewertung 182
(1) Art. 23 Abs. 1 EuInsVO 183
(2) Art. 23 Abs. 2 EuInsVO 183
(3) Unterschiedliche Einordnung nach der lex fori concursus 184
(4) Kollision gläubigergleichbehandlungsrelevanter Normen 184
(5) Synthetische Insolvenzverfahren 184
(6) Auskunftsanspruch des Verwalters 185

g) Errichtung und Vernetzung elektronischer Register Art. 24–25 EuInsVO 185
aa) Neuregelung 185
bb) Bewertung 186
h) Konzerninsolvenzen 186
cc) Zusammenarbeit und Koordinierung 187
(1) Begriff der Unternehmensgruppe 188
(2) Prozessuale Konsolidierung 188
(3) Materielle Konsolidierung 189
dd) Gruppenkoordinationsverfahren 190
ee) Gläubigergleichbehandlung als Grenze 191
ff) Bewertung 192
i) Ausübung von Gläubigerrechten, Art. 45 Abs. 1 EuInsVO 193
j) Unterrichtung der Gläubiger und Anmeldung ihrer Forderungen, Art. 53 ff. EuInsVO 195
4. Durchbrechungen des Grundsatzes 196
a) Sonderanknüpfungen außerhalb der lex fori concursus 196
aa) Dingliche Rechte Dritter – Art. 8 EuInsVO 197
bb) Eigentumsvorbehalt – Art. 10 EuInsVO 199
cc) Aufrechnung – Art. 9 EuInsVO 199
dd) Laufende Verträge und Arbeitsverträge – Art. 11 und 13 EuInsVO 201
ee) Benachteiligende Rechtshandlungen, Art. 16 EuInsO 201
ff) Wirkung des Insolvenzverfahrens auf anhängige Rechtsstreitigkeiten und Schiedsverfahren – Art. 18 EuInsVO 202
gg) Sekundärinsolvenzverfahren – Art. 34 ff. EuInsVO 203
5. Funktionen der Gläubigergleichbehandlung in der EuInsVO 205
a) Gleichstellung in- und ausländischer Gläubiger 205
b) Effektivität des Verfahrens 206
c) Antidiskriminierung 206
d) Materielle Verteilungsgerechtigkeit 207
e) Koordination von Verfahren 207

f) Transparenz und Chancengleichheit ... 207
g) Harmonisierung ... 208

D. Fazit ... 209

Abkürzungsverzeichnis

a. A	andere Ansicht
a. a. O.	am angegebenen Ort
Abs.	Absatz
ADR	Anti-Deprivation-Rule
AEUV	Vertrag über die Arbeitsweise der Europäische Union in der Fassung der Bekanntmachung vom 9. Mai 2008
Allg. Begr. RegE	Allgemeine Begründung Regierungsentwurf
AnwBl.	Anwaltsblatt
Art.	Artikel
BGH	Bundesgerichtshof
BGHZ	Entscheidung des Bundesgerichtshofes in Zivilsachen
Bd.	Band
Bull.	Bulletin
Bull. civ.	Bulletins des arrêts des chambres civiles
BT-Druck.	Bundestagsdrucksache
BR-Druck.	Bundesratsdrucksache
BVerfGE	Bundesverfassungsgerichtsentscheidung
Cass. Comm.	Cour de cassation, Chambre commercial
Cass. Req.	Cour de cassation, Chambre des requêtes
COMI	Center of Main Interest
DZWIR	Deutsche Zeitschrift für Wirtschafts- und Insolvenzrecht
Einl.	Einleitung
EL	Ergänzungslieferung
EuInsÜ	Übereinkommen über Insolvenzverfahren der Europäischen Union vom 23. November 1995
EuInsVO a. F.	Europäische Insolvenzverordnung alte Fassung = Verordnung (EG) 1346/2000 über Insolvenzverfahren vom 29. Mai 2000
EuInsVO	Europäische Insolvenzverordnung = Verordnung (EU) 2015/848 über Insolvenzverfahren vom 20. Mai 2015
EWGV	Vertrag über die Europäische Wirtschaftsgemeinschaft

EuZW	Europäische Zeitschrift für Wirtschaftsrecht
f.	folgende
ff.	Folgende (plural)
FS	Festschrift
Fußnote	Fn.
GG	Grundgesetz
Hs	Halbsatz
IA	Insolvency Act 1986
IBA	International Bar Association
int.	international
IIR	International Insolvency Review
IPR	Internationales Privatrecht
IPrax	Praxis des internationalen Privat- und Verfahrensrechts
i. R. d.	im Rahmen der/des
i. S. e.	im Sinne einer/eines
Journ. Faill	Journal des Faillites
KO	Konkursordnung in der Fassung vom 10. Februar 1877
KTS	Zeitschrift für Insolvenzrecht – Konkurs Treuhand Sanierung
lit.	littera
Ltd	Limited
m. w. N.	mit weiteren Nachweisen
n°	numéro
NJW	Neue Juristische Wochenschrift
NZG	Neue Zeitschrift für Gesellschaftsrecht
NZI	Neue Zeitschrift für Insolvenz- und Sanierungsrecht
RabelsZ	Rabels Zeitschrift für ausländisches und internationales Privatrecht
RGBl.	Reichsgesetzblatt
RGZ	Reichsgericht in Zivilsachen
RL	Richtlinie
Rn.	Randnummer
Rz.	Randziffer
UA	Unterabschnitt
U. Pa. L. Rev.	University of Pennsylvania Law Review

s.	section
s. o.	Siehe oben
StaRUG	Gesetz über den Stabilisierungs- und Restrukturierungsrahmen für Unternehmen
VerglO	Vergleichsordnung
vgl.	vergleiche
Vol.	Volume
z. B.	Zum Beispiel
ZEuP	Zeitschrift für europäisches Privatrecht
ZInsO	Zeitschrift für das gesamte Insolvenzrecht
ZIP	Zeitschrift für Wirtschaftsrecht
ZZP	Zeitschrift für Zivilprozess

Im Übrigen richten sich die Abkürzungen nach *Kirchner/Böttcher*, Abkürzungsverzeichnis in der Rechtssprache, 10. Auflage, Berlin.

Literaturverzeichnis

Adam, Roman F.	Insolvenzrecht und Grundgesetz, DZWIR 2009, S. 441–450.
Ambach, Jördis	Beiträge zum Europäischen Wirtschaftsrecht Band 52: Reichweite und Bedeutung von Art. 25 EuInsVO, Berlin 2009, zitiert als: *Ambach*, S.
Armour, John *Hsu, Audrey Wen-Hsin* *Walters, Adrian*	Corporate Insolvency in the United Kingdom: The Impact of the Enterprise Act 2002, European Company and Financial Law Review, Vol. 5, No. 2, June 2008, S. 149–171, zitiert als: *Armour/Hsu/Walters*, ECFR 2008, S.
ders. *Bennett, Howard* *Bridge, Michael*	Vulnerable transactions in corporate insolvency, Oxford 2003, zitiert als: *Bearbeiter*, Vulnerable Transactions, Rn.
Arnold, Hans	Insolvenzrechtsreformen in Westeuropa, ZIP 1985, 321 ff.
Balz, Manfred	Zur Reform des französischen Insolvenzrechts, ZIP 1983, S. 1153 ff.
Basedow, Jürgen	Festschrift für Ulrich Drobnig zum siebzigsten Geburtstag, Tübingen 1998, zitiert als: *Bearbeiter*, FS Drobnig, S. 280.
Baudenbacher, Carl	Aktuelle Probleme des europäischen und internationalen Wirtschaftsrechts Bd. 1, Neuwied 1998, zitiert als: *Bearbeiter* in Baudenbacher, Bd. 1. (1998), S.

Bauer, Joachim — Ungleichbehandlung der Gläubiger im geltenden Insolvenzrecht: zugleich zur Dogmatik gesetzlich geschaffener Gläubigerprivilegien am Beispiel des § 32 DepotG, § 13c UStG und des Entwurfs der (vorigen) Bundesregierung eines Gesetzes zum Pfändungsschutz der Altersvorsorge und zur Anpassung des Rechts der Insolvenzanfechtung vom 10. August 2005, Kiel 2008, zitiert als: *Bauer*, Ungleichbehandlung, S.

Bauer, Peter M. — Der Insolvenzplan: Untersuchungen anhand der geschichtlichen Entwicklung, Münster 2009, zitiert als: *Bauer*, Insolvenzplan, S.

Bauerreis, Jochen — Staatliche Überwachung der Geschäftsführung vor Insolvenzeintritt und staatsgeleitete Restrukturierung in Frankreich, ZGR 2006, S. 294–330.

Baur, Fritz
Stürner, Rolf — Zwangsvollstreckungs-, Konkurs- und Vergleichsrecht, ein Lehrbuch, Band 2, Heidelberg 1990, zitiert als: *Baur/Stürner*, Bd. II, S.

Beale, Hugh
Bridge, Michael
Gullifer, Louise
Lomnicka, Eva — The Law of Security and Title-Based Financing, Third Edition, Oxford 2018, zitiert als: *Beale/Bridge/Gullifer/Lomincka*, The Law of Security and lased Financing.

Benning, Olaf — Internationale Prinzipien für grenzüberschreitende Insolvenzverfahren, Frankfurt am Main 2013, zitiert als: *Benning*, Prinzipien, S.

Berges, August Maria — Die rechtlichen Grundlagen der Gläubigergleichbehandlung im Konkurs, KTS 1982, S. 49 ff.

Berger, Christian — Haftungsrechtliche Verteilungsprinzipien an der Schnittstelle von Einzelzwangsvollstreckung und Insolvenz, ZZP 121 (2008), S. 407–426.

Bethmann-Hollweg, Moritz August von Der Civilprozess des gemeinen Rechts in geschichtlicher Entwicklung, Band II, Bonn 1865, zitiert als: *Bethmann-Hollweg*, Der römische Civilprozess, S.

Beuthin, Volker Festschrift für Dieter Medicus: zum 70. Geburtstag, Köln 1999, zitiert als: *Bearbeiter*, FS Medicus 1999, S.

Birnbaum, Sabrina Konkursrecht in der frühen Augsburger Neuzeit mit seinen gemeinrechtlichen Einflüssen, Berlin 2014, zitiert als: *Birnbaum*, Konkursrecht, S.

Bitzer, Fabian Systemfragen der Insolvenzanfechtung – ein deutsch-italienischer Rechtsvergleich vor dem Hintergrund des europäischen internationalen Insolvenzrechts, München 2020, zitiert als: *Bitzer*, Systemfragen der Insolvenzanfechtung, S.

Bloching, Micha Pluralität und Partikularinsolvenz: eine Untersuchung zum deutschen internationalen Insolvenzrecht, *Bloching*, Pluralität, S.

Bork, Reinhard Allgemeiner Teil des Bürgerlichen Gesetzbuchs, 4. Auflage, Tübingen 2016, zitiert als: *Bork*, Allgemeiner Teil, Rdnr.

Bork, Reinhard Anfechtung als Kernstück der Gläubigergleichbehandlung, ZIP 2014, S. 797–810.

ders.
van Zwieten, Kristin Commentary on the European insolvency, regulation, Second Edition, Oxford 2022, zitiert als: Bork/van Zwieten- *Bearbeiter*, Rn.

ders. Corporate Insolvency Law, A Comparative Textbook, Cambridge 2020, zitiert als: *Bork*, Corporate Insolvency, S., Rn.

ders. Die Aufrechnung im internationalen Insolvenzverfahrensrecht, ZIP 2002, S. 690–696.

ders. Einführung in das Insolvenzrecht, 10. Auflage, Tübingen 2021, zitiert als: *Bork*, Einführung in das Insolvenzrecht, S.

ders.
Mangano, Renato European cross-border insolvency law, Oxford 2016, zitiert als: Bork/Mangano-*Bearbeiter*, Rn.

ders.
Veder, Michael Harmonisation of Transactions Avoidance Laws, Cambridge 2022, zitiert als: *Bork/Veder*, Harmonisation of Transactions Avoidance Laws, S., Question.

ders. Insolvenzrecht: Reform des Anfechtungsrechts? Anwaltsblatt 2014, S. 513–514.

ders. Principles of Cross-Border Insolvency Law, Cambridge 2017, zitiert als: *Bork*, Principles, Rn.

ders.
Voelker, Martin § 91 InsO und die Anti-Deprivation Rule ein Rechtsvergleich, KTS 2013, S. 235–261.

Braun, Eberhard Insolvenzordnung (InsO) InsO mit EuInsVO (2015): Kommentar, 8. Auflage, München 2020, zitiert als: Braun-*Bearbeiter*, Art. Rn.

Bridge, Michael The Quistclose Trust in a World of Secured Transactions, Oxford Journal of Legal Studies, Volume 12, S. 311–332.

Brinkmann, Moritz Der Referentenentwurf zur Reform des Insolvenzanfechtungsrechts, NZG 2015. S. 697–704.

ders. Grenzüberschreitende Sanierung und europäisches Insolvenzrecht, KTS 2014, S. 381–400.

Brünkmans, Christian Auf dem Weg zu einem europäischen Konzerninsolvenzrecht; Zum Vorschlag der Europäischen Kommission zur Änderung der EuInsVO, ZInsO 2013, S. 797–808.

Cabrillac, Michel Les créanciers munis de sûretés dans les procédures de faillite en droit français, Rabels Zeitschrift für ausländisches und internationales Privatrecht 44 (1980), S. 737–756.

Calnan, Richard Proprietary Rights and Insolvency, 2. Edition, Oxford 2016, zitiert als: *Calnan*, Proprietary Rights and Insolvency, Rn.

Carstens, Nis Die internationale Zuständigkeit im europäischen Insolvenzrecht, Köln 2005, zitiert als: *Carstens*, Zuständigkeit, S.

Chaput, Yves Droit du redressement et de la liquidation judiciaires des entreprises, 2 éd. refondue, Paris 1990, zitiert als: *Chaput*, S.

Commandeur, Anja
Römer, Alexander Neufassung der Europäischen Insolvenzordnung, NZG 2015, S. 988–991.

Countryman, Vern The Concept of a Voidable Preference in Bankruptcy, Vanderbilt Law Review Vol. 28 (1985), zitiert als: *Countryman*, Van. L. Rev. Vol. 38 (1985), S.

Cranshaw, Friedrich
Hinkel, Lars Gläubigerkommentar Anfechtungsrecht: Praxiskommentar zum gesamten für Gläubiger relevanten Anfechtungsrecht nach AnfG, InsO und ausgewählten ausländischen Rechtsordnungen, 2. Auflage, Heidelberg 2015, zitiert als: Cranshaw/Hinkel-*Bearbeiter*, Rn.

Czaja, Lothar Umsetzung der Kooperationsvorgaben durch die Europäische Insolvenzverordnung im deutschen Insolvenzverfahren, Frankfurt am Main 2009, zitiert als: *Czaja*, Kooperationsvorgaben, S.

Dammann, Reinhard Das neue französische Insolvenzrecht, ZIP 1996, 300 ff.

ders. Die Erfolgsrezepte französischer vorinsolvenzlicher Sanierungsverfahren, NZI 2009, S. 502–507.

Dann, Wilfried Das Konkursvorrecht der öffentlichen Abgabe, 2. Aufl. Berlin 1962, zitiert als: *Dann*, Konkursvorrecht, S.

Dean, Felicity
Mason, Rosalind The UNCITRAL Model Law on Cross-border Insolvency and the Rule of Law, International Insolvency Review 2016, Vol. 25, S. 138–159, zitiert als: *Dean/Mason*, Int. Ins. Rev. Vol. 25, S.

Degenhardt, J. Ernst Die Reform des französischen Insolvenzrechts vom 12.03.2014, NZI 2014, S. 433–439.

Djankov, Simeon
Hart, Oliver
McLiesh, Caralee
Shleifer, Andrei Debt Enforcement around the World, Journal of Political Economy 2008, S. 1105–1149.

Dorndorf, Eberhard Kreditsicherungsrecht und Wirtschaftsordnung: zur materiell- und konkursrechtlichen Dogmatik, der Mobiliarsicherungsrechte, Heidelberg 1986, zitiert als: *Dorndorf*, Kreditsicherungsrecht, S.

Düll, Rudolf Das Zwölftafelgesetz: Texte, *Übersetzungen* und Erläuterungen, Berlin 2014, zitiert als: *Düll*, Das Zwölftafelgesetz, S.

Duffy, Ian P.H. English Bankrupts, 1571–1861, American Journal of Legal History, Volume 24, Issue 4, October 1980, S. 283–305, zitiert als: *Duffy*, The American Journal of Legal History Vol. 24 (1980), S.

Duursma, Dieter
Duursma-Kepplinger, Henriette-Christine
Chalupsky, Ernst
Europäische Insolvenzordnung, Kommentar, Wien 2002, zitiert als: D-K/D/C-*Bearbeiter*, Art.

Eble, Maximilian J.
Auf dem Weg zu einem europäischen Konzerninsolvenzrecht Die „Unternehmensgruppe“ in der EuInsVO 2017, NZI 2016, S. 115–121.

Ehricke, Ulrich
Köster, Malte
Müller-Seils, Carsten Oliver
Neuerungen im englischen Unternehmensinsolvenzrecht durch den Enterprise Act 2002, NZI 2003, S. 409–416.

Eidenmüller, Horst
Rechtsmissbrauch im Europäischen Insolvenzrecht, KTS 2009, S. 137–161.

ders.
Was ist ein Insolvenzverfahren?, ZIP 2016, S. 145–151.

Endemann, Wilhelm
Die Entwicklung des Konkursverfahrens in der gemeinrechtlichen Lehre bis zu der Deutschen Konkursordnung vom 10. Februar 1877, ZZP 12, S. 23–96.

Faber, Dennis
Kilborn, Jason
Vermunt, Niels
Ranking and Priority of Creditors, Oxford 2016, zitiert als: Faber/Kilborn/Vermunt-*Bearbeiter*, para.

Faber, Dennis
Kilborn, Jason
Vermunt, Niels
Richter, Tomáš
Commencement of Insolvency Proceedings, Oxford 2012 zitiert als: Faber/Kilborn/Vermunt/Richter-*Bearbeiter*, para.

Fehrenbach, Markus
Die reformierte Europäische Insolvenzverordnung (Teil I), GPR 2016, S. 282–294.

ders.
Die reformierte Europäische Insolvenzverordnung (Teil II), GPR 2017, S. 38–50.

ders. — Haupt- und Sekundärinsolvenzverfahren: zur sachgerechten Verfahrenskoordination bei grenzüberschreitenden Unternehmensinsolvenzen, Tübingen 2014, zitiert als: *Fehrenbach*, S.

ders. — Kapitalmaßnahmen im grenzüberschreitenden Reorganisationsverfahren, ZIP 2014, S. 2485–2492.

Ferid, Murad
Sonnenberger, Hans Jürgen — Allgemeine Lehren des französischen Zivilrechts: Einführung und allgemeiner Teil des Zivilrechts, Band 1, 2. Aufl., Heidelberg 1994, zitiert als: *Ferid/Sonnenberger*, Bd. 1, S. Rn.

Finch, Vanessa
David, Milman — Corporate Insolvency law: Perspectives and Principles, Third Edition, Cambridge 2018, zitiert als: *Finch/Milman*, Coporate Insolvency, S.

dies. — Is pari passu passe?, Insolvency Laywer 2000, S. 194–210.

Flessner, Axel — Entwicklungen im internationalen Konkursrecht, besonders im Verhältnis Deutschland–Frankreich, ZIP 1989, 749 ff.

Fletcher, Ian F. — The Law of Insolvency, 5th Edition, London 2017, zitiert als: *Fletcher*, The Law of Insolvency, S/para.

Foerste, Ulrich — Grenzen der Vorsatzanfechtung bei kongruenter Deckung, NZI 2006, S. 6–10.

Forster, Wolfgang — Konkurs als Verfahren, Francisco Salgado Somoza in der Geschichte des Insolvenzrechts, Köln 1. Aufl. 2009, zitiert als: *Forster*, Konkurs als Verfahren, S.

Frind, Frank
Pannen, Klaus — Einschränkung der Manipulation der insolvenzrechtlichen Zuständigkeiten durch Sperrfristen ein Ende des Forum Shopping in Sicht?, ZIP 2016, S. 398–409.

Fritz, Daniel Friedemann Anmerkung zum Vorlagebeschluss des BGH vom 12.03.2015 (Az: V ZB 41/14), Zur Frage der Einordnung der öffentlichen Last als dingliches Recht nach Art. 5 EuInsVO, NZI 2015, S. 670–671.

ders.
Bähr, Rainer M Die Europäische Verordnung über Insolvenzverfahren-Herausforderung an Gerichte und Insolvenzverwalter, DZWIR 2001, S. 221–235.

Fuchs, Karl Das Concursverfahren, Marburg 1863, zitiert als: *Fuchs*, Concursverfahren, S.

Füßmann, Helga Die Auswirkungen des reformierten Insolvenzanfechtungsrechts auf das Prinzip der Gläubigergleichbehandlung, Aachen 2001, zitiert als: *Füßmann*, S.

Garcimarín, Fransisco The EU Insolvency Regulation Recast: Scope, Jurisdiction and Applicable Law, ZEuP 2015, S. 694–731.

Garrido, Josè M. The distributional question in insolvency: Comparative aspects, 4 International Insolvency Review 25 (1995), S. 25 f.

Gassert-Schumacher, Heike Privilegien in der Insolvenz, Freiburg im Breisgau, 2002, zitiert als: *Gassert-Schumacher*, Privilegien, S.

Genske, Tobias Die Gläubigerposition im Insolvenzverfahren englischen Rechts: mit vergleichenden Bezügen zum deutschen Recht, Göttingen 2005, zitiert als: *Genske*, Gläubigerposition, S.

Gissa, Janine Das Institut der Anfechtung: unter besonderer Berücksichtigung der Insolvenzanfechtung im deutschen und französischen Recht, Hamburg 2013, zitiert als: *Gissa*, Institut der Anfechtung, S.

Gleichenstein, Hans v. Par condicio creditorum: Subsidiäre Verteilungsregel oder abstrakte Ausprägung des verfassungsrechtlichen allgemeinen Gleichheitssatzes?, NZI 2015, S. 49–55.

Gröniger, Eva-Maria Das französische Insolvenzsystem nach der Reform von 1967 im Vergleich zum deutschen Recht, Bielefeld 1984, zitiert als: *Gröniger*, Das französische Insolvenzsystem, S.

Gentile, Raymond de Le principe de l'égalité entre les créanciers chirographaires, Sirey, 1973, zitiert als: *Gentile*, S.

Goldfrey, Patricia The Treatment of Security. Rights in Cross-Border Insolvency Proceedings: the British point of view, IILR 2014, S. 405–415.

Goltdammer, Theodor Kommentar und vollständige Materialien zur Konkurs-Ordnung vom 8. Mai 1855 und zu dem Gesetze betreffend die Befugnisse der Gläubiger zur Anfechtung der Rechtshandlungen zahlungsunfähiger Schuldner außerhalb des Konkurses vom 9. Mai 1855, zitiert als: *Goltdammer*, KO, S.

Goode, Roy Principles of Corporate Insolvency Law, 5th Edition, London 2018, zitiert als: *Goode*, Principles, S/para.

ders. The secured creditor and insolvency under english law, RabelsZ 1908, S. 675–711.

Grevesmühl, Götz Die Gläubigeranfechtung nach klassischem römischen Recht, Göttingen 2003, zitiert als: *Grevesmühl*, Gläubigeranfechtung, S.

Gullifer, Louise
Payne, Jennifer Corporate Finance Law: Principles and Policy, 2nd Edition, Oxford 2015, zitiert als: *Gullifer/Pane*, Corporate Finance, Rn.

Guski, Roman Sittenwidrigkeit und Gläubigerbenachteiligung Zu den Schranken von Kreditsicherheiten unter Berücksichtigung gemeinschafts- und kollisionsrechtlicher Bezüge, Berlin 2007, zitiert als: *Guski*, Sittenwidrigkeit, S.

Guyon, Yves Droit des affaires, Tome 1 : droit commercial général et sociétés, Paris 1994, zitiert als: *Guyon*, Tome 1, S.

Guyon, Yves Droit des affaires, Tome 2 : Entreprises en difficultés, redressement judiciaire, faillite, 4. éd., Paris 1993; zitiert als: Guyon, Tome 2, S.

Hahn, Karl Die gesamten Materialien zur Konkursordnung und dem Einführungsgesetze zu derselben vom 1. Februar 1877, sowie zu dem Gesetze betreffend die Anfechtung von Rechtshandlungen eines Schuldners außerhalb des Konkursverfahrens vom 21. Juli 1879, zitiert als: *Hahn*, Materialien zur Konkursordnung, S.

Haller, Nicola Die gesicherte Rechtsposition, Hamburg 2016, zitiert als: *Haller*, Die gesicherte Rechtsposition, S.

Hanisch, Hans Bemerkungen zur Geschichte des internationalen Insolvenzrechts, Festschrift für Franz Merz: zum 65. Geburtstag am 3. Februar 1992, S. 159–176, Köln 1992, zitiert als: *Hanisch*, FS Merz, S.

ders. Rechtszuständigkeit der Konkursmasse, Frankfurt am Main 1973, zitiert als: *Hanisch,* Rechtszuständigkeit der Konkursmasse, S.

ders. Zur Reformbedürftigkeit des Konkurs- und Vergleichsrechts, ZZP 90 (1977), S. 1 ff.

Häsemeyer, Ludwig Die Gleichbehandlung der Konkursgläubiger, in: KTS 1982, S. 507–5755.

Haß, Detlef
Huber, Peter
Gruber, Urs
Heiderhoff, Bettina
EU-Insolvenzverordnung, Kommentar zur Verordnung (EG) Nr. 1346/2000 über Insolvenzverfahren (EuInsVO), München 2005, zitiert als: Haß/Huber/Gruber/Heiderhoff-*Bearbeiter*, Art., Rn.

Haubold, Jens
Europäisches Zivilverfahrensrecht und Ansprüche im Zusammenhang mit Insolvenzverfahren, IPRax 2002, S. 157–164.

Hellmann, Friedrich
Lehrbuch des deutschen Konkursrechts, Berlin 1907, zitiert als: *Hellmann*, Konkursrecht, S.

Helmholz, Richard H.
Bankruptcy and Probate Jurisdiction before 1571, Missouri Law Review Vol. 48, Issue 2 (1983), S. 415–430, zitiert als: *Helmholz*, Mo. L. Rev. Vol. 48 (1983), S.

Herchen, Axel
Aktuelle Entwicklungen im Recht der internationalen Zuständigkeit zur Eröffnung von Insolvenzverfahren: Der Mittelpunkt der (hauptsächlichen) Interessen im Mittelpunkt der Interessen, ZInsO, S. 825–831.

ders.
Das Übereinkommen über Insolvenzverfahren der Mitgliedstaaten der Europäischen Union vom 23.11.1995: eine Analyse zentraler Fragen des internationalen Insolvenzrechts unter besonderer Berücksichtigung dinglicher Sicherungsrechte, Würzburg 2000, zitiert als: *Herchen*, Übereinkommen über Insolvenzverfahren, S.

Hess, Burkhard
Oberhammer, Paul
Pfeiffer, Thomas
European Insolvency Law, The Heidelberg-Luxembourg-Vienna Report on the Application of Regulation No. 1346/2000/EC on Insolvency Proceedings (External Evaluation JUST/2011/JCIV/PR/0049/A4), München 2014, zitiert als: Hess/Oberhammer /Pfeiffer-*Bearbeiter*, S.

ders. Europäisches Zivilprozessrecht, 2. Auflage, Berlin 2021, zitiert als: *Hess*, Europäisches Zivilprozessrecht, S.

Herrchen, Axel Die Befugnisse des deutschen Insolvenzverwalters hinsichtlich der Auslandsmasse nach In-Kraft-Treten der EG-Insolvenzverordnung (Verordnung des Rates Nr. 1346/2000), ZInsO, S. 345–352.

Heribert, Hirte
Vallender, Heinz Uhlenbruck Insolvenzordnung: InsO Kommentar, Band 2, 15. Auflage, München 2020, zitiert als: Uhlenbruck-*Bearbeiter*, Art., Rn.

Hoffmann, Jan Felix Prioritätsgrundsatz und Gläubigergleichbehandlung, Tübingen 2016, zitiert als: *Hoffmann*, Gläubigergleichbehandlung, S.

Holdsworth, William A History of English Law Volume VIII, 2nd Edition, London 1937, zitiert als: *Holdsworth*, A History of English Law Vol. VIII, S.

Holzer, Johannes Die Arbeiten der UNCITRAL zur Insolvenzfestigkeit von Lizenzverträgen, NZI 2014, S. 337–344.

Homann, Stefan System der Anerkennung eines ausländischen Insolvenzverfahrens, KTS 2000, S. 343–372.

Huber, Michael Regierungsentwurf eines Gesetzes zur Verbesserung der Rechtssicherheit bei Anfechtungen nach der Insolvenzordnung und dem Anfechtungsgesetz, ZInsO 2015, S. 2297 ff.

Huber, Peter Internationales Insolvenzrecht in Europa – Das internationale Privat- und Verfahrensrecht der Europäischen Insolvenzverordnung, ZZP 114 (2001), S. 133–166.

Hübner, Ulrich
Constantinesco, Vlad Einführung in das französische Recht, 4. Auflage, München, 2001, zitiert als: *Hübner/Constantinesco*, S.

Jaeger, Ernst — Konkursordnung: mit Einführungsgesetzen; Band 1, 8. Auflage, Berlin 1958–1973, zitiert als: *Jaeger*, KO, §, Rn.

Jensen, Thore — Grundfragen des Rechts der Gläubiger- und Insolvenzanfechtung: unter besonderer Berücksichtigung der Anfechtbarkeit von Unterlassungen, Hamburg 2008, zitiert als: *Jensen*, Gläubiger- und Insolvenzanfechtung, S.

Jeremias, Christoph — Internationale Insolvenzaufrechnung, Tübingen 2005, zitiert als: *Jeremias*, S.

Jones, William John — The foundations of English bankruptcy: statutes and commissions in the early modern period, Philadelphia, 1979, zitiert als: *Jones*, Foundations of English Bankruptcy, Vol. Part.

Jungmann, Carsten
Bisping, Christopher — Die Reform des britischen Unternehmensinsolvenzrechts durch den Enterprise Act 2002, RIW 2003, S. 930–938.

Kahil, Omar — L'égalité entre les créanciers dans le cadre de la saisie attribution, https://tel.archives-ouvertes.fr/tel-00577674, Lille 2011, zitiert als: *Kahil*, L'égalité entre les créanciers, S.

Kaser, Max
Hackl, Karl — Das römische Zivilprozessrecht, München 1996, zitiert als: *Kaser/Hackl*, Das Römische Zivilprozessrecht, S.

Kayser, Godehard
Smid, Stefan
Riedemann, Susanne — Nichts ist beständiger als der Wandel Festschrift für Klaus Pannen zum 65. Geburtstag, München 2017, zitiert als: *Bearbeiter*, FS Pannen.

Keay, Andrew A.
Walton, Peter — Insolvency Law: Corporate and Personal, 5th Edition, London 2020, zitiert als: *Keay/Walton*, Insolvency Law, S.

dies. — The Preferential Debts' Regime in Liquidation Law: In the public Interest?, Company Financial and Insolvency Law Review (1999), S. 84–105, zitiert als: *Keay/Walton*, C. i. f. L. R. 1999, S.

Keller, Ulrich — Insolvenzrecht, 2. Auflage, München 2020, zitiert als: *Keller*, Insolvenzrecht, Rn.

Keggenhoff, Carsten — Internationale Zuständigkeit bei grenzüberschreitenden Insolvenzverfahren: Der Mittelpunkt der hauptsächlichen Interessen gemäß Art. 3 Abs. 1 EuInsVO (Insolvenzrecht in Forschung und Praxis), Hamburg 2006, zitiert als: *Keggenhoff*, S.

Kienle, Florian — Grundlagen des internationalen Insolvenzrechts, NotBZ 2008, S. 245–257.

Kindler, Peter
Blitzer, Fabian — Die Reform der Insolvenzanfechtung, NZI 2017, S. 369–377.

Kindler, Peter
Nachmann, Josef — Handbuch Insolvenzrecht in Europa, München, 10 EL 2021, zitiert als: Kindler/Nachmann-*Schillig*, Rn.

ders. — Hauptfragen der Reform des Europäischen Internationalen Insolvenzrechts, KTS 2014, 25–44.

Klaiber, Christoph — Zur Stellung der Gläubiger und Gesellschafter im französischen Recht der Kollektivverfahren: zugleich ein Beitrag zur Umsetzung der europäischen Restrukturierungsrichtlinie, 1. Aufl. Baden-Baden 2019, zitiert als: *Klaiber*, Stellung der Gläubiger, S.

Klinck, Fabian — Die Grundlagen der besonderen Insolvenzanfechtung: Gläubiger- und Vertrauensschutz im Übergang vom Prioritäts- zum Gleichbehandlungsgrundsatz, zitiert als: *Klinck*, Besondere Insolvenzanfechtung, S.

Klockenbrink, Ulrich Die Gläubigerstellung unter dem Einfluss der EuInsVO und des deutschen internationalen Insolvenzrechts, Berlin 2008, zitiert als: *Klockenbrink*, Die Gläubigerstellung, S.

Klopp, Onno Aus deutscher Sicht interessierende Schwerpunkte r französischen Insolvenzrechtsreform, KTS 1988, S. 267 ff.

Klupsch, Tobias
Schulz, Patrick Der Vorschlag der EU-Kommission für eine Richtlinie zu präventiven Restrukturierungsrahmen, EuZW 2017, S. 85–90.

Knospe, Armin Die Insolvenzanfechtung von Sozialversicherungsbeiträgen im Spannungsfeld zwischen öffentlichem und Privatrecht, Berlin 2014, zitiert als: *Knospe*, Insolvenzanfechtung.

ders. Scharfes Schwert oder harmlose Gerechtigkeitsregel – Die insolvenzrechtliche Monstranz der Gläubigergleichbehandlung, ZInsO 2014, S. 861–877.

Kodek, Georg E. Der insolvenzrechtliche Gleichbehandlungsgrundsatz in vergleichender Perspektive – eine Skizze, in KTS 2014, S. 215–255.

Kohler, Josef Lehrbuch des Konkursrechts, Stuttgart 1891, zitiert als: *Kohler*, Konkursrecht, S.

Kolmann, Stephan

Kompat, Brigitte Kooperationsmodelle im internationalen Insolvenzrecht: empfiehlt sich für das deutsche internationale Insolvenzrecht eine Neuorientierung?, Bielefeld 2001, zitiert als: *Kolmann*, Kooperationsmodelle, S.

Kroppenberg, Inge Die neue Europäische Insolvenzverordnung: ihre Auswirkungen auf das internationale Insolvenzrecht ausgewählter Mitgliedstaaten, Berlin 2006, zitiert als: *Kompat*, Die neue EuInsVO, S.

Kuhn, Georg
Uhlenbruck, Wilhelm
Die Insolvenz im klassischen römischen Recht: Tatbestände und Wirkungen außerhalb des Konkursverfahrens, Köln 2001, zitiert als: *Kroppenberg*, Insolvenz im klassischen römischen Recht, S.

Kulkarni, Nishad
Konkursordnung, Kommentar, 10. Auflage 1986, zitiert als: *Kuhn/Uhlenbruck*, KO, §, Rn.

Kummer, Joachim
A Statutory Basis for the Anti-Deprivation Rule?, International Insolvency Review, Volume 23, S. 73–100, zitiert als: *Kulkarni*, IIR Vol. 23, S.

Leible, Stefan
Staudinger, Ansgar
Die actio Paulina im 21. Jahrhundert oder: Was blieb von D.42 8? Eine Bestandsaufnahme, Festschrift für Gerhardt Kreft zum 65. Geburtstag, S. 393–410, Recklinghausen 2004, zitiert als: *Kummer*, FS Kreft, S.

Lester, Markham
Die europäische Verordnung über Insolvenzverfahren, KTS 2000, 533–575.

Levinthal, Louis Edward
Victorian Insolvency, Bankruptcy, Imprisonment for Debt, and Company Winding-Up in Nineteenth-Century England, Oxford 1995, zitiert als: *Lester*, Victorian Insolvency, S.

Liersch, Oliver
The Early History of Bankruptcy Law, University of Pennsylvania Law Review Volume 66 (1918), S. 223–250, zitiert als: *Levinthal*, U. Pa. L. Rev. Vol. 66 (1918), S.

Lohkemper, Wolfgang
Sicherungsrechte im Internationalen Insolvenzrecht, NZI 2001, S. 15–19.

Madaus, Stephan
Die Erwerberhaftung für Ruhegeldanwartschaften bei der übertragenden Sanierung, Berlin 1997, zitiert als: *Lohkemper*, S.

Mankowski, Peter Einstieg in die ESUG-Evaluation Für einen konstruktiven Umgang mit den europäischen Ideen für einen präventiven Restrukturierungsrahmen, NZI 2017, S. 329–334.

ders. / *Müller, Michael F.* / *Schmidt, Jessica* Bestimmung der Insolvenzmasse und Pfändungsschutz unter der EuInsVO, NZI 2009, S. 785–789.

ders. EuInsVO 2015: Europäische Insolvenzordnung 2015: Kommentar, München 2016, zitiert als: Mankowski/Müller/Schmidt-*Bearbeiter*, Art., Rn.

ders. Neues zur Forderungsanmeldug in der EuInsVO, NZI 2014, S. 887–891.

ders. Anmerkung zu EuGH v. 09.11.2016 Rs. C-212/15: Vollstreckung einer Steuerforderung bei Zwangsvollstreckung und Insolvenzverfahren in verschiedenen Mitgliedstaaten, NZI 2016, S. 959–963.

ders. Anmerkung zu EuGH v. 15.10.2015, Rs. C-310/14: Beurteilung der Insolvenzanfechtung nach der lex causae im Rahmen von Art. 13 EuInsVO („Nike European Operations Netherlands“), EWiR 2015, S. 773–774.

ders. Zur Frage der Bestimmung des Insolvenzgerichtsstandes bei internationalen Konzernen, NZI 2004, S. 540–452.

Markgraf, Jochen Zusicherungen zur Vermeidung von Sekundärinsolvenzen unter Art. 36 EuInsVO Synthetische Sekundärverfahren, NZI 2015, S. 961–971.

Martius, Alexander	Der Grundsatz der par conditio creditorum im Spannungsverhältnis zu der strafprozessualen Vermögensabschöpfung, Hamburg 2008, zitiert als: *Markgraf*, S.
McBryde, Bill *Flessner, Axel* *Kortmann, Sebastianus Constantinus Johannes Josephus*	Verteilungsregeln in der grenzüberschreitenden Insolvenz: unter besonderer Berücksichtigung von Forderungen aus dem öffentlichen Recht, Frankfurt am Main, 2004, zitiert als: *Martius*, Verteilungsregeln, S.
McCormack, Gerard *Bork, Reinhard*	Principles of European Insolvency Law, Deventer 2003, zitiert als: McBryde/Flessner/Kortmann-*Bearbeiter*, Principles, S.
Meibom, Viktor von	Security rights and the European insolvency, regulation, Cambridge 2017, zitiert als: *McCormack/Bork*, Security Rights, Rn. 23.
Merle, Saskia	Das deutsche Pfandrecht, Marburg 1867, zitiert als: *Meibom*, Pfandrecht, S.
Merlini, Alessandro	Insolvenzzwecke in Deutschland und Frankreich Möglichkeiten und Grenzen der Förderung der Sanierung durch das Unternehmensinsolvenzrecht, Baden-Baden 2009, zitiert als: *Merle*, Insolvenzzwecke, S.
Meyer, Peter *Rein, Christian*	Reorganisation and Liquidation of Groups of Companies: Creditors' Protection vs. Going Concern Maximisation, the European Dilemma, or simply a Misunderstanding in light of the new EU Insolvency Regulation No. 2015/848, IILR, S. 119–135.
Milman, Davis	Das Ende der Gläubigergleichbehandlung im Insolvenzrecht? – Anmerkungen zur Umsetzung der Finanzsicherheitenrichtlinie, NZI 2004, S. 367–370.

Mocker, Felix National Corporate Law in a Globalised Market, Cheltenham 2009, zitiert als: *Milman*, National Corporate Law, S.

Mock, Sebastian Der Staat als Umsatzsteuergläubiger im Insolvenzverfahren, Baden-Baden 2021, zitiert als: *Mocker*, S.

Mokal, Rizwaan Jameel Das (geplante) neue europäische Insolvenzrecht nach dem Vorschlag der Kommission zur Reform der EuInsVO, GPR 2013, S. 156–166.

Moss, Gabriel (Hrsg.)
Fletcher, Ian F.
Isaacs, Stuart Priority as Pathology: The pari passu Myth, The Cambridge Law Journal, Vol. 60, No. 3, S. 581–621.

Müller-Seils, Carsten Oliver EC regulation on insolvency proceedings, 3rd Edition Oxford, zitiert als: *Moss/Fletcher/Isaacs*, Rn.

Muthorst, Olaf Rescue Culture und Unternehmenssanierung in England und Wales nach dem Enterprise Act 2002, Baden-Baden 2006, zitiert als: *Müller-Seils*, S.

Nerlich, Jörg
Römermann, Volker Grundlagen der Rechtswissenschaft: Methode – Begriff – System, 2. Auflage, München 2020, zitiert als: *Muthorst*, §, Rdnr.

Nielsen, Anne Norby
Sigal, Mike
Wagner, Karen Insolvenzordnung (InsO): Kommentar, 43. Ergänzungslieferung, München 2021, zitiert als: Nerlich/Römermann-*Nerlich/Hübner*, Art., Rn.

Niggemann, Friedrich The Cross-Border Insolvency Concordat: Principles to Facilitate the Resolution of International Insolvencies, American Bankruptcy Law Journal 1996, 70, S. 533 ff.

Oberhammer, Paul Das französische Unternehmenssanierungsgesetz vom 21.01.1985, Köln 1986, zitiert als: *Niggemann*, Das französische Unternehmenssanierungsgesetz vom 21.01.1985, S.

Oertel, Robert Von der EuInsVO zum europäischen Insolvenzrecht: eine Zwischenbilanz über rechtspolitische Gestaltungsmittel und Ziele, KTS 2009, S. 27–67.

Omar, Paul J. Entwicklung und Bedeutung des Grundsatzes anteiliger Gläubigerbefriedigung im älteren deutschen Rechte, Leipzig, 1901, zitiert als: *Oertel*, Gläubigerbefriedigung.

'Pannen, Klaus
Riedemann, Susanne The Mutual Influence of French and English Commercial Laws in Insolvency, International Company and Commercial Law Review 2008, S. 136–146, zitiert als: *Omar*, I.C.C.L.R. 2008, S.

ders. Europäische Insolvenzverordnung: Kommentar, Berlin 2011, zitiert als: Pannen-*Bearbeiter*, Art. Rn.

ders. Der Begriff des centre of main interests i.S. des Art. 3 I 1 EuInsVO im Spiegel der aktuellen Rechtsprechung, NZI 2004, S. 646–651.

Pape, Gerhard
Uhlenbruck, Wilhelm
Voigt-Salus, Joachim Insolvenzrecht, 2. Auflage, München 2010, zitiert als: *Pape/Uhlenbruck/Voigt-Salus*, Insolvenzrecht, Kap., Rn.

Parzinger, Josef Die neue EuInsVO auf einen Blick, NZI 2016, S. 63–68.

Paulus, Christoph G. Europäische Insolvenzverordnung: Kommentar, 6. Auflage, Frankfurt am Main 2021, zitiert als: *Paulus*, Art.

ders. Überlegungen zu einem modernen Konzerninsolvenzrecht, ZIP 2005, S. 1948–1955.

ders. § 1 InsO und sein Insolvenzmodell, NZO 2015, S. 1001–1006.

Piekenbrock, Andreas Das Europäische Insolvenzrecht im Umbruch, KSzW 2015, S. 191–197.

ders. Steuerforderungen in grenzüberschreitenden Insolvenzverfahren, EWS 2016, S. 181–198.

Pluta, Maximilian Insolvenzaufrechnung und der Grundsatz der par conditio creditorum, Bielefeld 2009, zitiert als: *Pluta*, Insolvenzaufrechnung, S.

Prager, Martin
Keller, Christoph Der Vorschlag der Europäischen Kommission zur Reform der EuInsVO, NZI 2013, S. 57–64.

Gottwald, Peter (Hrsg.) Insolvenzrechts-Handbuch, 6. Auflage, München 2020, zitiert als: *Bearbeiter*, Insolvenzrechts-Handbuch, § Rn.

Reinhardt, Karl Friedrich von Die Lehre vom Gannt und Ganntverfahren, Stuttgart 1819, zitiert als: *Reinhardt*, Ganntverfahren, S.

Reinhart, Stefan Die Durchsetzung im Inland belegener Absonderungsrechte bei ausländischen Insolvenzverfahren oder Qualifikation, Vorfrage und Substitution im internationalen Insolvenzrecht, IPRax 2012, S. 417–422.

ders. Die Überarbeitung der EuInsVO, NZI 2012, S. 304–311.

Renftle, Norbert Umgang mit Insolvenz in Europa unter Vergleich der deutschen und französischen Verfahrensmechanismen, Berlin 2017, zitiert als: *Renftle*, Insolvenz in Europa, S.

Reuss, Philipp M.	Europäisches Insolvenzrecht 3.0 oder doch nur Version 1.1? Der Vorschlag der Kommission vom 12.12.2012 zur Reform der Europäischen Insolvenzverordnung, EuZW, S. 165–169.
ders.	„Forum Shopping" in der Insolvenz Missbräuchliche Dimension der Wahrnehmung unionsrechtlicher Gestaltungsmöglichkeiten, Tübingen 2011, zitiert als: *Reuss, S.*
Richard, Dagmar	Das englische Konkursrecht im Vergleich zum deutschen Recht, Münster 1982, zitiert als: *Richard*, Das englische Konkursrecht, S.
Ripert, Georges *Roblot, René*	Traité élémentaire de droit commercial, 12. éd. Paris 1986, zitiert als: *Ripert/Roblot*, Traité élémentaire de droit commercial, S.
Roth, Hans-Peter	Die aktuelle Reform der Insolvenzanfechtung, DZWIR 2016, S. 113–117.
Säcker, Franz Jürgen *Rixecker, Roland* *Oetker, Hartmut* *Limperg, Bettina*	Münchener Kommentar zum Bürgerlichen Gesetzbuch Band 11: Erbrecht §§ 1922–2385 §§ 27–35 BeurkG, 8. Aufl., München 2020, zitiert als: MünchKommBGB-*Bearbeiter*, Bd. 11, Art., Rn.
Schilken, Eberhard *Gerhardt, Walter*	Festschrift für Walter Gerhardt, Köln 2004, zitiert als: *Bearbeiter*, FS Gerhardt, 2004, S.
Schlosser, Peter	Vollstreckungsrechtliches Prioritätsprinzip und verfassungsrechtlicher Gleichheitssatz, ZZP 97, S. 121–138.
Schmidt, Dominique *Niggemann, Friedrich*	Die Stellung der Gläubiger im französischen Unternehmenssanierungsgesetz, RIW 1986, 246 ff.

Schmidt, Jessica — Anmerkung zu EuGH GA (Generalanwalt Maciej Szpunar) v. 27.11.2014 Rs. C-557/13, Zur Insolvenzanfechtung bei Ablauf der Ausschlussfrist im Staat des Rechtsgeschäfts, hier: Österreich („Lutz“), EWiR 2015, S. 151–152.

dies. — Das Prinzip „eine Person, ein Vermögen, eine Insolvenz“ und seine Durchbrechungen vor dem Hintergrund der aktuellen Reformen im europäischen und deutschen Recht, KTS 2015, S. 19–53.

Schmidt, Karsten — Insolvenzordnung: InsO mit EuInsVO, 19. Auflage, München 2019, zitiert als: Schmidt-*Bearbeiter*, §, Rn.

Schmidt, Karsten
Kilger, Joachim — Konkursordnung: mit Gesamtvollstreckungsordnung, München 1993, zitiert als: *Schmidt/Kilger*, §, Rn.

Schuster, Michael — Die Abgabe der Zusicherung nach Art. 36 I 2 EuInsVO durch den Hauptinsolvenzverwalter Inhalt, Beschränkungs- und Erweiterungsmöglichkeiten, Formulierung und Haftung für Fehler bei der Abgabe der Zusicherung, NZI 2017, S. 873–880.

Schweppe, Albrecht — Das System des Concurses nach gemeinen in Deutschland geltendem Recht, 1829, zitiert als: *Schweppe*, Concurs, S.

Sheppard, Steve — The Selected Writings and Speeches of Sir Edward Coke, Volume 1, Indianapolis 2003, zitiert als: *Sheppard*, Selected Writings and Speeches of Coke, S.

Seuffert, Lothar von — Deutsches Konkursprozeßrecht, Leipzig 1899, zitiert als: *Seuffert*, Konkursprozessrecht, S.

ders. Zur Geschichte und Dogmatik des deutschen Konkursrechts, Nördlingen 1888.

Servatius, Wolfgang Gläubigereinfluss durch Covenants, Hybride Finanzierungsinstrumente im Spannungsfeld von Fremd- und Eigenfinanzierung, Tübingen 2008, zitiert als: *Servatius*, Gläubigereinfluss durch Covenants, S.

Skauradszun, Dominik Die „tatsächlichen Annahmen“ der Zusicherung nach Art. 36 Abs. 1 Satz 2 EuInsVO n. F., ZIP 2016, S. 1563–1574.

Spickerhoff, Kai Aus- und Absonderung in der Insolvenz nach deutschem und französischem Recht, Köln 2005, zitiert als: *Spickerhoff*, Aus- und Absonderung, S.

Stobbe, Otto Geschichte des älteren deutschen Konkursprozesses, 1888, zitiert als: *Stobbe*, S.

Streuber, Dirk Die Flucht des Schuldners und die Reaktionstechniken eines Gesamtvollstreckungsrechts, Der fallitus fugitvius als Rechtsproblem, 1. Aufl. Berlin 2014, zitiert als: *Streuber*, Die Flucht des Schuldners, S.

Stüdemann, Klaus Einhundert Jahre Konkursordnung, 1877–1977: Festschrift des Arbeitskreises für Insolvenz- u. Schiedsgerichtswesen e.V. Köln zum einhundertjährigen Bestehen der Konkursordnung vom 10. Februar 1877: „Der Konkursverwalter als Unternehmer“, S. 401 ff., zitiert als: *Stüdemann*, FS Einhundert Jahre Konkursordnung, S.

Stürner, Rolf Der Abschied von der „klassenlosen“ Insolvenz, NZI 2005, S. 597–598.

ders.
Eidenmüller, Horst
Schoppmeyer, Heinrich — Münchener Kommentar zur Insolvenzordnung: InsO, Band 3: §§ 217–359 (mit Art. 103a–110 EGInsO), Insolvenzsteuerrecht, 4. Auflage, München 2020, zitiert als: MünchKommInsO-*Bearbeiter*, Bd. 3

dies.
Schlegel, Ursula — Münchener Kommentar zur Insolvenzordnung Band 4: Art. 102a–102c EGInsO Länderberichte, 4. Auflage, München 2021, zitiert als: MünchKommInsO-*Bearbeiter*, Bd. 4., Art., Rn.

Symes, Christopher F. — Statutory Priorities in Corporate Insolvency Law An Analysis of Preferred Creditor Status, Surrey 2008, zitiert als: *Symes*, Statutory Priorities, S.

Taupitz, Jochen — Das (zukünftige) europäische Internationale Insolvenzrecht insbesondere aus internationalprivatrechtlicher Sicht, ZZP 111 (1998), S. 315–350.

Thieme, Jürgen — Einhundert Jahre Konkursordnung, 1877–1977: Festschrift des Arbeitskreises für Insolvenz- u. Schiedsgerichtswesen e.V. Köln zum einhundertjährigen Bestehen der Konkursordnung vom 10. Februar 1877: „Zur Entstehung der Konkursordnung", S. 35–72, zitiert als: *Thieme*, FS Einhundert Jahre Konkursordnung, S.

Thole, Christoph — Anmerkung zu EuGH, 08.06.2017 Rs. C-54/16: Die Einrede des Anfechtungsgegners gemäß Art. 16 EuInsVO 2017 (Art. 13 EuInsVO 2002) zwischen lex causae und lex fori concursus, IPRax 2018, S. 388–392.

ders. — Das neue Konzerninsolvenzrecht in Deutschland und Europa, KTS 2014, S. 351–379.

ders.	Der Kommissionsvorschlag zur Reform der
Swierczok, Arthur	EuInsVO, ZIP 2013, S. 550–558.
ders.	Die tatbestandlichen Wertungen der Gläubigeranfechtungen, ZZP 121, S. 67–93.
ders.	Die Kritik an der Ausdehnung der Vorsatzanfechtung auf dem Prüfstand, ZIP 2013, S. 2081–288.
ders.	Die neue Europäische Insolvenzverordnung, IPRax 2017, S. 213–222.
ders.	Die Reform der Europäischen Insolvenzverordnung, ZEuP 2014, S. 39–76.
ders.	Europäische und internationale Dimension des Rechts: Festschrift für Daphne Ariane Simotta, S. 613–625, Wien 2012, zitiert als: *Thole*, FS Simotta, S.
Tkatchenko, Nikita	Anerkennung, der Restschuldbefreiung nach der EuInsVO: unter Berücksichtigung der Auswirkungen der Reform der Restschuldbefreiung, Frankfurt am Main 2009, zitiert als: *Tkatchenko,* S.
Trunk, Alexander	Internationales Insolvenzrecht: systematische Darstellung des deutschen Rechts mit rechtsvergleichenden Bezügen, Tübingen 1998, zitiert als: *Trunk*, Internationales Insolvenzrecht, S.
Turck, Tilman	Priorität im Europäischen Insolvenzrecht: Perpetuatio fori und Entscheidungsanerkennung in der EuInsVO, München 2014, zitiert als: *Turck*, S.
Uhlenbruck, Wilhelm	Insolvenzordnung, Kommentar, Band 1, 15. Auflage 2019, zitiert als: Uhlenbruck-*Bearbeiter*, §, Rn.
ders.	Zur Geschichte des Konkurses, DZWIR, S. 1–10.

Von Campe, Moritz — Insolvenzanfechtung in Deutschland und Frankreich, Berlin 1996, zitiert als: *von Campe*, Insolvenzanfechtung, S.

Weidmüller, Juliane — Die Rückschlagsperre als Instrument zur gemeinschaftlichen Haftungsverwirklichung: eine Analyse im Spannungsfeld zwischen Einzel- und Gesamtvollstreckung, 1. Auflage, Baden-Baden 2012, zitiert als: *Weidmüller*, S.

Weiland, Stefan — Par condicio creditorum: der insolvenzrechtliche Gleichbehandlungsgrundsatz und seine Durchbrechungen zugunsten öffentlich-rechtlicher Gläubiger, Frankfurt am Main 2010, zitiert als: *Weiland*, par condicio creditorum, S.

Wesener, Gunter — Zur Entwicklung des Konkursrechts in den altösterreichischen Ländern, vornehmlich im 16. Und 17. Jahrhundert, Festschrift Hermann Baltl zum 60. Geburtstag, S. 535–556, Innsbruck 1978, zitiert als: *Wesener*, FS Baltl, S.

Wessels, Bob
Boon, Gert-Jan — Cross-Border Insolvency Law, Alphen aan den Rijn 2015, zitiert als: *Wessels/Boon*, S.

ders. — International Insolvency Law (Wessels Insolvency Law), Alphen aan den Rijn 2006, zitiert als: *Wessels*, International Insolvency Law (2006) Rn.

Westpfahl, Lars
Goetker, Uwe
Wilkens, Jochen — Grenzüberschreitende Insolvenzen, Köln 2008, zitiert als: *Westpfahl/Goetker/Wilkens*, Rn.

Westbrook, Raymond
Jasnow, Richard — Security for Debt in Ancient Near Eastern Law, Leiden 2001, zitiert als: Westbrook/Jasnow-*Bearbeiter*, S.

Willemer, Charlotte Vis attractiva concursus und die Europäische Insolvenzverordnung, Tübingen 2006, zitiert als: *Willemer*, S.

Willems, Constantin Actio Pauliana und fraudulent conveyances, Auflage, Berlin 2012, zitiert als: *Willems*, Actio Pauliana, S.

Willemsen, Reinhard
Kühn, Christiane Regierungsentwurf zur Anfechtung - ein versteckter Segen für den Fiskus, BB 2015, S. 3011 ff.

von Wilmowsky, Peter Aufrechnung in internationalen Insolvenzfällen – Das Kollisionsrecht der Insolvenzaufrechnung –, KTS 1998, S. 343–365.

ders. Sicherungsrechte im Europäischen Insolvenzübereinkommen, EWS 1997, S. 295–300.

Wimmer, Klaus Die UNCITRAL-Modellbestimmungen über grenzüberschreitende Insolvenzverfahren, ZIP 1997, S. 2220–2224.

Wiórek, Piotr Marcin Das Prinzip der Gläubigergleichbehandlung im europäischen Insolvenzrecht, Baden-Baden 2005, zitiert als: *Wiórek*, Gläubigergleichbehandlung, S.

Wood, Philip The law and practice of international finance; volume 1: Principles of international insolvency, London 2019, zitiert als: *Wood*, Principles, S.

Vallender, Heinz
Deyda, Stephan Brauchen wir einen Konzerninsolvenzgerichtsstand?, NZI 2009, S. 825–834.

ders. EuInsVO, Kommentar zur Verordnung (EU) 2015/848 über Insolvenzverfahren, Köln 2020, zitiert als: *Bearbeiter*, in Vallender, EuInsVO, Art, Rn.

ders. Europäisches Insolvenzrecht: Neue Herausforderungen durch die reformierte EuInsVO vom 25.05.2015, zfm, S. 139–147.

Virgós, Miguel
Garcimartín, Francis The European insolvency, regulation: law and practice, zitiert als: *Virgós/Garcimartin,* Regulation, Rn.

Zeeck, Sebastian Das Internationale Anfechtungsrecht in der Insolvenz, Tübingen 2003, zitiert als: *Zeeck*, Internationale Anfechtung, S.

Zimmermann, Reinhard Die Aufrechnung – eine rechtsvergleichende Skizze zum Europäischen Vertragsrecht, Festschrift für Dieter Medicus zum 70. Geburtstag, Köln 1999, S. 707 ff., zitiert als: *Zimmermann*, FS Medicus, 1999, S.

Zipperer, Helmut Die Insolvenz – historische, literarische und philosophische Aspekte des wirtschaftlichen Scheiterns, NJW 2016, S. 750–755.

Zierau, Britta Die Stellung der Gläubiger im französischen Sanierungsverfahren: im Hinblick auf die Entwicklung des deutschen Insolvenzrechts, Heidelberg 1991, zitiert als: *Zierau*, Französische Sanierungsverfahren, S.

A. Einführung

Infolge des weltweiten Handels- und Unternehmensbetriebs sind grenzüberschreitende Insolvenzverfahren längst keine Seltenheit mehr. Sie gewinnen im Zeitalter der Globalisierung zunehmend an Bedeutung. Die Zahlungsunfähigkeit oder Überschuldung eines Schuldners betrifft deshalb oftmals nicht nur Gläubiger innerhalb eines Staatsterritoriums, sondern erstreckt sich auf Gläubiger verschiedenster Staaten. Die Abwicklung und Koordination europäischer Insolvenzverfahren ist der EuInsVO vorbehalten, die das anwendbare Recht bestimmt, prozessuale Regelungen enthält und fragmentarisch auch Sachentscheidungen trifft. Ziel der Verordnung ist es, zu einer reibungslosen Funktion des europäischen Binnenmarktes beizutragen. Es handelt sich damit um einen jungen Rechtsakt, dessen erste Fassung im Jahr 2000 in Kraft getreten ist[1] und somit erst auf rund zwei Jahrzehnte Erfahrung zurückblicken kann. Im Jahr 2015 wurde die Verordnung reformiert, um internationale Insolvenzverfahren effizienter zu gestalten.[2] Die Überarbeitung der Verordnung gibt Anlass, die Bedeutung des Prinzips der Gläubigergleichbehandlung in diesem Kontext zu untersuchen. Dabei werden Historie des Grundsatzes auf nationaler Ebene sowie die Entwicklung und Bedeutung des Grundsatzes auf intentionaler Ebene und deren Verzahnung beleuchtet, denn die Gläubigergleichbehandlung wird grundsätzlich als ein tragendes Prinzip der EuInsVO zugrunde gelegt.[3] Sowohl innerhalb des Normtextes als auch im Rahmen der Erwägungsgründe nimmt die Verordnung explizit Bezug auf den Grundsatz und bekennt sich damit im Bereich grenzüberschreitender Insolvenzverfahren zu dessen Geltung.[4] Auch auf nationaler Ebene herrscht weitestgehend Einigkeit darüber, dass die Gläubigergleichbehandlung einen immanenten Grundsatz des Insolvenzverfahrens bildet, wenn auch in unterschiedlicher Form und mit unterschiedlicher Schwerpunktsetzung. Was genau unter dem Grundsatz der Gläubigergleichbehandlung zu verstehen ist, lassen alle Rechtsordnungen und auch die EuInsVO oftmals offen.

---

1 Verordnung (EG) Nr. 1346/2000 des Rates vom 29. Mai 2000 über Insolvenzverfahren.

2 Verordnung (EU) 2015/848 des Europäischen Parlaments und des Rates vom 20. Mai 2015 über Insolvenzverfahren (EuInsVO).

3 *Bauer*, Ungleichbehandlung, S. 78; D-K/D/C – *Duursma-Kepplinger*, Vor. Rn. 19; *Herchen*, Übereinkommen über Insolvenzverfahren, S. 46; *Kodek*, KTS 2014, 215, 235; *Kompat*, Die neue EuInsVO, S. 62; *Pluta*, Insolvenzaufrechnung, S. 129.

4 Erwägungsgrund (63) sowie Art. 23 Abs. 2 EuInsVO.

Die EuInsVO unterscheidet sich in ihrer Aufgabe durch eine überwiegend kollisionsrechtliche Ausgestaltung erheblich von nationalen Insolvenzordnungen. Während letztere den Focus auf die Masseverteilung legen, geht es in der EuInsVO in erster Linie darum, das „Recht der engsten Verbindung" zur Anwendung zu berufen sowie Bestimmungen über Gerichtsstand und Anerkennung zu treffen.[5] Erst anschließend klärt das nationale Insolvenzrecht Materiell-Rechtliches wie beispielsweise die Verteilung des Schuldnervermögens. Die unterschiedlichen Anforderungen nationaler und europäischer Insolvenzregime führen zu der Frage, wie diese Systeme zusammenpassen bzw. wie und ob sie sich gegenseitig bedingen. Die Gläubigergleichbehandlung ist im Rahmen der EuInsVO kein autarkes Produkt, sondern ein Ergebnis nationaler Prägungen, sodass sie nicht ohne eine Interpretation nationaler Maßstäbe auskommt. Umgekehrt kann man wohl behaupten, dass es auch einen eigenständigen, internationalen Gehalt des Grundsatzes geben kann.

Wie alle Begriffe der EuInsVO unterliegt auch der Grundsatz der Gläubigergleichbehandlung grundsätzlich zunächst einer autonomen Auslegung. Daher ist zwischen einer Gläubigergleichbehandlung auf nationaler Ebene und einer solchen innerhalb der EuInsVO zu unterscheiden. Dies führt dazu, dass im Rahmen der Untersuchung der europäischen Gläubigergleichbehandlung nicht nur auf nationale Merkmale des Grundsatzes zurückzugreifen ist. Der Grundsatz soll ganzheitlich betrachtet und nicht von vornherein auf einzelne Bereiche reduziert werden. Nichtdestotrotz ist es notwendig, die Gläubigergleichbehandlung im Zusammenspiel mit seinen Ausformungen und Entwicklungen in nationalen Recht zu begreifen, zumal es sich um einen Grundsatz handelt, der bereits seit langer Zeit in nationalen Rechtsordnungen etabliert ist. Mit Hilfe dieser Dissertation sollen Gemeinsamkeiten und Unterschiede auf nationaler und europäischer Ebene sowie die Funktionen der Gläubigergleichbehandlung sichtbar gemacht werden.

Innerhalb der Untersuchung wird angenommen, dass der Grundsatz der Gläubigergleichbehandlung grundsätzlich Geltung beansprucht und in den nationalen Rechtsordnungen der Länder Frankreich, Deutschland und England verankert ist. Ziel der vorliegenden Arbeit ist es, die Ausgestaltung des Grundsatzes in der Verordnung darzustellen und zu untersuchen, wie und ob die Umsetzung auch in einem kollisionsrechtlichen Rahmen gelingt und welche Anforderung dabei erwachsen. Dem soll eine Analyse über die Herkunft, grundlegende Bedeutung und Funktion des Grundsatzes auf nationaler Ebene

5 Erwägungsgrund (8).

vorangestellt werden. Dadurch soll ermittelt werden, ob die das Insolvenzrecht bereits von Beginn an vom Grundsatz der Gläubigergleichbehandlung geprägt war und einen Zweck des Verfahrens bildete.

Schwerpunkt der Untersuchung der nationalen Insolvenzsysteme sollen die unterschiedlichen Verteilungsordnungen sein. Anhand dieses Maßstabes soll beurteilt werden, welche Geltung der Grundsatz der Gläubigergleichbehandlung beansprucht. Nachrangige Forderungen werden nur am Range behandelt. Die praktische Bedeutung ist sehr gering, da eine vollständige Befriedigung den absoluten Ausnahmefall bildet.

Zumal es sich bei der Gläubigergleichbehandlung um einen tragenden Grundsatz eines gesamten Insolvenzsystems handelt, soll auch die grundlegende Entwicklung der Insolvenzsysteme, die Insolvenzanfechtung und die Stellung der Gläubiger im Verfahren in die Untersuchung mit einfließen. Dies erscheint insbesondere im Zusammenhang der Verknüpfung von nationalen Regelungen zu solchen der EuInsVO, die überwiegend Kollisionsrecht darstellen, sinnvoll.

Ferner soll aufgezeigt werden, welche Regelungen die Gläubigergleichbehandlung in der EuInsVO fördern und welche ein gegenläufiges Potential aufweisen. Denn die Gläubigergleichbehandlung ist nicht das einzige Prinzip, dem sich die EuInsVO verpflichtet.[6] Die Verordnung sieht sowohl die Möglichkeit von universalen als auch territorialen Insolvenzverfahren vor, sodass keines der beiden Prinzipien vollständig verwirklicht ist.[7] Dies schafft Spannungen und wirft immer erneut die Frage danach auf, welchem Konzept Vorzug zu gewähren ist. Die entstehenden Durchbrechungen sollen analysiert werden, um die Gläubigergleichbehandlung in ihrem gesamten Spektrum zu erfassen.[8] Um eine rein national fokussierte Auslegung zu verhindern, wird die Gläubigergleichbehandlung weit definiert und nicht nur auf die Gleichbehandlung von Gläubigern innerhalb einer Gruppe beschränkt. Sie umfasst im Rahmen dieser Arbeit sowohl die ungesicherten als auch die ungesicherten Gläubiger.

Folgende Hypothesen werden dabei aufgestellt:

- Bei der Gläubigergleichbehandlung auf nationaler und europäischer Ebene handelt es sich um eigenständige Grundsätze, sie weisen Gemeinsamkeiten und Unterschiede auf.

---

6 D-K/D/C – *Duursma-Kepplinger*, Vor., Rn. 19.

7 *Wiórek*, Gläubigergleichbenahdlung, S. 57.

8 So auch *Wiórek*, Gläubigergleichbehandlung, S. 34.

- Es existiert ein eigenständiger europäischer Gehalt der Gläubigergleichbehandlung in der EuInsVO, der sich in einer nationalen Insolvenz nicht wiederfindet.
- Der Begriff der europäischen Gläubigergleichbehandlung setzt sich zusammen aus dem nationalen Verständnis der Gläubigergleichbehandlung der verschiedenen Rechtsordnungen und einem Antidiskriminierungsgedanken.
- Die europäische Gläubigergleichbehandlung bildet eine Art „gemeinsamen Nenner" und Wertemaßstab für den europäischen Raum.
- Die europäische Gläubigergleichbehandlung soll nicht die nationale Gläubigergleichbehandlung durchsetzen.

B. Nationale Gläubigergleichbehandlung

Aus europäischer Sicht wurde der Grundsatz der Gläubigergleichbehandlung mit Einführung der EuInsVO[9] im Jahre 2000 erstmals in die europäische insolvenzrechtliche Gesetzgebung aufgenommen. Um die Gläubigergleichbehandlung jedoch als tragenden Grundsatz des Insolvenzrechts zu erfassen und zu verstehen, lohnt sich zunächst ein Blick an den historischen Ursprung der insolvenzrechtlichen Gesetzgebung nationaler Rechtsordnungen. Denn es handelt sich dabei in erster Linie um einen zunächst nationalen Grundsatz. Dieser hat sich in unterschiedlichen Rechtsordnungen etabliert, durchgesetzt und kann damit auf eine lange Historie zurückblicken. Er war bereits im römischen Recht verankert (I.) und hat sich anschließend in nationalen Rechtsordnungen weiterentwickelt (II.–IV.), wenn auch in unterschiedlicher Form und mit unterschiedlicher Schwerpunktsetzung.[10] Durch den historischen und nationalen Kontext soll zunächst geklärt werden, was Gläubigergleichbehandlung in einem Insolvenzverfahren konkret bedeutet, innerhalb welcher Bereiche der Grundsatz zum Tragen kommt und wie er gegebenenfalls Wirkung entfaltet. Überdies soll die historische Auslegung auch eine autonome Interpretationshilfe für den Grundsatz auf europäischer Ebene bieten. So können Unterschiede und Gemeinsamkeiten herausgearbeitet werden, um die Natur und auch Funktion des Grundsatzes näher zu beleuchten.

I. Römisches Recht

1. Historie

Das römische Recht kannte kein Konkurs- bzw. Insolvenzgesetz als solches.[11] Nichtsdestotrotz gehen erste Ansätze des Grundsatzes der Gläubigergleichbehandlung auf diese Epoche zurück. In der spätrepublikanischen Zeit wurde grundsätzlich im Wege der Generalexekution gegen den Schuldner vorgegangen und zwar auch dann, wenn dieser nicht zahlungsunfähig war.[12] Eine

---

9 Gemeint ist die erste Verordnung (EG) Nr. 1346/2000 des Rates über Insolvenzverfahren.

10 *Häsemeyer*, KTS 1982, 507, 512.

11 *Bauer*, Der Insolvenzplan, S. 27; *Gottwald*, Insolvenzrechts-Handbuch, § 1, Rn. 1; *Kroppenberg*, Insolvenz im klassischen römischen Recht, S. 62, 63; *Pluta*, Insolvenzaufrechnung, S. 24.

12 *Kaser/Hackl*, Das Römische Zivilprozessrecht, S. 388; *Stüdemann*, FS Einhundert Jahre Konkursordnung, S. 419; *Wiórek*, Gläubigergleichbehandlung, S. 93.

Einzelzwangsvollstreckung in das Vermögen war nur in Ausnahmefällen zulässig.[13] Somit war das damalige Verfahren in seinem Ursprung nicht in einem ausschließlich insolvenzrechtlichen Kontext eingebettet, sondern allgemein zivilrechtlicher Natur. Der Grundsatz der Gläubigergleichbehandlung wird zwar üblicherweise auf die Digesten bei Ulpian zurückgeführt.[14] Erste Tendenzen des Grundsatzes können jedoch schon früher sichtbar gemacht werden.[15]

a) Zwölftafelgesetz

Den ersten Anknüpfungspunkt bildet das römische Zwölftafelgesetz aus dem Jahre 451 v. Chr. Die dritte Tafel regelte den Fall, dass ein bereits zur Zahlung verurteilter Schuldner seinen Verpflichtungen nicht nachkommen konnte.[16] Das damalige Rechtssystem kannte noch keine Vermögenshaftung.[17] Stattdessen musste der Schuldner mit Leib und Leben oder im Wege der Schuldknechtschaft haften.[18] Wörtlich heißt es dazu:

> *„Tertis nundinis partis secanto“ – „Am dritten Markttag sollen (die Gläubiger) sich die Teile schneiden“.*[19]

Hierbei ist jedoch unklar und daher auch in der Literatur umstritten[20], was genau in Teile zu schneiden war. Entweder wurde der Schuldner in Stücke gehauen und der Leichnam haftete für die Forderung(en) oder aber der Erlös aus dessen Verkauf, beispielweise an die Sklaverei, wurde aufgeteilt. Unabhängig vom konkreten Haftungsobjekt deutet der Imperativ *secanto* allerdings darauf hin, dass eine Teilung und damit gegebenenfalls auch Verteilungsgerechtigkeit zu realisieren war, da die Gläubiger zumindest nicht zur Einzelbefriedigung aufgefordert

---

13 *Klinck*, Besondere Insolvenzanfechtung, S. 1; *Pape/Uhlenbruck/Voigt-Salus*, Insolvenzrecht, Kap. 7, Rn. 4.

14 *Bork*, ZIP 2014, 797.

15 So auch *Gentile*, S. 1; *Zipperer*, NJW 2016, 750.

16 *Stüdemann*, FS Einhundert Jahre Konkursordnung, S. 414.

17 *Gröniger*, Das französische Insolvenzsystem, S. 4; Kindler/Nachmann-*Kindler/Conow*, Handbuch des InsOR in Europa, Teil 2, I, Rn. 2; *Pape/Uhlenbruck/Voigt-Salus*, Insolvenzrecht, Kap. 7, Rn. 3.

18 Kindler/Nachmann-*Kindler/Conow* a. a. O; *Kohler*, Konkursrecht, S. 3; *Pluta*, Insolvenzaufrechnung, S. 120.

19 Übersetzung von *Düll*, Das Zwölftafel-Gesetz, S. 35; ebenso *Zipperer*, KTS 2007, 21, 23.

20 *Pape/Uhlenbruck/Voigt-Salus*, Insolvenzrecht, Kap. 7, Rn. 3; *Uhlenbruck*, DZWIR 2007, 1; zur Streitdarstellung *Stüdemann*, FS Einhundert Jahre Konkursordnung, S. 415, Fn. 49.

werden.[21] Dies impliziert, dass grundsätzlich allen oder zumindest mehreren die Teilhabe an der Vermögensverwertung zustehen sollte und ein direkter Zugriff auf das Vermögen des Schuldners gewährt wurde.[22] Zudem konkretisiert das Zwölftafelgesetze auch die Art und Weise der Teilung: „*Wenn einer zu viel oder zu wenig abgeschnitten hat, soll dies ohne Nachteil sein*".[23] Demnach war hier kein systematischer, sondern vielmehr ein willkürlicher Ausgleich innerhalb der Gläubiger vorgesehen. Welche Kriterien genau diese Teilung bestimmen, ließ die Regelung offen. Dies hing wohl einerseits vom Zufall, andererseits von der Wachsamkeit einzelner Gläubiger ab.[24] Somit bestand wahrscheinlich auch die Möglichkeit, dass einige Gläubiger leer ausgingen, sofern ihnen andere zuvorkamen. Die Verantwortung für eine Befriedigung trug demnach jeder Gläubiger selbst. Von einem Grundsatz der Gläubigergleichbehandlung im heutigen Sinne ist diese Regelung damit weit entfernt. Einen Schritt in Richtung einer solchen geht das Zwölftafelgesetz allerdings dadurch, dass sowohl eine Teilung des Haftungsobjektes – und damit eine Gläubigermehrheit[25] – vorgesehen ist, keine festgelegte Rangordnung in der Befriedigung herrscht[26] und auch der Zugang zum Haftungsobjekt grundsätzlich allen Gläubigern offensteht.[27] Damit gab das Zwölftafelgesetz einen Anstoß zur Gesamtvollstreckung, denn sofern das Vermögen des Schuldners nicht zur Befriedigung aller ausreichte, war zumindest eine Teilung vorgesehen. Die dritte Tafel bestimmt damit das Verhältnis der Gläubiger zum Haftungsobjekt. Wie die Gläubiger untereinander zu verfahren haben, wird hingegen ihnen selbst überlassen.

---

21 Womit die Gläubiger befriedigt werden, ist in diesem Kontext nicht von Bedeutung. Es geht lediglich um den Aspekt der Verteilungssystematik.

22 ähnlich *Bauer*, Der Insolvenzplan, S. 31; *Kohler*, Konkursrecht, S. 4; *Zipperer*, NJW 2016, 750.

23 Übersetzung von *Düll*, Das Zwölftafel-Gesetz, S. 35.

24 *Reinhardt*, Ganntverfahren, S. 19. Der Autor sieht hierin jedoch nicht die Anfänge des Insolvenzrechts; a. A. *Kohler*, Konkursrecht, S. 4.

25 *Kohler*, Konkursrecht, S. 67, sieht das Vorliegen einer Gläubigermehrheit als zentrales Merkmal des Konkursverhältnisses an, das die kollidierenden Interessen in einer sozial zu lösen hat. Dabei ist es dennoch keine zwingende Voraussetzung für die Verfahrenseinleitung.

26 so auch *Kohler*, Konkursrecht, S. 4, 5.

27 Ähnlich *Zipperer*, NJW 2016, 750, der die Frage nach der Verteilungsgerechtigkeit historisch ebenfalls in diesem Kontext einordnet.

b) *Digesten*

Im *Corpus Iuris Civilis*, den Digesten des Ulpian findet sich die wohl älteste ausdrückliche Formulierung der Gläubigergleichbehandlung. Darin heißt es:

> *„Qui vero post bona possessa debitum suum recepit, hunc in proportionem vocandum exaequandumque ceteris creditoribus: neque enim debuit praeripere ceteris post bona possessa, cum iam par condicio omnium creditorum facta esset."*[28]

> *„Wer nach der Beschlagnahme seines Vermögens eine Forderung einzieht, muss auf seinen Anteil verwiesen und den übrigen Gläubigern gleichgestellt werden. Denn nach der Beschlagnahme darf er den übrigen Gläubigern nichts wegnehmen, weil dann schon die Gleichbehandlung aller Gläubiger verwirklicht ist."*

aa) *Verfahrensablauf*

Im Vergleich zum Zwölftafelgesetz verfolgt das römische Recht rund 350 Jahre später nicht mehr den Ansatz der Personalexekution, sondern den einer Realexekution.[29] Der Schuldner haftet im Falle der Zahlungsunfähigkeit nicht mehr mit Leib und Leben, sondern nur noch mit seinem Vermögen. Dieses unterliegt zunächst der staatlichen Beschlagnahme, um es vor dem Gläubigerzugriff zu schützen und die Verteilung zu systematisieren. Zur Vollstreckung bedurfte es im nächsten Schritt der Einweisung in das Schuldnervermögen (*missio in bona)* durch den *Prätor*, was vom Gläubiger selbst zu beantragen war.[30] Sodann wurde das Verfahren öffentlich bekannt gegeben und eine Anmeldefrist von 30 Tagen für die übrigen Gläubiger festgelegt.[31] Innerhalb dieser Frist erhielten damit alle Gläubiger die Möglichkeit, ihre Forderungen anzumelden.[32] Mit der *missio in bona* oblag die tatsächliche Gewalt über das Schuldnervermögen allen Gläubigern gemeinsam.[33] Erst wenn das Vermögen nicht zur Befriedigung ausreichte, konnten die Gegenstände vom *magister bonorum*[34] im Wege der öffentlichen

---

28 D 42, 8, 6, 7.

29 *Kaser/Hackl*, Das Römische Zivilprozessrecht, S. 388; *Pape/Uhlenbruck/Voigt-Salus*, Insolvenzrecht, Kap. 7, Rn. 4; *Stüdemann*, FS Einhundert Jahre Konkursordnung, S. 417; *Uhlenbruck*, DZWIR 2007, 1; *Weiland*, par condicio creditorum, S. 23.

30 *Bethman-Hollweg*, Der römische Civilprozess Bd. II, S. 674 f.; *Gottwald*, Insolvenzrechts-Handbuch, § 1, Rn. 1; *Grevesmühl*, Gläubigeranfechtung, S. 14, 15; *Kaser/Hackl*, Das Römische Zivilprozessrecht, S. 388, 391; *Klinck*, Besondere Insolvenzanfechtung, S. 3.

31 *Klinck*, a. a. O.

32 *Bauer*, Der Insolvenzplan, S. 37; *Grevesmühl*, Gläubigeranfechtung, S. 14; *Keller*, Insolvenzrecht, Rn. 28. *Pluta*, Insolvenzaufrechnung, S. 121.

33 *Grevesmühl*, Gläubigeranfechtung, S. 50; *Stüdemann*, FS Einhundert Jahre KO, S. 417.

34 Unter einem *magister bonorum* verstand man eine Art Gläubigervertreter.

Versteigerung zu im Vorfeld abgestimmten Verkaufsbedingungen veräußert werden (*venditio bonorum*).[35] Verkauft wurde an denjenigen, der den Gläubigern die höchste Quote bot, denn die Auskehr erfolgte unmittelbar im Verhältnis von Erwerber (*bonorum emptor*) zu Gläubiger.[36] Dabei erhielt jeder Gläubiger denjenigen Anteil des Kaufpreises, der dem Anteil der jeweils angemeldeten Forderung an der Gesamtverbindlichkeit entsprach (*pro portione*).[37]

Innerhalb der deutschen Literatur hat sich der Begriff *par condicio creditorum* etabliert, der als Synonym für den Grundsatz der Gläubigergleichbehandlung verwendet wird. Wenn man den Wortlaut der gesamten Digestenstelle genauer betrachtet, stellt man fest, dass bei dieser Kurzfassung das wichtige Wort *omnium* fehlt, welches sich jedoch im Originaltext wiederfindet. So sollten eigentlich *alle* Gläubiger *expressis verbis* gleichbehandelt werden. Der Wortlaut unterscheidet demnach keine Gläubigergruppen und geht zunächst von einer absoluten Gläubigergleichbehandlung ohne Privilegierungen aus. Nichtsdestotrotz existierten auch damals Ausnahmen von diesem Grundsatz und er galt von Anfang an nicht zugunsten aller Gläubiger. Einen Anspruch auf vorrangige Befriedigung hatten als erstes sowohl aus- als auch absonderungsberechtigte Gläubiger. Die Aussonderung war das stärkste Mittel zur vollständigen Vorabbefriedigung im Falle der Zahlungsunfähigkeit. Dazu gehört der Anspruch des Eigentümers auf Herausgabe seiner Sache, die durch den Besitz des Schuldners (zu Unrecht) beschlagnahmt wurde.[38] Mithilfe einer Klage (*rei vindicatio*[39]) konnte der Eigentümer die Sache aus dem Schuldnervermögen herausverlangen, der Gesamtvollstreckung entkommen und unabhängig von allen anderen Gläubigern befriedigt werden. Der Eigentümer war vor allen anderen Privilegierten (*ante privilegium)* zu befriedigen.[40] Zudem verlieh die Sicherungsübereignung dem Sicherungsgläubiger – anders als in heutigen Insolvenzordnungen – ein Aussonderungsrecht

---

35 *Kaser/Hackl*, Das Römische Zivilprozessrecht, S. 394, 397; *Pape/Uhlenbruck/Voigt-Salus*, Insolvenzrecht, Kap. 7, Rn. 4; *Uhlenbruck*, DZWIR 2007, 1, 2.

36 *Klinck*, Besondere Insolvenzanfechtung, *Wiórek*, Gläubigergleichbehandlung, S. 93.

37 *Bauer*, Der Insolvenzplan, S. 37, 38; *Bethmann-Hollweg*, Der römische Civilprozess, Bd. II, S. 682; *Häsemeyer*, KTS 1982, 507, 512; *Stüdemann*, FS Einhundert Jahre KO, S. 418.

38 Bethmann-Hollweg, Bd. II, S. 685; *Kaser/Hackl*, Das römische Zivilprozessrecht, S. 401, *Pluta*, Insolvenzaufrechnung, S. 121, 122.

39 *Baur/Stürner*, Bd II, § 3, 3.2; *Gassert-Schumacher*, Privilegien in der Insolvenz, S. 11, 12; *Kaser/Hackl* a. a. O.

40 *Gassert-Schumacher* a. a. O.

auf Herausgabe der Sache, soweit der Schuldner in dessen Besitz war.[41] Ebenso genossen Inhaber einer Grunddienstbarkeit und eines Nießbrauchs das Vorrecht der Aussonderung aus dem Schuldnervermögen.[42] Eine Sonderstellung nahmen die Pfandgläubiger ein, denen eine Art Absonderungsberechtigung zustand durch die Möglichkeit einer dinglichen Pfandklageerhebung (*actio serviana*), die eine vorranginge Befriedigung herbeiführte.[43] Innerhalb dieser Gläubigergruppe galt grundsätzlich der Prioritätsgrundsatz, sodass die Gläubiger je nach Entstehungszeitpunkt der Sicherheit befriedigt wurden.

bb) Privilegien

Überdies existierte aber auch eine Privilegienordnung für nicht dinglich gesicherte Gläubiger, die unabhängig vom Entstehungszeitpunkt eine bestimmte Rangfolge zur Befriedigung der Gläubiger festsetzte.[44] Anhand dieser Privilegierungen ist zu erkennen, dass diese nicht ausschließlich auf den Fall der einfachen, sondern auch den der Nachlassinsolvenz zugeschnitten sind. Sie sind nicht alle zur gleichen Zeit eingeführt worden und waren unterschiedlichen historischen Ereignissen zuzuordnen.[45]

Insgesamt wurden acht verschiedene Gläubigergruppen vor den restlichen Gläubigern (*chirographii creditores*) bedient und soweit das Schuldnervermögen dafür ausreichte auch in voller Höhe befriedigt.[46] Erst wenn die vorrangig privilegierte Gruppe vollständig befriedigt war, stand das Vermögen für die rangniedrigere Gruppe zur Verfügung.[47] Zuallererst erhielten der Fiskus (*privilegium fisci*) sowie die Gemeinden (*res publicae*) ihre Forderungen.[48] Darauf folgte der Anspruch des Bestatters (sofern es sich um eine Nachlassinsolvenz handelte). Anschließend konnte die Ehefrau die Rückgabe der Mitgift (*dos*) verlangen, um ihren Lebensunterhalt zu sichern und diese Aufgabe nicht der Gesellschaft

41 *Gassert-Schumacher*, Privilegien in der Insolvenz, S. 11, 12.

42 *Gassert-Schumacher* a. a. O.

43 *Gassert-Schumacher*, Privilegien in der Insolvenz, S. 11–16; Dabei ist jedoch unklar, ob tatsächlich alle Pfandrechte hierunter fallen; *Kaser/Hackl*, Das Römische Zivilprozessrecht, S. 401; *Pluta*, Insolvenzaufrechnung, S. 122.

44 Darstellung bei *Baur/Stürner*, Bd. II, § 3, 3.2; *Gassert-Schumacher*, Privilegien in der Insolvenz, S. 3 sowie *Kaser/Hackl*, Das Römische Zivilprozessrecht, S. 402, 403; *Weiland*, par condicio creditorum, S. 24.

45 Weitere Nachweise bei *Kaser/Hackl*, Das Römische Zivilprozessrecht, S. 402, Fn. 8.

46 *Kaser/Hackl*, Das Römische Zivilprozessrecht, S. 402, Fn. 6.

47 *Stüdemann*, FS Einhundert Jahre Konkursordnung, S. 402.

48 *Weiland*, par condicio creditorum, S. 25.

aufzuerlegen. Zudem stand einem Mündel ein Privileg im Fall der Insolvenz seines Vormundes (*tutor*) zu. Sodann konnten sich die kreditbezogenen Gläubiger befriedigen: diejenigen, die einen Kredit zur Wiederherstellung eines Gebäudes erteilt haben, der Bankkunde im Konkurs des Bankiers bei einer Geldeinlage, der Darlehensgeber zwecks Befriedigung privilegierter Gläubiger, der Darlehensgeber soweit sein Darlehen zum Bau oder zur Ausrüstung eines Schiffes bestimmt war. Neben diesen fest formulierten Vorrangstellungen konnten auch andere Gläubigergruppen im Wege der Aufstellung von Verkaufsbedingungen (*lex bonorum vendendorum*) zu vorrangigen Gläubigern ernannt werden.[49] Dazu bedurfte es jedoch einer besonderen Schutzbedürftigkeit.

Fraglich ist, welche Faktoren darüber entschieden haben, welche Gläubiger in den Genuss einer vorrangingen Befriedigung kommen können und damit eine gruppenübergreifende Geltung des Grundsatzes einer Gleichbehandlung im Sinne einer Chancengleichheit durchbrechen. Grundsätzlich spielten dabei eine besondere Schutzbedürftigkeit[50] sowie Vertrauensschutzgesichtspunkte eine entscheidende Rolle. Der unbestimmte Rechtsbegriff der Schutzwürdigkeit konnte allerdings vom Prätor oder Kaiser beliebig interpretiert werden. Das Fehlen eines konstanten und konkreten Maßstabes führte daher eher zu einer Einzelfallgerechtigkeit. Die Frage danach, wer als schutzbedürftig anzusehen war, war letztlich reine Auslegung und hing maßgeblich von gesellschaftlichen Strukturen und sozialen Gegebenheiten ab, die wiederum von wirtschaftlichen oder politischen Entwicklungen geprägt waren. Demnach war dieses Kriterium bereits damals variabel und unterlag reinen Wertungsgesichtspunkten. Dadurch fällt es schwer, das Kriterium der besonderen Schutzwürdigkeit eindeutig und allumfassend zu definieren. Denn letztlich kann jeder Gläubiger eine besondere Position vorweisen, die je nach Auslegung und Sichtweise als besonders schutzwürdig eingestuft werden kann.

Im Rahmen der vorgenannten Privilegien dabei fällt auf, dass das Merkmal der besonderen Schutzbedürftigkeit auf den Fiskus als stärksten Machtapparat im Staatsgefüge nicht recht zu passen scheint. Man könnte dies höchstens damit begründen, dass sich aus der besondere Aufgabe des Staates wie der Einnahme von Steuergeldern und der damit verbundenen Daseinsvorsorge, eine Art Gewährleistung der Funktionsfähigkeit ableiten lässt, die eine vorrangige Befriedigungsposition rechtfertigt.[51] Dies wäre jedoch allenfalls dann der Fall,

---

49 *Gassert-Schumacher*, Privilegien in der Insolvenz, S. 25.

50 *Gassert-Schumacher*, Privilegien in der Insolvenz, S. 25; *Weiland*, par condicio creditorum, S. 26; *Wiórek*, Gläubigergleichbehandlung, S. 95.

51 Ähnlich *Wiórek*, Gläubigergleichbehandlung, S. 95 auch zum Folgenden.

wenn der Staat sich in einer Situation wiederfindet, in der er eine über das übliche Maß hinausgehende Bedürftigkeit an Steuergeldern vorweisen kann und sich keinen Ausfall auf die konkrete schuldnerische Leistung erlauben kann. Dies stellt jedoch wohl eher die Ausnahme- als den Regelfall dar. Somit liegt letztlich auch der Gedanke nahe, dass sich der Staat im alten Rom schlicht Vorteile sichern wollte, da dies innerhalb seiner Kompetenz lag. Die Privilegierung der Ehefrau sowie des Mündels ist hingegen auf rein soziale Aspekte und eine damit einhergehende Schutzbedürftigkeit zurückzuführen. Beide befinden sich in einer wirtschaftlichen Abhängigkeit vom Schuldner, sodass sie in einer schwachen wirtschaftlichen und nicht zuletzt auch gesellschaftlichen Position waren. Diese Schwäche sollte bei einem wirtschaftlichen Ausfall des Schuldners mithilfe des Privilegs nachvollziehbarer Weise korrigiert werden.

Die kreditbezogenen Privilegierungen beruhen wiederum wohl eher auf Vertrauensschutzaspekten als auf dem Gedanken einer besonderen Schutzwürdigkeit. Diejenigen, die ihr Geld für Investitionen freigeben oder bei Dritten anlegen, sollen darauf vertrauen können, im Falle einer Zahlungsunfähigkeit nicht leer auszugehen. Damit wird die Schutzwürdigkeit an wirtschaftliche Faktoren geknüpft, die ebenfalls einen zu berücksichtigenden Wertungsgesichtspunkt darstellen.

Ein Arbeitnehmerprivileg fehlt im römischen Recht. Grund hierfür ist, dass Arbeiten in der Regel von Sklaven erledigt wurden und diese keine Rechte hatten.[52]

cc) Insolvenzanfechtung Actio Pauliana

Das klassische römische Recht kannte mit der *Actio Pauliana* das Rechtsinstitut der Insolvenzanfechtung.[53] Die Insolvenzanfechtung ist aus heutiger Sicht ein wichtiges Mittel zur Durchsetzung der Gläubigergleichbehandlung und steht daher in unmittelbarem Zusammenhang mit dem Gläubigergleichbehandlungsgrundsatz.[54] Dieser Zusammenhang wird auch im römischen System dadurch erkennbar, dass der den Digesten des Ulpian normierte Grundsatz der Gläubigergleichbehandlung (s.o.) einer Regelung über die *Actio Pauliana* entstammt.

---

52 *Gassert-Schumacher*, Privilegien in der Insolvenz, S. 25.

53 D 22, 1, 38, 4.

54 *Bork*, ZIP 2014, 797 ff.; *Grevesmühl*, Gläubigeranfechtung, S. 90, 93; *Foerste*, NZI 2006, 6, 7; *Klinck*, Besondere Insolvenzanfechtung, S. 3; *Pluta*, Insolvenzaufrechnung, S. 116; *Zeeck*, Internationale Anfechtung, S. 5 ff.

Die damalige Regelung bot den Gläubigern oder dem für sie handelnden *magister bonorum* als Gläubigervertreter[55] im Rahmen des prätorischen Edikts die Möglichkeit gläubigerbenachteiligende Leistungen, die der Schuldner gegenüber einem Dritten bewirkte, gerichtlich durchzusetzen.[56] Dabei wurden nur Rechtshandlungen des Schuldners im Verhältnis zu Dritten in Form von Schenkungen oder ähnlichen Rechtsgeschäften, nicht jedoch zu (Masse)Gläubigern erfasst.[57] Die bevorzugte Befriedigung eines einzelnen Gläubigers konnte nicht mit der *Actio Pauliana* angefochten werden. Folglich kannte das römische Recht lediglich die Absichtsanfechtung wie sie § 133 InsO vorsieht.[58] Voraussetzung war zudem eine betrügerische Absicht (*fraus*) beider Parteien gegenüber den übrigen Gläubigern.[59] Zudem musste der Leistungsempfänger auch Kenntnis gehabt haben von der Absicht des Schuldners (*participatio fraudis*).[60] Allerdings waren Gläubiger nur im Falle eines bereits eröffneten Verfahrens vor betrügerischem Verhalten des Schuldners geschützt wie aus der nachfolgenden Digestenstelle hervorgeht:

> *„Sciendum Iulianum scribere eoque iure nos ult, ut, qui debitam pecuniam recepit ante, quam bona debitoris possideantur, quamvis sciens prudensque solvendo non esse recipat, non timere hoc edictum: sibi enim vigilavit."*

> *„Man muss wissen, dass Julian schreibt und es geltendem Recht entspricht, dass, wer geschuldetes Geld annimmt, bevor die Güter des Schuldners in Besitz genommen wurden, obwohl er es in dem Wissen annahm, dass der Schuldner nicht zahlen können würde, dieses Edikts nicht zu fürchten hat: Er hat nämlich nur seine Interessen gewahrt."*

Diese Regelung bringt unmissverständlich zum Ausdruck, dass der wachsame Gläubiger, der sich bereits vor Eintritt der materiellen Krise auszahlen lässt, keinerlei Verpflichtung gegenüber allen übrigen Gläubigern zu erfüllen hatte.[61] Dies entspricht auch der ausdrücklichen Regelung zur Gläubigergleichbehandlung, die eine Gläubigergleichbehandlung erst ab Beschlagnahme des Schuldnervermögens vorsieht.

---

55 *Grevelmühl*, Gläubigeranfechtung, S. 71; *Kummer*, FS Kreft, S. 396.

56 *Keller*, Insolvenzrecht, Rn. 1464.

57 *Bork*, ZIP 2014, 797, 798; *Grevesmühl*, Gläubigeranfechtung, S. 87; Thole, ZZP 121, 67, 70.

58 *Jensen*, Gläubiger- und Insolvenzanfechtung, S. 117; ebenso: *Keller*, Insolvenzrecht, Rn. 1466; *Kummer*, FS Kreft, S. 394.

59 *Jensen*, Gläubiger- und Insolvenzanfechtung, S. 117.

60 *Bitzer*, Systemfragen der Insolvenzanfechtung, S. 9.

61 a. a. O.

Fraglich ist an dieser Stelle, ob die *Actio Pauliana* damals überhaupt dazu bestimmt war, den Grundsatz der Gläubigergleichbehandlung durchzusetzen. Die Natur der damaligen Insolvenzanfechtung ist insgesamt umstritten[62], aufgrund des deliktischen Charakters des Rechtsinstituts wird ein direkter Zusammenhang zur Gläubigergleichbehandlung oftmals verneint.[63]

Das ist durchaus diskussionswürdig. Die Tatsache, dass das römische Recht lediglich die Absichtsanfechtung vorsah, schließt den Zusammenhang mit der Gläubigergleichbehandlung per se nicht aus.[64] Insbesondere ist hierbei nicht auf heutige Maßstäbe *de lege lata* zurückzugreifen.

Im Vordergrund der Rückforderung einer Leistung durch die *Actio Pauliana* stand der Sanktions- bzw. Strafgedanke eines unredlichen Handels des Schuldners.[65] Die Sanktion selbst hat ihren Ursprung jedoch in der Verletzung von Gläubigerinteressen.[66] Denn die Leistung des Schuldners an den Dritten wirkt sich unmittelbar massemindernd aus und tangiert damit mittelbar das Befriedigungsinteresse im Verhältnis von Schuldner zu Gläubiger(n). Folgerichtig werden nur diejenigen Leistungen an die Masse zurückfließen, die durch betrügerische Maßnahmen entstanden sind.

Auch wenn mit der *Actio Pauliana* nur Rechtshandlungen an Dritte erfasst werden, so geschieht die Rückführung der Leistung letztlich doch um der Gläubiger Willen. Dass hier ein Zusammenhang zwischen der Gleichbehandlung und der Absichtsanfechtung besteht, kann zudem anhand der Funktionen der *Actio Pauliana* und der Gläubigergleichbehandlung veranschaulicht werden: Sinn und Zweck der Absichtsanfechtung ist zum einen die Sanktion eines verwerflichen schuldnerischen Handelns, zum anderen jedoch Masseschutz und Wahrung der Gläubigerinteressen.[67] Die Gläubigergleichbehandlung will ebenfalls verhindern, dass die Masse infolge von Zugriffen anderer Gläubiger geschmälert wird und verpflichtet sich dem Gläubigerschutz. Auch erfasst der Grundsatz der Gläubigergleichbehandlung auf materieller Ebene das Verhältnis von Schuldner zu Gläubiger(n). Der Unterschied zur Anfechtungssituation besteht darin, dass

---

62 *Bitzer*, Systemfragen der Insolvenzanfechtung, S. 9; *Gissa*, Institut der Anfechtung, S. 18.

63 *Bork*, ZIP 2014, 797, 798; *Guski*, Sittenwidrigkeit, S. 110; *Kummer*, FS Kreft, S. 394; *Klinck*, Besondere Insolvenzanfechtung, S. 7; *Thole*, ZZP 121, 67, 70, 71.

64 So auch *Thole*, ZZP 121, 67, 73.

65 durch den Ehrverlust im Falle der Zahlungsunfähigkeit – *Klinck*, Besondere Insolvenzanfechtung, S. 4, 8.

66 a. A. *Klinck*, a. a. O., der die Gläubigergleichbehandlung infolge des Sanktionsgedankens ausschließt.

67 *Bork*, ZIP 2014, 797; *Zeeck*, Internationale Anfechtung, S. 6.

das Dreipersonenverhältnis hierbei durch einen anderen Gläubiger und nicht durch einen Dritten komplettiert wird. Folglich ergänzen sich die Regelungen in ihrer Wirkungsweise unabhängig davon, ob die *Actio Pauliana* auch vom Gesetzgeber als Durchsetzung der Gläubigergleichbehandlung vorgesehen war.

Die *Actio Pauliana* fungiert zwar in erster Linie als Sanktionsinstrumentarium gegen das Verhalten des Schuldners, gewährleistet aber auch Gläubigerschutz. Gemessen an den Grundsätzen der *Actio Pauliana* gilt der Grundsatz der Gläubigergleichbehandlung somit ebenfalls infolge des Wirkungszusammenhanges beider Grundsätze erst ab Verfahrenseröffnung.

2. Funktionen der Gläubigergleichbehandlung im Römischen Recht

Ausgehend von den Digesten des Ulpian ist innerhalb des Grundsatzes zunächst folgende Struktur erkennbar:

- Zunächst wird im Falle der Unzulänglichkeit des Schuldnervermögens eine Beschlagnahme des Vermögens angeordnet, sodass einzelnen Gläubigern die Forderungseinziehung verwehrt wird. Dies verhindert insbesondere, dass die Befriedigung im Alleingang beschritten werden kann und lediglich von der zeitlichen Priorität abhängt.
- Sodann wird der Zeitpunkt festgelegt, ab dem der Grundsatz zu gelten hat, nämlich erst nach Beschlagnahme des Vermögens.
- Darüber hinaus wird erkennbar, dass es sich um ein Gesamtvollstreckungsverfahren handelt, welches grundsätzlich zunächst einmal alle Gläubiger einbezieht.
- Letztlich wird die Verteilung innerhalb der Gläubiger geregelt und eine anteilmäßige Befriedigung für nicht priorisierte Gläubiger angeordnet (*pro portione*).

Damit definiert der Grundsatz das Verhältnis von allen Gläubigern zu Schuldnermasse sowie das von Gläubiger zu allen übrigen Gläubigern (*omnium creditorum*). Wobei hierbei „Masse“ nicht im rein insolvenzrechtlichen Sinn zu verstehen ist, da die Durchführung einer Gesamtvollstreckung nicht von der Zahlungsunfähigkeit des Schuldners abhing, sondern das Regelverfahren bildete.[68]

68 *Gottwald*, Insolvenzrechts-Handbuch, § 1, Rn. 1; *Kaser/Hackl*, Das römische Zivilprozessrecht, S. 404; *Klinck*, Besondere Insolvenzanfechtung, S. 3.

a) Ordnungsfunktion und Verfahrensökonomie

In formeller Hinsicht sowie im Vergleich zu den Regelungen im Zwölftafelgesetz bringt die Normierung in den Digesten des Ulpian in erster Linie eine Vereinfachung sowie Effektivität des Verfahrens mit sich. Denn durch die Beschlagnahme des Schuldnervermögens und das Verbot der Einzelzwangsvollstreckung wird die Verteilung innerhalb der Gläubiger zu Beginn des Verfahrens systematisiert. Der Prozess verläuft ökonomischer, da nicht jeder Gläubiger einzeln auf das Vermögen des Schuldners zugreifen darf, sondern allen die Möglichkeit an der Teilnahme der Masseverteilung eröffnet und ein festgelegter Verfahrensablauf angeordnet wird. Im Ergebnis wird dadurch ein ordnungsgemäßes, verhältnismäßig schnelles und effektives Verfahren gewährleistet. Die Gläubigergleichbehandlung erfüllt auf formeller Ebene eine Ordnungsfunktion[69], gewährleistet eine Verfahrensvereinfachung, fördert die Prozessökonomie und gewährt grundsätzlichen Zugang der Gläubiger zur Masse. Diese vollumfängliche Beteiligung am Verfahren kann im weitesten Sinne als Beginn des Universalitätsgedankens angesehen werden.[70]

b) Masseschutz und Massemehrung

In materieller Hinsicht gewährleistet der Grundsatz der Gläubigergleichbehandlung den Schutz und Erhalt der Masse vor einzelnen Gläubigerzugriffen nach Verfahrenseröffnung. Im Zusammenspiel mit der *Actio Pauliana* wird zudem sichergestellt, dass Vermögensgegenstände nicht außerhalb der Gläubigergemeinschaft vom Schuldner beiseitegeschafft werden. Unlautere Vermögensverschiebungen können rückgängig gemacht werden und wieder zur Masse gezogen werden.

c) Ausgleichende Gerechtigkeit, Gläubigerschutz

Das Verfahren im alten Rom verfolgte einen rein moralischen Zweck, nämlich die gesellschaftliche Ächtung des Schuldners. Die Gesamtvollstreckung in das Vermögen des Schuldners hatte einen Ehrverlust (*infamia*) zur Folge, was man für ein schlimmeres Übel als den Tod hielt.[71] Infolgedessen konnte der

---

69 *Häsemeyer*, KTS 1982, 507, 513; *Wiórek*, Gläubigergleichbehandlung, S. 76.

70 so auch *Pluta*, Insolvenzaufrechnung, S. 121.

71 *Klinck*, Besondere Insolvenzanfechtung, S. 4; *Kroppenenberg*, Insolvenz im klassisch römischen Recht, S. 319; *Pluta*, Insolvenzaufrechnung, S. 121; *Stüdemann*, FS Einhundert Jahre KO, S. 418.

Schuldner von allen Ämtern ausgeschlossen werden und verlor gesellschaftlich seine Würde.[72] Durch diese rein moralische Komponente wird demnach das Verhalten des Schuldners sanktioniert. Im Gegenzug sollten die Gläubiger mithin auf angemessene Art und Weise für das Ausbleiben einer vollständigen Befriedigung ihrer Forderung entschädigt werden ohne dabei einen Konkurrenzkampf austragen zu müssen. Damit schützt der Grundsatz die Gläubiger auch untereinander, um so eine friedliche Verteilung zu ermöglichen.[73] Infolgedessen entfaltet der Grundsatz sowohl im Verhältnis von Schuldner zu Gläubiger(n) als auch innerhalb der Gläubigergemeinschaft Wirkung. Er schafft dort einen Ausgleich, wo ein Risiko- und Gefährdungspotential von Vermögensinteressen der Masse und der Gläubiger besteht. Infolgedessen rückt auch der wirtschaftliche Schutz des ohnehin geschädigten Gläubigervermögens als Funktion in den Vordergrund, um so zumindest eine Schadensminimierung gewährleisten zu können.

d) Sozialer Frieden

Nicht zuletzt schafft der Grundsatz der Gläubigergleichbehandlung sozialen Frieden innerhalb der Gläubigergemeinschaft, zumal Gläubiger im Vergleich zu Mitgläubigern der eigenen Gruppe keine Nachteile erleiden.[74] Der Wettlauf der Gläubiger untereinander wird verhindert.

Die vorangegangene Darstellung zeigt, dass sich die Natur des Grundsatzes sowohl formell- als auch materiell-rechtliche Elemente enthält. Beide Ebenen stehen in einem engen Zusammenhang miteinander und bedingen sich gegenseitig.[75]

3. Funktionsbeeinträchtigung infolge von Gläubigerprivilegien

Abschließend stellt sich die Frage, inwiefern die unvollständige Verwirklichung der Gläubigergleichbehandlung die vorgenannten Funktionen beeinträchtigt. Die durch den Grundsatz gewährleistete Ordnungsfunktion erfährt durch vorrangig zu befriedigende Gläubiger grundsätzlich keine negativen Auswirkungen, da es sich um eine neutrale Funktion handelt, welche durch Privilegierungen lediglich weitere Konkretisierungen des „Wie“ hinzukommen.

72 *Bauer*, Der Insolvenzplan, S. 38; *Uhlenbruck*, DZWIR 2007, 1, 2.

73 Ähnlich *Guyon*, Tome 1, S. 13, der den Schutz des Gläubigers als einen Zweck des Insolvenzverfahren definiert.

74 *Merle*, Insolvenzzwecke, S. 235.

75 *Wiórek*, Gläubigergleichbehandlung, S. 78 ff.

Für die Verfahrensökonomie bedeutet die vorrangige Befriedigung bestimmter Gläubigergruppen einen zusätzlichen Mehraufwand, sodass sich das Verfahren deutlich komplizierter gestaltet. Eine reine Vereinfachung kann infolgedessen gegebenenfalls nicht mehr gewährleistet werden. Auch der Zugang zum Schuldnervermögen wird mittelbar beeinträchtigt, indem einigen Gläubiger gewissenmaßen „früher" Zugang gewährt wird als anderen.

Die härtesten Folgen treffen die rein materiellen Funktionen des Grundsatzes. Während sich der Gerechtigkeitsaspekt lediglich zugunsten anderer Wertungsgesichtspunkte verschiebt, wird die Friedensfunktion zumindest dahingehend beeinträchtigt, dass nunmehr einige Gläubigergruppen vor anderen zu befriedigen sind. Damit ähnelt die Situation wiederum der einer Priorität der Einzelzwangsvollstreckung.

Auch die Chancengleichheit hat große Einbußen zu verzeichnen, sofern man diesen Begriff im Sinne einer Verteilungsgleichheit versteht. Denn infolge der vorrangigen Befriedigung haben einige Gläubigergruppen de facto nicht mehr die Chance auf eine anteilmäßige Befriedigung, wenn diese nicht für die vorangegangene Gruppe ausreicht. Dadurch wird auch der Schutz des Gläubigervermögens reduziert und die wirtschaftliche Chance der Befriedigung minimiert. Mithin wird deutlich, dass im Zuge von Privilegierungen einzelner Gruppen alle Funktionen lediglich in eingeschränktem Maße realisierbar sind.

4. Bewertung

Insgesamt ist festzuhalten, dass die Anfänge der Gläubigergleichbehandlung auf das römische Recht zurückzuführen sind. Durch erste Kodifikationen wird deutlich innerhalb welcher Bereiche und wann der Grundsatz relevant war. Erfasst ist nur der Zeitraum nach Verfahrenseröffnung, mithin nach Beschlagnahme des Schuldnervermögens zu Beginn des Verfahrens.

Überdies spielt der Grundsatz auch während des Verfahrens, nämlich bei der Verteilung der Haftungsmasse im Rahmen der Gesamtvollstreckung eine entscheidende Rolle. Dadurch eröffnet die Gläubigergleichbehandlung ein breites Spektrum an Wirkungsbereichen. Allerdings ist zu beachten, dass das römische Recht nicht explizit über eine Konkurs- oder Insolvenzordnung verfügte und eine Gesamtvollstreckung nicht an die Zahlungsunfähigkeit des Schuldners anknüpfte,[76] sodass die Wertungen nicht vollständig übertragbar sind. Die Tatsache, dass eine Gesamtvollstreckung erfolgte, war nicht das Resultat einer

76 *Endemann*, ZZP 12, 24, 31; *Gottwald*, Insolvenzrechts-Handbuch, § 1, Rn. 1.

Abwägung von Einzel- und Gesamtvollstreckung, denn letztere war als Regelfall auch außerhalb der Insolvenz anzuwenden, während erstere die Ausnahme bildete. Dadurch war die Gesamtvollstreckung – zumindest im römischen Recht – kein explizit mit der Zahlungsunfähigkeit des Schuldners verbundenes Rechtsinstitut. Unklar ist, ob dies tatsächlich auf die Gläubigergleichbehandlung zurückzuführen ist.

Die Verteilungsprivilegien des Grundsatzes entsprechen der Staats- und Gesellschaftsstruktur des alten Rom. Die damals bestehenden Vorrechte bestimmter Gläubigergruppen fügen sich in das soziale Gefüge der römischen Gesellschaftsstruktur ein. Diese teilte die Bevölkerung ebenfalls in Patrizier, Plebejer und Sklaven ein, die mit unterschiedlichen Rechten ausgestattet waren. Mithin wurde eine Ungleichbehandlung grundsätzlich nicht als atypisch eingestuft, sondern war Teil des Systems und ein Abbild des politischen und gesellschaftlichen Lebens. Ebenso war das fehlende Arbeitnehmerprivileg ein Ergebnis der Sklaverei und aus damaliger Sicht stimmig.[77]

Unabhängig davon, ob das Vorliegen der Privilegienordnung zu befürworten ist oder nicht, so scheint zumindest die Möglichkeit des Prätors zur Bestimmung neuer Privilegiengruppen für den Einzelfall kritikwürdig. Durch eine derartige Handhabung wird nicht nur die Rechtssicherheit des Verfahrens und der Vertrauensschutz konterkariert, sondern auch jegliche Systematisierung verhindert.

II. Oberitalienische Handelsstädte

1. Historie

Anknüpfend an das justinianische Recht entwickelte sich ab dem 13. Jahrhundert insbesondere in den Zentren Florenz, Genua und Venedig das Recht der oberitalienischen Handelsstädte, welches heute als Beginn des modernen Insolvenzverfahrens bezeichnet wird.[78] Allerdings waren die einzelnen Statuarrechte nicht einheitlich ausgestaltet, sodass lediglich Grundtendenzen für den Umgang mit der Zahlungsunfähigkeit des Schuldners aufgezeigt werden können.[79] Allen gemeinsam war dabei ein gerichtliches Verfahren, welches das Vermögen beschlagnahmte, die Insolvenz bekannt machte, öffentlich zur

---

77 *Gassert-Schumacher*, Privilegien in der Insolvenz, S. 25.

78 *Baur/Stürner*, Bd. II, § 3, 3.7/8; *Garrido*, IIR 1995, 25, 29; *Keller*, Rn. 31–32; *Pluta*, Insolvenzaufrechnung, S. 123; *Wiorek*, Gläubigergleichbehandlung, S. 96.

79 Zu einer detaillierten Darstellung: *Gassert-Schumacher*, Privilegien, S. 34, 38–40.

Forderungsanmeldung aufrief und die Möglichkeit eines Vergleichs vorsah.[80] Die Gläubiger wurden somit nicht mehr bloß in das Vermögen des Schuldners eingewiesen, sondern das Verfahren unterlag nunmehr der staatlichen Gewalt. Eine Selbstverwaltung war nicht mehr möglich. Der Sanktionsgedanke des römischen Rechts blieb dem Verfahren erhalten, sodass der Schuldner oft Berufsverbote oder ehrenrührige Strafen zu befürchten hatte.[81] Dies konnte lediglich durch die eigenhändige Verhaltenseinleitung verhindert werden. Der Schuldner (und dessen männliche Erben) waren zudem auch nach Verfahrensbeendigung noch haftbar.[82] Mithin konnten die negativen Folgen der *infamia* auch hier nur begrenzt abgewendet werden.

2. Privilegien

Die Verteilungsprivilegien der einzelnen Stadtrechte waren dennoch teilweise sehr unterschiedlich ausgestaltet.[83] Während einige Regionen eine absolute Geltung der Gläubigergleichbehandlung vorsahen, wandten andere noch das Prioritätsprinzip an und hielten sich damit bei der Verteilung nicht an die eine Verteilung *pro portione*. Andere Regionen folgten der römischen Rechtstradition und übernahmen überwiegend die bereits bekannte Struktur. Dennoch lassen sich auch innerhalb der verschiedenen Statuarrechte gemeinsame Fortschritte verzeichnen. So war die Aussonderung fremden Eigentums anerkannt.[84] Pfandrechte boten hingegen keine Vorteile mehr.[85] Eine vorrangige Befriedigung stand nur dem Fiskus, der Ehefrau, sowie dem Mündel zu.[86] Grundsätzlich standen die oberitalienischen Statuarrechte Privilegien damit tendenziell zurückhaltend gegenüber.[87] Dies wird insbesondere anhand der geringen Anzahl an Vorrechten sowie dem Bedeutungsverlust der Pfandrechte deutlich. Dem Sicherungsbedürfnis der Kaufleute wurde Genüge getan, indem die wirtschaftlichen Folgen der

---

80 *Fuchs*, Concursverfahren, S. 15, 16; *Gassert-Schumacher*, Privilegien, S. 36; *Pluta*, Insolvenzaufrechnung, S. 123.

81 zu den nachfolgenden Ausführungen vgl. *Baur/Stürner*, Bd. II, § 3, 3.7; *Gyuon*, Tome 1, S. 13.

82 *Baur/Stürner*, a. a. O.

83 Die Darstellung der Privilegien beruht auf den Darstellungen bei *Baur/Stürner*, Bd. II, § 3, 37. sowie Gassert-Schumacher, Privilegien, S. 37–40.

84 *Baur/Stürner*, a. a. O.

85 *Baur/Stürner*, Bd. II, § 3, 3.7; *Fuchs*, Concursverfahren, S. 17; *Gassert-Schumacher*, Privilegien, S. 37, 40.

86 *Fuchs, Concursverfahren*, a. a. O.; *Baur/Stürner*, a. a. O.

87 *Baur/Stürner*, a. a. O.; *Garrido*, IIR 1195, 25, 27.

Zahlungsunfähigkeit nicht einen einzelnen Kaufmann trafen und dessen Existenz gefährdeten, sondern von der gesamten „Gläubigergemeinschaft" aufgefangen wurden.[88]

3. Funktion der Gläubigergleichbehandlung in Italien

Der Grundsatz der Gläubigergleichbehandlung wurde aus dem römischen Recht übernommen, war jedoch mit neuen gesellschaftlichen Entwicklungen konfrontiert. Denn die von Kaufleuten und Bankiers beherrschten Regionen Italiens zeichneten sich vor allem durch den Fernhandel aus.[89] Dadurch rückten die internationalen Folgen der Zahlungsunfähigkeit und die Behandlung ausländischer Gläubiger in den Focus. Um diesen grenzüberschreitenden Anforderungen gerecht zu werden und die Handelsbeziehungen zu optimieren, wurden ausländische Gläubiger gesondert behandelt: Während einheimischen Gläubiger eine Frist von vier Wochen zur Forderungsanmeldung gewährt wurde, konnten ausländische Gläubiger diese innerhalb eines Jahres geltend machen.[90] Diese Neuerung kann auf die Gläubigergleichbehandlung zurückgeführt werden, die somit auch einen angemessenen Ausgleich grenzüberschreitender Gläubigergruppen herbeiführen sollte. Durch das Bestreben, möglichst viele Gläubiger unterschiedlicher Regionen in den Prozess miteinzubeziehen, wurde auch der Weg für ein universelles Verfahrens geebnet, auch wenn es immer noch Sache der Gläubiger war, an ihr Recht zu kommen.[91]

Für die Handelsbranche war es zudem ein Bedürfnis, unzuverlässige und betrügerische Standesgenossen zu bekämpfen.[92] Die gleichmäßige Verteilung des Schuldnervermögens minimierte zumindest den wirtschaftlichen Gesamtschaden sowie das Risiko von Folgeinsolvenzen, welches so auf alle Gläubiger überantwortet wurde.[93] Auf diese Weise erlangte der Grundsatz eine neue gesamtwirtschaftliche Funktion, die über den Wirkungsbereich von Schuldner zu Gläubiger(n) und Gläubigern untereinander hinausgeht.

---

88 *Wiorek*, Gläubigergleichbehandlung, S. 96 ff.

89 *Häsemeyer*, KTS 1982, 507, 513, 514; *Gottwald*, Insolvenzrechts-Handbuch, § 1, Rn. 4.

90 *Häsemeyer*, a. a. O.; *Pluta*, Insolvenzaufrechnung, S. 123.

91 a. A. *Endemann*, ZZP 12, 24, 37, 38; *Gassert-Schumacher*, Privilegien, S. 36.

92 vgl. *Garrido*, IIR 1995, 25, 29; *Gottwald*, Insolvenzrechts-Handbuch, § 1, Rn. 4; *Hanisch*, FS Merz, S. 160 ff.

93 vgl. *Garrido*, IIR 1995, 25, 30; *Pluta*, Insolvenzaufrechnung, S. 124.

4. Bewertung

Trotz einiger kollektiver Entwicklungen, zeigt sich im Detail kein homogenes Bild der Gläubigergleichbehandlung.[94] Auffällig ist dabei, dass der Grundsatz eine Variationsbreite an Ausgestaltungen zulässt und eine absolute Gleichbehandlung aller Gläubiger durch Vorrechte die Ausnahme und nicht die Regel bildete.[95] Der Grundsatz wurde folglich je nach Zeitalter und gesellschaftlichen Bedürfnissen unterschiedlich interpretiert. So war eine unterschiedliche Behandlung der Gläubiger trotz Geltung der Gläubigergleichbehandlung üblich und stellte keinen Widerspruch dar.

Den wohl größten Einfluss hat der Grundsatz auf die Verteilung des Schuldnervermögens, insbesondere auf die Rangfolge der Gläubigerbefriedigung. Erneut kommt dem Begriff der *Schutzwürdigkeit* eine entscheidende Rolle zu. Dieser Maßstab ermöglicht es, Unterschiede innerhalb der Gläubiger, familiärer, wirtschaftlicher, persönlicher oder beruflicher Art, zu berücksichtigen. Folglich wird die Verteilung stets von Gerechtigkeitserwägungen sowie politökonomischen Gegebenheiten dominiert. Dadurch ist es jedoch nahezu unmöglich, einen allgemeingültigen Maßstab festzulegen, da die gesellschaftliche Entwicklung einem ständigen Wandel unterworfen ist. Lediglich die Gleichbehandlung der Gläubiger innerhalb einer Gruppe kann immer gewährleistet werden.

III. Französisches Insolvenzrecht

1. Historie

Die insolvenzrechtliche Gesetzgebung Frankreichs basiert auf dem römisch-italienischen Konkursrecht und führt die Tradition der oberitalienischen Handelsstädte fort.[96] Nach zahlreichen Reformen hat das französische Insolvenzrecht viele Entwicklungsphasen durchlebt. Fraglich ist dabei, wie sich diese zur Gläubigergleichbehandlung verhalten und ob der Grundsatz die Reformen beeinflusst hat oder aber selbst dadurch modifiziert wurde. Nachfolgend sollen lediglich diejenigen Zeitabschnitte diskutiert werden, die einen Zusammenhang mit dem Grundsatz aufweisen.

94 Siehe auch *Trunk*, Internationales Insolvenzrecht, S. 34.

95 Für eine absolute Gläubigergleichbehandlung: *Hellmann*, Konkursrecht, S. 27.

96 *Baur/Stürner*, Bd. II, Rn. 3.19; *Chaput*, S. 14, Rn. 4; *Gyuon*, Tome 1, S. 13; *Keller*, Insolvenzrecht, Rn. 35; *Kohler*, Konkursrecht, S. 15; *Gassert-Schumacher*, Privilegien, S. 63.

a) *Coutumes, Ordonnanzen und Napoleonische Gesetzgebung*

Das erste Kollektivverfahren, das man im weitesten Sinne als ein Insolvenzverfahren bezeichnen kann, entstand in Frankreich im Jahre 1530 durch das Gantverfahren im Handelsraum Lyon.[97] Es orientierte sich am römischen Recht und war in der Ordonnanz François I. 1536 kodifizert.[98] Die Gläubigergleichbehandlung, *l'égalité des creanciers,* fand allerdings erstmalig in den sog. *coutumes*[99], dem Gewohnheitsrecht, sowie der Ordonnanz Ludwigs des XIV 1673, Erwähnung.[100] Die *coutumes* folgten entgegen der italienischen Tradition dem germanischen Grundsatz der prioritären Einzelvollstreckung („*totz les pretz, per rons del deutes, vengutz em paga als crezedors*")[101] , der jedoch im Falle der Zahlungsunfähigkeit des Schuldners (*déconfiture*) von der Gläubigergleichbehandlung verdrängt wurde.[102] Hier zeichnet sich ein Unterschied zum römisch-italienischen Recht ab, das die Gesamtvollstreckung als grundsätzliche Vollstreckungsart ansah. Ansonsten entsprach das Insolvenzverfahren im Wesentlichen demjenigen der italienischen Handelsstatuten.[103] Die Bestrafung, Verfolgung und Demütigung des Schuldners dominierte weiterhin den Zweck des Verfahrens.[104]

An dieser Ausrichtung änderte sich auch in der Epoche unter der Herrschaft Napoleons nichts, und die Sanktionierung des Schuldners blieb fester Bestandteil des Konkurses. Am 20. September 1807 wurde der *Code de Commerce* eingeführt, der das Insolvenzrecht erstmalig, jedoch nur für Kaufleute kodifizierte.[105] Das Handelsgesetzbuch nahm weiterhin eine repressive Haltung gegenüber dem zahlungsunfähigen Insolvenzschuldner ein und hielt an dem Sanktionsgedanken

---

97 *Klaiber*, Stellung der Gläubiger, S. 32; *Renftle*, Insolvenz in Europa, S. 37.

98 *Klaiber*, Stellung der Gläubiger, S. 32; *Kohler*, Konkursrecht, S. 19; *Renftle*, Insolvenz in Europa, S. 37.

99 *Hoffmann*, Gläubigergleichbehandlung, S. 99; *Ferid/Sonnenberger*, Bd. 1, S. 85, Rn. 1A 211.

100 *Kohler*, Konkursrecht, S. 16.

101 So beschreibt *Levinthal* mit Bezug auf *Olim* die in der *Coutume Alais* enthaltene Regelung, dass die Befriedigung der Gläubiger in der Reihenfolge des Zeitpunktes des Vertragsschlusses erfolgte, U. Pa. L. Rev. Vol. 66 (1918), 223, 244, 245.

102 *Klinck*, Besondere Insolvenzanfechtung, S. 15; *Levinthal*, U. Pa. L. Rev. Vol. 66 (1918), 223, 245; Mit Nachweisen zu den einzelnen *coutumes Kohler*, Konkursrecht, S. 16–22.

103 *Kohler*, Konkursrecht, S. 19.

104 *Klaiber*, Stellung der Gläubiger, S. 35; *Renftle*, Insolvenz in Europa, S. 39.

105 *Baur/Stürner*, Bd. II, Rn. 3.20; *Ferid/Sonnenberger*, Bd. 1, S. 95, Rn. 306.

der römischen Infamie fest.[106] Es begriff den Konkurs als die Vernachlässigung kaufmännischer Pflichten.[107] Der Schuldner war sowohl einer Inhaftierung als auch einer gesellschaftlicher Demütigung ausgesetzt, sodass die Rehabilitation nahezu unmöglich war.[108] Zweck des Verfahrens war die Bestrafung[109] einerseits und die Befriedigung der Gläubigerinteressen andererseits.[110] Zur effektiven Rechtsdurchsetzung griffen die Gläubiger der Kaufleute auf Einzelzwangsvollstreckungsmaßnahmen zurück ohne dabei an eine Gläubigergleichbehandlung gebunden zu sein.[111]

Der Begriff der *l'égalité* erlangte als Leitbild der französischen Revolution in der Epoche des *droit intermédiaire* an Bedeutung und prägte sowohl die Entwicklung des *Code Civil* als auch die des *Code de Commerce*.[112] Konkursprivilegien galten als dingliche Rechte und wurden aus dem *Code de Commerce* in den *Code Civil* ausgelagert.[113] Pfandrechts-, Hypothek- und Vindikationsgläubiger wurden gar nicht erst in den Konkurs einbezogen, sondern gesondert befriedigt.[114] Man könnte vermuten, dass das Gedankengut der Revolution auch die Materie des Konkurses positiv beeinflusst und Vorrechte reduziert hätte. Doch trotz der grundlegenden Bestrebung, gesellschaftliche Unterschiede auch im Zivilrecht zu beseitigen, half dies nicht über Privilegierungen im Konkurs hinweg.[115] Die Legitimität dieser unterschiedlichen Gläubigerbehandlung ergab sich aus dem

---

106 *Guyon*, Tome 1, S. 13; Kindler/Nachmann-*Bauerreis*, Handbuch des Insolvenzrechts, 2. Teil, Frankreich, Rn. 1; *Zierau*, Französische Sanierungsverfahren, S. 28.

107 *Gröniger*, Das französische Insolvenzsystem, S. 5; *Renftle*, Insolvenzen in Europa, S. 41.

108 *Chaput*, S. 15, Rn. 5; *Spickerhoff*, Aus- und Absonderung, S. 3.

109 Die damit verbundene Inhaftierung des Schuldners blieb bis zum Jahre 1955 bestehen.

110 *Chaput*, S. 15, Rn. 5; Kindler/Nachmann-*Bauerreis*, Handbuch des Insolvenzrechts, 2. Teil, Frankreich, Rn. 1; *Kohler*, Konkursrecht, S. 22.

111 *Klaiber*, Stellung der Gläubiger, S. 42; *Zierau*, Französische Sanierungsverfahren, S. 30.

112 Die Kodifizierungen der beiden Gesetzbücher verliefen parallel: *Ferid/Sonnenberger*, Bd. 1, S. 95, Rn. 306, S. 101, Rn. 324; *Bauer*, Der Insolvenzplan, S. 172.

113 *Baur/Stürner*, Bd. II, Rn. 3.20; *Gassert-Schumacher*, Privilegien, S. 65, 66.

114 Wobei der *Code Civil* nur das Faustpfandrecht kannte und der Eigentumsvorbehalt nicht konkursfest war; *Baur/Stürner*, Bd. II, Rn. 3.20; *Gassert-Schumacher*, Privilegien, S. 69 meint, diese Gruppe entspricht den heutigen absonderungsberechtigten Gläubigern.

115 Eine detaillierte Darstellung der Privilegienordnung des *Code de Commerce* von 1809 findet sich bei: *Gassert-Schumacher*, Privilegien, S. 68–74.

Code Civil.[116] Dieser räumte den Gläubigern zwar ein gemeinsames Pfandrecht am Schuldnervermögen ein, die Befriedigungsreihenfolge konnte jedoch aus legitimen Gründen variiert werden. Damit wurde erneut die absolute Geltung des Grundsatzes von Beginn an durchbrochen. Wie auch schon im römischen Recht wurde der Fiskus vorrangig befriedigt. Ansonsten differenzierte das Recht zwischen General- sowie Spezialprivilegien.[117] Letztere waren zusätzlich auf unbewegliche und bewegliche Vermögensgegenstände eingeteilt.[118] Erst dann wurden Massegläubiger und anschließend Konkursgläubiger befriedigt.[119] Allen Gläubigern (auch den gesicherten) war jedoch gemeinsam, dass sie eine Pflicht zur Forderungsanmeldung traf, ansonsten waren sie präkludiert.[120]

Eine Besonderheit stellt zudem der vorverlagerte Verlust der Verfügungsbefugnis des Schuldners mit Eintritt der Zahlungseinstellung dar, sodass alle nachfolgenden Rechtshandlungen für nichtig erklärt wurden.[121] Die Gläubigergleichbehandlung galt somit nicht erst mit Verfahrenseröffnung, sondern bereits mit Eintritt eines Insolvenzgrundes. Überdies wurde die *par condicio creditorum* nicht nur im *Code de Commerce*, sondern auch im *Code de procédure civile* von 1806 geregelt, der eine verhältnismäßige Befriedigung aller Gläubiger von Privatschuldnern bei der Einzelvollstreckung vorsah.[122] Dadurch erlangte der Grundsatz einen über das rein materielle Insolvenzrecht hinaus auch prozessualen Charakter. Infolge reger Handelsbeziehungen zwischen Italien und Frankreich stellt sich zusätzlich die Frage nach der Gleichbehandlung von in- und ausländischen Gläubigern. Die Nationalität wirkte sich im Konkurs grundsätzlich nicht nachteilig aus, sodass hier gleiches Recht für alle bestand.[123] Allerdings konnten Ausländer keinen Insolvenzantrag stellen, sofern sie nicht über einen Wohnsitz in Frankreich verfügten.[124]

---

116 Loi 1084-03-19 promulgée le 29 mars 1804 : *Les biens du débiteur sont le gage commun de ses créanciers et le prix s'en distribue entre eux par contribution à moins qu'il n'y ait entre les créanciers des causes légitimes de préférence.*

117 *Gassert-Schumacher*, Privilegien, S.

118 ebenda.

119 ebenda.

120 *Gassert-Schumacher*, Privilegien, S. 67.

121 Art. 442 *Code de Commerce* (1807) erklärte alle Rechtshandlungen ab Zahlungseinstellung für nichtig, die Verfahrenseröffnung hatte daher rein deklaratorischen Charakter. *Klinck*, Besondere Insolvenzanfechtung, S. 16; *Jaeger*, KO, § 6, Rn. 30.

122 *Baur/Stürner*, Bd. II, Rn. 3.20; *Hellmann*, Konkursrecht, S. 98.

123 Tribunal commercial *Seine*, 28. Mai 1881, Journal du droit int. privé 1881, 362 ; Court de *Montpellier*, 3ème chambre, 12 juin 1884, Journal du droit int. privé 1885, 82.

124 *Kohler*, Konkursrecht, S. 665, Fn. 2.

b) Entwicklung ab der Reform von 1967

Das Insolvenzgesetz von 1955 verfolgte in erster Linie das Ziel, das Verhalten des Schuldners in der Insolvenz zu sanktionieren.[125] Infolgedessen hing die insolvenzrechtliche Abwicklung eines Unternehmens allein von der Redlichkeit des Schuldners ab. So musste ein Unternehmen bei unredlichem Schuldnerverhalten liquidiert werden. Das Unternehmen eines redlichen Schuldners sollte hingegen durch einen Vergleich gerettet werden. Beide Verfahrensarten wurden losgelöst von ihrer Wirtschaftlichkeit und einer bestmöglichen Gläubigerbefriedigung vollzogen, was mit unzähligen Liquidationen und minimalen Quoten für einfache Gläubiger einherging.

Diese Schwächen sollte das Gesetz vom 23. September 1967[126] korrigieren. Der Leitgedanke der Reform war zunächst die Trennung zwischen persönlichen sowie vermögensrechtlichen Folgen der Insolvenz für Unternehmen und Schuldner.[127] Die Bestrafung des Schuldners bzw. der Geschäftsleitung wurde nunmehr in einem isolierten Verfahren – *faillite personelle* – behandelt und von der Insolvenz selbst abgespalten.[128] So konnte man die Folgen für das Unternehmen an rein wirtschaftlichen Zweckmäßigkeitserwägungen ausrichten, ohne sie an die Bestrafung des Schuldners zu knüpfen.[129] Die Art und Weise der Gläubigerbefriedigung sollte nicht mehr von der Redlichkeit des Schuldners abhängen. Der Sanktionsgedanke wurde damit gänzlich ausgelagert und wich einer rein wirtschaftlichen Betrachtungsweise.[130] Dadurch wurde es möglich, unter anderem klassische Ziele, wie die der Gläubigerbefriedigung und bestmöglichen Vermögensverwertung, zu verfolgen.[131]

---

125 *Arnold*, ZIP 1985, 321, 322; *Gröniger*, Das französische Insolvenzsystem, S. 13, auch zum Nachfolgenden.

126 Loi No. 67-563 du 13 Juillet 1967 et l'ordonnance du 23 Septembre 1967.

127 *Chaput*, S. 16; *Gentile*, S. 3; *Guyon*, Tome 2, S. 19; *Klopp*, KTS 1988, 267, 268; *Spickerhoff*, Aus- und Absonderung, S. 4.

128 *Gassert-Schumacher*, Privilegien, S. 207; *Gröniger*, Das französische Insolvenzsystem, S. 19, 20; *Hanisch*, Rechtszuständigkeit der Konkursmasse, S. 126, 127; Kindler/Nachmann-*Bauerreis*, 2. Teil, Frankreich, Rn. 4.

129 *Arnold*, ZIP 1985, 321, 322; *Merle*, Insolvenzzwecke, S. 125.

130 *Gröniger*, Das französische Insolvenzsystem, S. 21; *Guyon*, Tome 2, S. 19.

131 *Gröniger*, Das französische Insolvenzsystem, S. 22; *Guyon*, Tome2, S. 19; *Hübner/Constantinesco*, S. 262; *Kahil*, L'égalité entre les créanciers, S. 84; Kinder/Nachmann-*Bauerreis*, 2. Teil, Rn. 4; *Klockenbrink*, Gläubigerstellung, S. 52; *Schmidt/Niggemann*, RIW 1986, 246.

Allerdings priorisierte das Gesetz die Rettung des Unternehmens, indem es eine Liquidation nur für den Fall erlaubte, dass eine Unternehmensrettung aus wirtschaftlichen Gründen nicht mehr in Betracht kam.[132] Anhand dieser Ausrichtung wird deutlich, dass für das französische Insolvenzsystem als Ganzes nicht nur die Befriedigung der Gläubiger im Fokus stand, sondern vielmehr die Insolvenzbereinigung des Unternehmens selbst.[133] Insgesamt betrachtete das reformierte Recht die Insolvenz damit nicht als einen ausschließlichen Interessenkonflikt zwischen Schuldner und Gläubiger, sondern vielmehr als ein Phänomen, welches durch den gesamtwirtschaftlichen Bezug auch die allgemeine Frage nach dem passenden Umgang der Insolvenzbereinigung behandelt.[134] Die Liquidationsverfahren litten jedoch trotz der durchgeführten Reform an geringen Quoten, sodass sich die Stellung der Gläubiger nicht verbesserte, und auch die Möglichkeit eines Vergleichsverfahrens kaum in Anspruch genommen wurde.[135]

Die Gläubigergleichbehandlung hatte keinen Einzug in den Gesetzestext erhalten. Der Grundsatz zeigte sich allerdings im kollektiven Beschlagrecht gegenüber dem Schuldnervermögen, das gleichzeitig die individuelle Rechtsverfolgung einzelner Gläubiger ausschloss.[136]

Zudem wurde der Ursprung des Grundsatzes auf ein im Jahre 1910 gefälltes Urteil des *Cour de cassation* zurückgeführt.[137] In diesem Urteil spricht der Kassationshof dem Prinzip Gläubigergleichbehandlung den Charakter eines *orde public* zu, welcher jede Klausel zur Bevorzugung von Gläubigern verbietet.

In der späteren Rechtsprechung des Kassationshofes wurde die Gläubigergleichbehandlung zusätzlich erweitert, indem der Gläubigergemeinschaft, der sogenannten *masse des créanciers*, eine eigene Rechtspersönlichkeit zugesprochen wurde.[138] Dadurch wurden alle ungesicherten Gläubiger zu gemeinsamen Mitstreitern einer Interessensgemeinschaft mit gleicher Zielsetzung. Niemand konnte isoliert für sich handeln, vielmehr wurde die Gemeinschaft von einem Gläubigervertreter, dem *syndic*, der jedoch gleichzeitig Vertreter des Schuldners

---

132 *Kahil*, L'égalité entre les créanciers, S. 84.

133 *Gröniger*, Das französische Insolvenzsystem, S. 25.

134 *Gentile*, S. 4; *Gröniger*, Das französische Insolvenzsystem, S. 25.

135 *Arnold*, ZIP 1985, 321, 324; Kindler/Nachmann-*Bauerreis*, 2. Teil, Länderbericht Frankreich, Rn. 5.

136 *Hanisch*, *Hanisch*, Rechtszuständigkeit der Konkursmasse, S. 51; *Ripert/Roblot*, Traité élémentaire de droit commercial, S. 288 ff.

137 Cass. Req. 13 juillet 1910, Journ. Faill., S. 385.

138 Cass. Comm. 17 janvier 1956, Bull. n° 27. J.C.P. 1956 II 9601.

war, im Außenverhältnis zum *judge commissaire* vertreten.[139] Diese Neuerung sollte eine Gleichbehandlung aller Gläubiger gewährleisten.[140] Der Gläubigervertreter sollte zum Vorteil aller tätig werden.

Im Bereich der Verteilung des Schuldnervermögens wurde das Vorrecht der Arbeitnehmer verstärkt.[141] Damit reduzierte sich der Grundsatz in Folge von Vorrechten und unzähligen weiteren Privilegierungen wiederum nur auf die ungesicherten Gläubiger. Der verbleibende kleine Anwendungsbereich einer Verteilungsgerechtigkeit und der generelle Wegfall des Sanktionsgedankens im Verfahren konstatieren insgesamt einen Bedeutungsverlust des Grundsatzes.[142]

c) Entwicklung ab der Reform von 1984/1985

Mit der Reform von 1984/85[143] richtete sich das französische Insolvenzrecht primär auf den Erhalt von Unternehmen und nicht auf eine Gläubigerbefriedigung aus.[144] Art. 1 des Gesetzes legte die Ziele dieses Reformgesetzes sowie deren Rangverhältnis untereinander fest.[145] Danach sollte das Insolvenzverfahren in erster Linie dazu bestimmt sein, Unternehmen vor der Liquidation zu bewahren sowie Arbeitsplätze zu erhalten.[146] Erst an dritter und letzter Stelle sollte die Begleichung von Schulden gewährleistet werden. Dabei verwendete die Norm jedoch nicht den Begriff Gläubigerbefriedigung und signalisierte dadurch die deutliche Nachrangigkeit der Gläubiger und den Vorrang wirtschaftlicher Interessen.[147] Darüber hinaus verschlechterte sich die Situation der Gläubiger, da ihnen im

---

139 *Cabrillac*, RabelsZ 1980, 737, 743; *Gröniger*, Das französische Insolvenzsystem, S. 115.

140 *Kahil*, l'égalité entre les créanciers, S. 84.

141 *Arnold*, ZIP 1985, 321, 323.

142 *Cabrillac*, RabelsZ 1980, 737; *Gröniger*, Das französische Insolvenzsystem, S. 77, 89; *Gassert-Schumacher*, Privilegien, S. 213; *Kahil*, L'égalité entre les créanciers, S. 85.

143 Loi No. 85-98 du 25 janvier 1985 et son décret d'application No. 85-1388 du 27 décembre 1985, abgedruckt bei *Niggemann*, Das französische Unternehmenssanierungsgesetz vom 21.01.1985, S. 23–61.

144 *Balz*, ZIP 1983, 1153, 1157.

145 *Flessner*, ZIP 1989, 749, 754; *Spickerhoff*, Aus- und Absonderung, S. 5; *Klopp*, KTS 1988, 267, 270.

146 *Bauerreis*, ZGR 2006, 294, 296; *Chaput*, S. 21; *Dammann*, ZIP 1996, 300, 301, 302; *Gassert-Schumacher*, Privilegien, S. 209; Kindler/Nachmann-*Bauerreis*, 2. Teil, Rn. 6; *Niggemann*, Das französische Unternehmenssanierungsgesetz vom 21.01.1985, S. 2; *Spickerhoff*, Aus- und Absonderung, S. 5.

147 *Dammann*, ZIP 1996, 300, 301, 302; *Degenhardt*, NZI 2014, 433, 434; *Hüber/Constantinesco*, S. 262; *Kahil*, L'égalité entre les créanciers, S. 85.

Liquidationsverfahren keine eigenen Mitbestimmungsrechte mehr gewährt wurden.[148] Die Interessen der Gläubiger wurden durch einen Gläubigervertreter, *le représentant des créanciers*, der nunmehr nicht mehr personenidentisch war mit dem Verwalter, wahrgenommen. Zudem galten hohe Anforderungen bei der Forderungsanmeldung. Wurden diese nicht alle[149] innerhalb von 15 Tagen (bei ausländischen Gläubigern innerhalb von 30 Tagen) beim Gläubigervertreter ordnungsgemäß angemeldet, so galten sie automatisch als erloschen.[150] Diesem Schicksal erlagen Forderungen ebenfalls bei einer Verfahrenseinstellung mangels Masse.[151] Neu war ferner, dass Masseforderungen allen Gläubigern, selbst den dinglich gesicherten, vorgingen.[152] Dadurch zeichnete sich während der Beobachtungsphase[153] eine Schwächung dinglicher Vorzugsrechte ab.

Der Grundsatz der Gläubigergleichbehandlung wurde im Rahmen der Reform nicht in den Gesetzestext aufgenommen. Mit der primären Ausrichtung des Gesetzes auf eine Unternehmensrettung und der neuen Stellung der Gläubiger im Verfahren ging ein Bedeutungsverlust des Grundsatzes der Gläubigergleichbehandlung einher. An der Rangordnung der Befriedigung und zahlreichen Vorrechten im Rahmen der Verteilung änderte sich ebenfalls nichts.[154] Der Wirkungsbereich der Gläubigergleichbehandlung war infolge der Vielzahl an Privilegien so gering, dass der Grundsatz im Insolvenzverfahren zunehmend ausgehöhlt wurde.[155]

Positiv anzumerken bleibt nur, dass durch die Reform die Forderungsanmeldung für alle Gläubiger vereinheitlich wurde. So konnte verhindert werden, dass sich auf prozessualer Ebene ein unterschiedlicher Maßstab für Gläubigergruppen etabliert.

---

148 *Guyon*, Tome2, S. 38; *Flessner*, ZIP 1989, 754; Kindler/Nachmann-*Bauerreis*, 2. Teil, Rn. 7; *Schmidt/Niggemann*, RIW 1986, 246, 253.

149 Damit sind auch gesicherte Forderungen gemeint, die keine Sonderbehandlung erfuhren.

150 *Flessner*, ZIP 1989, 749, 754; *Klopp*, KTS 1988, 267, 281, 282; *Niggemann*, Das französische Unternehmenssanierungsgesetz vom 21.01.1985, S. 10.

151 *Klopp*, KTS 1988, 267, 288.

152 Art. 40 de la Loi No. 85-98 du 25 Janvier 1985, *Niggemann*, Das französische Unternehmenssanierungsgesetz vom 21.01.1985, S. 12, 26; *Gassert-Schumacher*, Privilegien, S. 239.

153 *Flessner*, ZIP 1989, 749, 754; *Schmidt/Niggemann*, RIW 1986, 246, 248.

154 Art. 40 ff. *Niggemann*, Das französische Unternehmenssanierungsgesetz vom 21.01.1985, S. 13 ff.

155 *Balz*, ZIP 1983, 1153, 1175.

2. Aktuelle Rechtslage

Das aktuelle Unternehmensinsolvenzrecht Frankreichs ist im sechsten Buch des *Code de Commerce* geregelt und richtet sich auch weiterhin nur an Kaufleute. Seiner Zielsetzung bleibt es seit der Reform im Jahre 1984/85 treu, sodass der Fokus nicht auf der größtmöglichen Gläubigerbefriedigung, sondern vielmehr auf dem Erhalt von Unternehmenswerten und Arbeitsplätzen liegt.[156] Diese wirtschaftliche Ausrichtung bezeugt das Gesetz durch zahlreiche Verfahrensarten zur (präventiven) Rettung von Unternehmen.[157] Hierbei bleibt der Schuldner oftmals noch verfügungsbefugt. Die Bereinigung der Schuld bleibt das letzte Ziel des Gesetzgebers und verdeutlicht insgesamt die untergeordnete Position der Gläubiger und ihrer Befriedigungschancen.[158] Das Sanktionsverfahren gegen den Schuldner (*sanctions personelles*), das seit der Reform im Jahre 1967 gesondert abgehandelt wird, ist weiterhin in den Art. L 653-1 ff. *Code de Commerce* geregelt.

Insgesamt verpflichtet sich das französische Insolvenzrecht dennoch dem Grundsatz der Gläubigergleichbehandlung.[159] Der Gesetzestext selbst regelt erstmals seit der Reform im Jahre 2014[160] in Rahmen der Liquidation in Art. L 643-7-1 *Code de Commerce „la règle de l'égalité des créanciers chirographaires“* – und damit folglich eine Gleichbehandlung einfacher, ungesicherter Insolvenzgläubiger. Inhaltlich regelt die Norm das Verbot der Einzelbefriedigung: Hat ein einzelner Gläubiger eine Zahlung erhalten, die eine Verletzung der Gläubigergleichbehandlung[161] zur Folge hat oder auf Grundlage einer falschen Privilegienordnung entstanden ist, so ist er verpflichtet, diesen Betrag wieder zurückzuführen. Obwohl sich der Gesetzgeber damit erstmalig ausdrücklich zur Geltung der Gläubigergleichbehandlung bekennt, spricht er sich gleichzeitig für

---

156 Art. L 620-1 *Code de Commerce*; *Gissa*, Institut der Anfechtung, S. 304 m. w. N.

157 *Mandat ad hoc* (Art. L 611-3), *procédure de conciliation* (Art. L 611-6), *sauvagarde* (Art. L 620-1), *redressement judicaire* (Art. L 631-1); Das Liquidationsverfahren (*liquidation judicaire*) darf dabei nur dann eröffnet werden, wenn eine Sanierung unmöglich ist, Art. L 640-1.

158 *Hübner/Constantinesco*, S. 262; *Degenhardt*, NZI 2014, 433, 437; *Spickerhoff*, Aus- und Absonderung, S. 53.

159 *Gassert-Schumacher*, Privilegien, S. 213; *Gentile*, Nr. I ff.; *Guyon*, Tome 2, S. 37, 38; *Spickerhoff*, Aus- und Absonderung, S. 27; *Ferid/Sonnenberger*, Bd. 1, S. 173; *von Campe*, Insolvenzanfechtung, S. 11; *Zierau*, Französische Sanierungsverfahren, S. 287.

160 Ordonnance n° 2014-326 du 12 mars 2014.

161 Der einfache Insolvenzgläubiger.

die Einhaltung von Privilegierungen innerhalb der Gläubigergemeinschaft aus. Damit reduziert sich der Anwendungsbereich des Grundsatzes im Bereich der Verteilung eindeutig auf die einfachen Insolvenzgläubiger.[162] Diese werden erst nach den Arbeitnehmern, den Verfahrenskosten, den dinglich gesicherten Gläubigern und den Neugläubigern berücksichtigt, sodass ein minimaler Anwendungsbereich für eine *pro rata* Verteilung verbleibt.[163] Hinzu kommt ein neues Vorzugsrecht für diejenigen Gläubiger, die in vorinsolvenzlichen Verfahren für eine Bereitstellung weiterer Gelder sorgen, das sog. *privilège de new money*.[164] Es fragt sich mithin, ob sich die Bedeutung der Gläubigergleichbehandlung insgesamt lediglich auf diese Gläubigergruppe erstreckt oder dennoch über eine Ausstrahlungswirkung verfügt. Ersteres belegt die seit 1804 geschaffene Regelung der Gläubigergleichbehandlung, die sich in unveränderter Fassung in Art. 2285 *Code Civil* wiederfindet.[165] Dabei wird die Durchbrechung der Verteilungsgleichheit innerhalb der Gläubigergemeinschaft durch schutzbedürftige Belange legitimiert. Folglich existiert innerhalb der Verteilung kein absoluter Grundsatz der Gläubigergleichbehandlung.

In Ergänzung zum Verbot der Einzelbefriedigung konkretisiert Art. L 622-7 *Code de Commerce* dessen erheblichen Zeitpunkt, der nunmehr auf den Eröffnungsbeschluss datiert wird. Eine Besonderheit ist dabei, dass das Datum der Zahlungsunfähigkeit (*cessation des paiements*) bis zu 18 Monate zurückdatiert werden kann. Dies ist insbesondere deshalb von Bedeutung, weil eine Beobachtungsphase (*période suspecte*) bis zum Eröffnungsurteil ab diesem Zeitpunkt ansetzt. Eine Einzelvollstreckung in das Vermögen des Schuldners ist allen Gläubigern mit Eröffnung eines Verfahrens untersagt.[166]

Ab der Zahlungseinstellung des Schuldners dürfen zudem bestimmte Leistungen nicht mehr vorgenommen werden, da sie von Gesetzes wegen für nichtig erklärt werden und damit der Anfechtung durch den Insolvenzverwalter unterliegen. Art. L 632-1 Code de Commerce enthält dabei eine Liste von Handlungen, die ab Zahlungseinstellung nichtig sind. Hierzu gehören insbesondere noch nicht fällige Zahlungen (Nr. 3), Zahlungen, welche in einer unüblichen

---

162 Faber/Kilborn/Vermunt-*Cuniberti/Rueda*, Ranking and Priority of Creditors, para. 9.26.

163 Art. L 611-11 i. V. m. Art. L 622-17; Art. L 641-13 *Code de Commerce.*

164 *Dammann*, NZI 2009, 502, 505; *Degenhardt*, NZI 2014, 433; *Ferid/Sonnenberger*, S. 369.

165 Ausführlich zu dieser Norm siehe Abschnitt *Ordonnancen und Napoleonische Gesetzgebung*, S. 24.

166 Art. L 622-21 *Code de Commerce.*

Zahlungsweise erfolgen (Nr. 4), Besicherungen für bisher ungesicherte Forderungen (Nr. 6) sowie Eigentumsübertragungen (Nr. 9).[167]

Überdies besteht nach Art. L 632-2 *Code de Commerce* auch die gerichtliche Möglichkeit, Zahlungen, die auf überfällige Forderungen geleistet werden, für nichtig erklären zu lassen, wenn der andere Teil Kenntnis hatte von der Zahlungseinstellung des Schuldners. Durch diese Anfechtungsregeln wird die Gläubigergemeinschaft bzw. die Masse als Ganzes vor dem Zugriff einzelner Gläubiger zu deren Nachteil geschützt. Dies trägt zu einer gemeinsamen und geordneten Befriedigung aller Gläubiger bei.

Mit Eröffnung des Insolvenzverfahrens werden die Gläubiger erneut von einem Gläubigervertreter vertreten, sodass sie ihre Rechte nicht selbst durchsetzen können. Auch die Forderungsanmeldung bleibt weiterhin ein heikles Thema im Rahmen französischer Insolvenzverfahren, da es hier viele Hindernisse zu überwinden gilt, und die Forderungen erlöschen können.[168] Eine minimale Verbesserung lässt sich hier dennoch verzeichnen: Forderungen, über die der Schuldner den Gläubigervertreter informiert hat – wozu er ohnehin gesetzlich verpflichtet ist – gelten automatisch als angemeldet.[169] Allerdings kann die Behandlung (ausländischer) Gläubiger im Inland bei Spezialvollmachten Probleme aufwerfen, da deren Ablehnung seitens französischer Gerichte zum Rechtsverlust führen kann.[170] Diese Erschwernisse sind wohl letztlich dem Fokus der Unternehmensrettung geschuldet, dem die Minimierung von Forderungen gegen dem Schuldner eher gelegen kommt.

3. Bewertung

Das Insolvenzrecht Frankreichs bietet insgesamt keinen übermäßig positiven Nährboden für den Grundsatz der Gläubigergleichbehandlung im Insolvenzsystem. Dies ist vor allem der Tatsache geschuldet, dass das Insolvenzverfahren vordergründig auf die Rettung von Arbeitsplätzen ausgerichtet ist und die Gläubigerbefriedigung lediglich nachrangig verfolgt wird, nämlich nur dann, wenn eine Rettung ohnehin ausgeschlossen ist.[171] Hauptwirkung eines

---

167 So auch *Bork*, Corporate Insolvency Law, S. 124, Rn. 6.26.

168 Zur Forderungsanmeldung im Folgenden: *Degenhardt*, NZI 2014, 433, 438; Kindler/Nachmann-*Bauerreis*, Teil 2, Rn. 188; *Spickerhoff*, Aus- und Absonderung, S. 53; *Wiórek*, Gläubigergleichbehandlung, S. 120.

169 *Degenhardt*, NZI 2014, 433, 438.

170 Siehe hierzu ausführlich *Mankowski*, NZI 2011, 887 ff.

171 Art. L 620-1 I *Code de Commerce*; *Gissa*, Institut der Anfechtung, S. 304.

Sanierungsverfahrens ist, dass es vor allem auf Gläubigerforderungen einwirkt, indem mit oder ohne Gläubigerzustimmung, aber jedenfalls mit gerichtlicher Bestätigung, die Forderungen gestundet, herabgesetzt oder in andere Rechte umgewandelt werden.[172] Dies verhindert sowohl eine Chancengleichheit als auch eine *pro rata* Befriedigung. Sogar im Rahmen der primär verfolgten Sanierung wird eine Privilegierung bestimmter Gläubiger vorgenommen, indem nur abstimmungsberechtigte Gläubiger den Planentwurf annehmen können.[173] Eine abschließende Entscheidungskompetenz obliegt zwar dem Insolvenzgericht, das alle Gläubigerinteressen berücksichtigen muss.[174] Ob dies tatsächlich realisierbar ist, bleibt letztlich Sache des Einzelfalles. Dass jedoch im Rahmen einer Sanierung das Risiko divergierender Interessen besteht, und nicht der bestmöglichen Gläubigerbefriedigung Vorrang einzuräumen ist, ist wahrscheinlich.

Zudem wird der Grundsatz im Rahmen der Liquidation infolge der unzähligen sowie unüberschaubaren Privilegien zunehmend ausgehöhlt.[175] Auch wenn der Gesetzgeber nunmehr ausdrücklich auf den Bestand dieses Grundsatzes in Art. L 643-7-1 *Code de Commerce* verweist, so verbleibt dafür – wie bereits erläutert – ein nur schmaler Anwendungsbereich.[176] Lediglich die Anfechtungsregeln nehmen deutlich Bezug auf den Grundsatz und verhindern eine Masseminderung durch Einzelbefriedigungen.

Nachdem der Sanktionsgedanke aus dem Insolvenzverfahren verbannt wurde, stellt sich die Frage, ob der Grundsatz immer noch als Kehrseite eines unredlichen Verhaltens des Schuldners angesehen werden kann. Die Tatsache, dass der Grundsatz in einer reinen Verteilungsform nur einen engen Anwendungsbereich umfasst, lässt zumindest den Gedanken einer solchen Verbindung zwischen Gläubigergleichbehandlung und Sanktion weiterhin zu. Die neue Ausrichtung des Verfahrens zeigt indes, dass eine neue Interpretation anzulegen ist, nämlich eine solche, die der Gesamtwirtschaft oberste Priorität einräumt. Dies erscheint schwer vereinbar mit einer Gläubigergleichbehandlung, weil die Gläubigerinteressen hinter dem Interesse einer Rettung in der Krise notwendigerweise zurückstehen.

---

172 *Flessner*, ZIP 1989, 749, 754.

173 Art. L 626-30-3 IV *Code de Commerce*.

174 *Ferid/Sonnenberger*, Bd. 1, S. 371.

175 *Djankov/Hart/McLiesh/Shleifer*, Journal of Political Economy 2008, 1105, 1132; *Cabrillac*, RabelsZ 1980, 737, 756; ähnlich *Gassert-Schumacher*, Privilegien, S. 213, 253; *Hoffmann*, Gläubigergleichbehandlung, S. 409; *Ferid/Sonnenberger*, Bd. 1, S. 371; *Wiórek*, Gläubigergleichbehandlung, S. 117.

176 Ebenso ist in Art. L 634-8 *Code de Commerce* die *pro rata* Verteilung geregelt.

Insgesamt wird jedoch deutlich, dass der Grundsatz nicht nur eine bloße Verteilungsregel darstellt, sondern auch als allgemein zivilrechtlicher prozessualer oder vielleicht sogar öffentlich-rechtlicher Grundsatz in Erscheinung tritt.[177] Dies bestätigt auch die Rechtsprechung des *Cour de cassation*, der in dem Prinzip der Gläubigergleichbehandlung eine *ordre public* Regelung sieht.[178] Damit bewegt sich der Grundsatz an der Schnittstelle zwischen Zivil- und öffentlichem Recht und ist in seiner Natur nicht bloße Verteilungsregel, sondern ebenso ein Instrumentarium der Chancengleichheit. Infolgedessen sollte letztlich unterschieden werden zwischen einer allgemeinen und einer besonderen (insolvenzspezifischen) Gläubigergleichbehandlung.

IV. Deutsches Insolvenzrecht

1. Historie

a) Mittelalterliche Stadt- und Landesrechte sowie gemeines Konkursrecht

Im Mittelalter (ca. 13.–16. Jahrhundert) gab es aufgrund der unterschiedlichen Stadtrechte kein einheitliches Gesetz zur Behandlung des Konkurses.[179] Die Regelungen zu diesem Themenbereich unterschieden sich in den Herrschaftsbereichen der jeweiligen Landesteile.[180]

Vorläufer des Konkursverfahrens war das Arrestverfahren. War der Schuldner flüchtig, wurde sein Vermögen beschlagnahmt oder er selbst inhaftiert, um im Anschluss seine Gläubiger zu befriedigen.[181] Dieses Verfahren war jedoch auf die Rechtssicherung des einzelnen, wachsamen Gläubigers bei Gefährdung seiner Vermögensposition zugeschnitten und kannte keine Mehrheit von Gläubigern.[182] Bei Unzulänglichkeit des Schuldnervermögens erhielt ein Gläubiger

---

177 *Kahil*, L'égalité entre les créanciers, S. 85; Allgemein dazu: *Maziere*, le principe de l'égalité en droit privé.

178 Cass. Req, 13 juillet 1910, Jour. Faill., S. 385; Cass. Comm. 19 avril 1985, Bull. civ., 1985, IV, n° 120; Cass. Comm. 13 septembre 2011, Bull. 2011, IV, n° 131.

179 *Bauer*, Der Insolvenzplan, S. 60; *Gassert-Schumacher*, Privilegien, S. 41; *Keller*, Insolvenzrecht, Rn. 37; *Schweppe*, S. 9; *Wyss*, S. 11.

180 Kritisch hierzu *Uhlenbruck*, DZWIR 2007, 1, 3.

181 *Birnbaum*, Konkursrecht, S. 72; *Fuchs*, Concursverfahren, S. 6 ff.; *Oertel*, Gläubigerbefriedigung, S. 11, 27 ff.; *Meibom*, Pfandrecht, S. 455; *Seuffert*, Deutsches Konkursprozessrecht, S. 10 ff.; *Seuffert*, Begriffe, S. 49; *Stobbe*, S. 22; *Wesener*, FS Baltl, S. 536.

182 *Oertel*, Gläubigerbefriedigung, S. 27, 28; ähnlich *Klinck*, Besondere Insolvenzanfechtung, S. 9.

somit eine bevorzugte Befriedigung seiner Forderung ohne Rücksicht auf die Interessen anderer Gläubiger.

Insgesamt zeigt sich, dass das mittelalterliche Konkursrecht sich nicht einheitlich dem Prinzip der Gläubigergleichbehandlung verpflichtete[183], zumal es innerhalb der Stadt- und Landesrechte eine klare Trennung zwischen den unterschiedlichen Herangehensweisen an die Verteilung des Schuldnervermögens gab. Während die Landesrechte in Deutschland überwiegend am Prioritätsprinzip festhielten und der Zeitpunkt der Forderungsanmeldung über die Befriedigung des einzelnen Gläubigers entschied, entwickelte sich innerhalb der Stadtrechte mit der Abschaffung des Prioritätsprinzips langsam der Grundsatz der Gläubigergleichbehandlung.[184] Ob das deutsche Recht damit der Tradition des römischen Rechts gefolgt ist[185] oder aber eine selbstständige Entwicklung des Grundsatzes stattgefunden hat[186], ist unklar.[187] Zumindest könnten auch internationale Handelsbeziehungen die Gläubigergleichbehandlung vorangetrieben haben, um ausländischen Geschäftspartner das Vorgehen gegen den Schuldner zu erleichtern bzw. überhaupt einen Kredit zu gewähren.[188] Anderenfalls wären diese ausländischen Gläubiger gegenüber inländischen Gläubigern erheblich benachteiligt worden, was wiederum Einfluss genommen hätte auf den Fortschritt von internationalen Handelsbeziehungen. Dieser Aspekt betrifft jedoch weniger die Gläubigergleichbehandlung im Verteilungssinn als die Chancengleichheit zwischen in- und ausländischen Gläubigern.[189]

Eine Verteilungsgleichheit i. S. e. gleichmäßigen Befriedigung der Gläubiger untereinander zeichnete sich zuerst in den Hansestädten ab.[190] Dort bestand

183 Ähnlich *Klinck*, Besondere Insolvenzanfechtung, S. 9; *Kohler*, Konkursrecht, S. 32.

184 *Levinthal*, U. Pa. L. Rev. Vol. 66 (1918), 223, 244; *Uhlenbruck*, DZWIR, 2007, 1, 2; *Weiland*, par condicio creditorum, S. 29, 30.

185 So *Keller*, Insolvenzrecht, Rn. 36; *Kohler*, Konkursrecht, S. 33 ff.; *Seuffert*, Deutsches Konkursprozessrecht, S. 12.

186 *Oertel*, Gläubigerbefriedigung, S. 30; *Wyss*, S. 11.

187 So *Bauer*, Der Insolvenzplan S. 60; *Baur/Stürner*, Bd. II, Rn. 3.9; *Gassert-Schumacher*, Privilegien, S. 42; *Weiland*, par condicio creditorum, S. 29; *Wesener*, FS Baltl, S. 537, 538.

188 So auch *Häsemeyer*, KTS 1982, 507, 513, 514; *Baur/Stürner*, Rn. Bd. II, 3.9; *Klinck*, Besondere Insolvenzanfechtung, S. 10; *Meibom*, Pfandrecht, S. 457, 458; *Stobbe*, S. 20 ff., 29 ff.

189 Ähnlich auch *Weiland*, par condicio creditorum, S. 29.

190 *Bauer*, Der Insolvenzplan, S. 63; *Birnbaum*, Konkursrecht, S. 72; *Kohler*, S. 33; *Pluta*, Insolvenzaufrechnung, S. 124; *Weiland*, par condicio creditorum, S. 29.

wegen wirtschaftlicher Risiken in Folge des erhöhten Handelsaufkommens als erstes das Bedürfnis nach einem einheitlichen Konkursverfahren, sodass auch hier die erste umfassende Kodifikation des Konkursrechts zu finden ist.[191] Die Hansestädte Lübeck und Hamburg unterhielten Handelsbeziehungen nach Italien und waren die ersten Städte, die eine anteilige Gläubigerbefriedigung gewährleisteten.[192] Die Gläubigergleichbehandlung geht in ihrer ersten Fassung auf die Hanse in Lübeck von 1294 zurück.[193]

Obwohl innerhalb der Stadtrechte erste Tendenzen für den Grundsatz erkennbar sind, waren die Regelungen nicht frei von Gläubigerprivilegien.[194] Dies wurde allerdings nicht als Ausnahme vom Grundsatz empfunden, zumal der Grundsatz bereits durch die Abkehr von Priorität und Einzelvollstreckung als verwirklich angesehen wurde.[195]

Fraglich ist allerdings, weshalb sich die Verteilungsgleichheit etablierte. Eine *pro rata* Verteilung der Gläubiger galt nur bei Flucht (oder Tod) des Schuldners.[196] Folglich wurde eine gleichmäßige Befriedigung der Gläubiger nur im Falle eines unredlichen Verhaltens des Schuldners gewährt. Ob dieser Zusammenhang tatsächlich beabsichtigt war oder das pragmatische Bedürfnis nach einer neuen und gerechten Art der Durchsetzung von Gläubigeransprüchen zu einer Gleichbehandlung von Gläubigern führte, ist unklar.[197] Die Abhängigkeit einer anteilmäßigen Befriedigung wurde jedoch in der Folgezeit von einem notwendigerweise unredlichen Verhalten des Schuldners entkoppelt. In Betracht kommt ferner die Moralvorstellung einer „gerechten Verteilung" bei der Unzulänglichkeit des Schuldnervermögens. Sittliche Beweggründe erfuhren jedoch erst in der Neuzeit Beachtung.[198]

Im Rahmen des Gesetzes zum Augsburger Stadtrecht zur Gläubigergleichbehandlung von 1439 wurde zudem der Wettlauf der Gläubiger als Grund für die Abkehr vom Prioritätsgedanken und gleichzeitig auch für eine *pro rata* Verteilung angeführt.[199] Dies erscheint insbesondere im Zusammenhang mit dem

---

191 *Klaiber*, Stellung der Gläubiger, S. 55.

192 *Meibom*, Pfandrecht, S. 457 ff.; *Stobbe*, S. 16 ff.

193 *Klaiber*, Stellung der Gläubiger, S. 55.

194 Zu den einzelnen Privilegien ausführlich *Gassert-Schumacher*, Privilegien, S. 44 ff.

195 *Gassert-Schumacher*, Privilegien, S. 49; *Weiland*, par condicio creditorum, S. 30.

196 *Baur/Stürner*, Bd. II, Rn. 3.9; *Klinck*, Besondere Insolvenzanfechtung, S. 10; *Stobbe*, S. 14, 15; *Schweppe*, S. 9.

197 *Seuffert*, Zur Geschichte und Dogmatik des Konkursrechts, S. 4.

198 *Klinck*, Besondere Insolvenzanfechtung, S. 11; *Wesener*, FS Baltl, S. 538 ff.

199 So *Birnbaum*, Konkursrecht, S. 73, mit Nachweisen Erlassgrund des Rates zum Augsburger Gesetz zur Gläubigergleichbehandlung von 1439 aus dem Staatsarchiv

zunehmenden Handel und den damit verbundenen Bedürfnissen einer Regelung für eine Mehrzahl an Gläubigern stimmig. Das Augsburger Stadtrecht gewährte jedoch auch hier nur willkürlich Verteilungsgleichheit, da nur Gläubiger, die ihre Forderungen am selben Tag anmeldeten auch gleichmäßig befriedigt wurden.[200] Diese Gruppeneinteilung entspricht keiner besonders gerechten Systematik. Vielmehr setzt sich hier weiterhin ein prioritätsähnlicher Charakter durch.

Im 17./18. Jahrhundert entwickelte sich der gemeine Konkursprozess, der jedoch gegenüber den jeweiligen Stadt- und Landesrechten nur subsidiär Anwendung fand.[201] Mit seinem Werk *labyrinthus creditorum concurrentium ad litem per debitorem communem inter illos causatam* von 1646 hat der Spanier *Salgado de Samoza* die Entwicklung des gemeinen Konkursprozesses entscheidend beeinflusst.[202] Danach war die Gläubigermehrheit entscheidender Gesichtspunkt für einen gemeinen Konkursprozess.[203] Es entstand ein streng behördliches, kostenaufwendiges und langwieriges, vierstufiges Verfahren mit minimaler Gläubigerautonomie.[204] Neu war dabei insbesondere die Universalität des Prozesses, die zur vollständigen Beschlagnahme aller Vermögensgegenstände des Schuldners führte.[205] Obwohl diese Entwicklung nicht unmittelbar auf die Gläubigergleichbehandlung zurückzuführen war, so war sie in Bezug auf den Grundsatz dennoch wegweisend. Sobald das Schuldnervermögen an einem Ort vollständig zur Verwertung herangezogen werden konnte, erhöhten sich die Befriedigungschancen eines jeden Gläubigers. Ein weiterer Meilenstein war

---

Augsburg. Dabei war die Verteilungsgleichheit jedoch nur auf gleichen Tag der Beschlagnahme (die Gläubiger konnten das Vermögen an verschiedenen Tagen beschlagnahmen) beschränkt.

200 *Birnbaum*, Konkursrecht, S. 73.

201 *Bauer*, Der Insolvenzplan, S. 77; *Gassert-Schumacher*, Privilegien, S. 53; *Keller*, Insolvenzrecht, Rn. 42–43; *Seuffert*, Deutsches Konkursprozessrecht, S. 12; *Weiland*, par condicio creditorum, S. 31.2.

202 *Endemann*, ZZP 12, 24, 40; *Gottwald*, Insolvenzrechts-Handbuch, §1, Rn. 6; *Pluta*, Insolvenzaufrechnung, S. 124; *Levinthal*, U. Pa. L. Rev. Vol. 66 (1918), 223, 247; *Uhlenbruck*, DZWIR 2007, 1, 2; *Wesener*, FS Baltl, S. 539; *Wyss*, S. 11.

203 *Uhlenbruck*, DZWIR 2007, 1; Für die Gläubigermehrheit auch *Stobbe*, S. 25, der jedoch einen Schritt weiter geht und die gemeinsame Befriedigung als Erkennungsmerkmal benennt; *Wyss*, S. 16 ff., weist zurecht darauf hin, dass die bloße Gläubigermehrheit nicht das einzige Kriterium eines Konkurses sein kann.

204 *Baur/Stürner*, Bd. II, Rn. 3.12; *Hellmann*, Konkursrecht, S. 84 ff.; *Fuchs*, Concursverfahren, S. 8 ff.; *Keller*, Insolvenzrecht, Rn. 38 ff.

205 *Endemann*, ZZP 12, 24, 43; *Forster*, Konkurs als Verfahren, S. 319; *Streuber*, Die Flucht des Schuldners, S. 96 ff.

die Zuständigkeitsbündelung aller mit dem Konkursprozess in Zusammenhang stehenden Klagen. Diese Zentralisierung gewährte allen Gläubigern die Gelegenheit, ihre Einwendungen an einem Ort zu erheben.[206] Dies trug zur Chancengleichheit innerhalb der Gläubigergemeinschaft bei.

Nichtsdestotrotz hatten die Neuerungen der Universalität und die *vis attractiva concursus* Schattenseiten. Diese äußerten sich insbesondere durch unendliche Verfahrensdauern, etliche und unübersichtliche Privilegien von fünf Gläubigerklassen (und zusätzlich noch 13 Unterklassen) und die Einteilung der Pfand- und Hypothekengläubiger als Konkursgläubiger im Rahmen der Verteilung.[207] Aufgrund dieser Nachteile und zahlreicher Privilegien ist der gemeine Konkursprozess nahezu ausnahmslos kritisiert worden.[208] Zwar galt grundsätzlich der Grundsatz der Gläubigergleichbehandlung, dieser wurde aber weiterhin nicht als Verteilungsgleichheit, sondern lediglich als Gegensatz zum Prioritätsprinzip verstanden.[209]

b) Konkursordnungen

Die Preußische Konkursordnung vom 8. Mai 1855[210] nahm sich das französische Konkursrecht von 1807 zum Vorbild.[211] Einige Passagen wurden sogar wörtlich aus dem *Code de Commerce* übernommen.[212] Dieses Gesetz beseitigte bereits einige Missstände des gemeinen Konkursprozesses, indem Pfand- und Hypothekengläubiger nicht mehr als Konkursgläubiger galten.[213] Der Universalitätsgedanke wurde an anderer Stelle so ausgeweitet, dass grundsätzlich auch ausländisches Vermögen von der Beschlagnahmewirkung eines deutschen

---

206 So auch *Streuber*, Die Flucht des Schuldners, S. 98; *Kohler*, S. 29.

207 *Gassert-Schumacher*, Privilegien, S. 59 ff., 62; *Kodek*, KTS 2014, 215, 221; *Seuffert*, Konkursprozessrecht, S. 17.

208 *Bauer*, Ungleichbehandlung, S. 14; *Baur/Stürner*, Bd. II, Rn. 3.17; *Keller*, Insolvenzrecht, Rn. 38; *Kohler*, S. 40 ff.; Pape/Uhlenbruck/Voigt-Salus, Insolvenzrecht, Kap. 7, II, Rn. 7; *Pluta*, Insolvenzaufrechnung, S. 125; *Streuber*, Die Flucht des Schuldners, S. 104; *Thieme*, FS Einhundert Jahre Konkursordnung, S. 45; *Uhlenbruck*, Einhundert Jahre Konkursordnung, S. 9 ff.

209 *Gassert-Schumacher*, Privilegien, S. 58.

210 RGBl. 1877, 351.

211 *Kindler-Nachmann*, 2. Teil, Deutschland, Rn. 6; *Kohler*, Konkursrecht, S. 22; *Seuffert*, Konkursprozessrecht, S. 19.

212 *Baur/Stürner*, Bd. II, Rn. 3.21; *Keller*, Insolvenzrecht, Rn. 43; *Weiland*, par condicio creditorum, S. 33.

213 *Weiland*, par condicio creditorum, S. 35.

Verfahrens erfasst wurde (sofern der betreffende Staat dies anerkannte).[214] Insgesamt sollte die Verfahrensdauer durch eine vereinfachte Privilegienordnung beschleunigt und der grundsätzliche bürokratische Aufwand minimiert werden.[215] Dazu wurden acht Gläubigerrangklassen für die Verteilung des Schuldnervermögens gebildet.[216] Ziel des Gesetzes und gleichzeitig auch Rechtfertigung dieser Vorrechte war die Förderung des Handels und Kreditwesens.[217] Die Existenz von Vorrechten wurde zwar grundsätzlich in Frage gestellt,[218] man war jedoch weiterhin der Ansicht, dass eine Rangfolge innerhalb der Gläubiger einer gleichmäßigen Befriedigung nicht entgegensteht.[219]

Die Reichskonkursordnung vom 10. Februar 1877 teilte die Gläubiger in das heutige System von Aus- und Absonderung sowie Masse- und Konkursgläubiger ein.[220] Es war die erste einheitliche Konkursordnung für das gesamte Gebiet des Deutschen Reiches. Inhaltlich beruhte sie im Wesentlichen auf der Gemeinschuldordnung von 1870.[221] Der entscheidende Unterschied zeichnete sich jedoch im Bereich der Privilegien ab, indem nicht zwei, sondern fünf Konkursvorrechte in § 61 KO aufgenommen wurden.[222] Dies wurde weiterhin als unentbehrliches Mittel des Gerechtigkeitsausgleiches empfunden[223] und daher gegenüber Arbeitnehmern, staatlichen Institutionen sowie Mündeln gewährt.[224] Als Rechtfertigung führte der Gesetzgeber das öffentliche Wohl sowie die Schutzbedürftigkeit dieser Gläubiger an.[225] Die Auslegung der Begriffe hatte jedoch eng zu erfolgen, denn tendenziell sollten Vorrechte so wenig wie möglich zugelassen

---

214 *Seuffert*, Konkursprozessrecht, S. 31.

215 *Weiland*, par condicio creditorum, S. 35.

216 *Dann*, Konkursvorrecht, S. 17; *Kodek*, KTS 2014, 215, 221.

217 *Seuffert*, Konkursprozessrecht, S. 60 ff. mit konkreten Nachweisen zu den unterschiedlichen Rängen.

218 *Goltdammer*, KO, S. 12.

219 *Seuffert*, Konkursprozessrecht, S. 1.

220 *Kodek*, KTS 2014, 215, 221.

221 *Bauer*, Ungleichbehandlung, S. 229 ff.; *Keller*, Insolvenzrecht, Rn. 45; *Weiland*, par condicio creditorum, S. 40.

222 *Dann*, Konkursvorrecht, S. 18; *Jaeger*, KO, § 61, Rn. 1; *Kohler*, Konkursrecht, S. 334.

223 *Baur/Stürner*, Bd. II, Rn. 5.37; *Gassert-Schumacher*, Privilegien, S. 117; *Hanisch*, ZZP 90, 1, 5; *Kohler*, Konkursrecht, S. 332; *Seuffert*, Konkursprozessrecht, S. 60; *Stürner* leitet auch nach Inkrafttreten der InsO ein Differenzierungsgebot aus der Gläubigergleichbehandlung ab, NZI 2005, 597, 598.

224 Eine detaillierte Darstellung der einzelnen Privilegien findet sich bei *Gassert-Schumacher*, Privilegien, S. 117 ff.

225 *Hahn*, Materialien zur Konkursordnung, S. 239.

und in verhaltenem Ausmaße etabliert werden.[226] Das Bundesverfassungsgericht stellte in diesem Zusammenhang klar, dass eine richterrechtliche Ausweiterung des § 61 KO aus sozialen Motiven unzulässig sei, zumal dies eine Verletzung der Gläubigergleichbehandlung zur Folge hätte.[227] Die Regelung ist damit abschließend, und eine Erweiterung lediglich durch Bundesgesetz möglich.[228]

Im Zuge dessen wurden Vorrechte als Durchbrechung der Gläubigergleichbehandlung und gleichzeitig als konkursgefährdend eingestuft.[229] Der Grundsatz der Gläubigergleichbehandlung galt als tragendes Prinzip und unentbehrliches Element des Konkursrechts.[230] § 3 Abs. 1 KO statuierte erstmals ausdrücklich, dass die Konkursmasse nunmehr der gemeinschaftlichen Gläubigerbefriedigung dienen soll. Damit wurde eine Grundlage für die Gesamtvollstreckung als wichtigstem Kernelement der Gläubigergleichbehandlung geschaffen.[231]

Eine gleichmäßige Befriedigung i. S. e. *pro rata* Verteilung war jedoch nur ausdrücklich innerhalb der ungesicherten und ranggleichen vorgesehen, § 60 Abs. 1, 61 Abs. 2 KO. Dies wird oftmals damit begründet, dass § 3 Abs. 1 KO eine gemeinschaftliche, nicht zwangsläufig eine gleichmäßige Befriedigung innerhalb aller Gläubigergruppen fordert.[232] Auch hier setzt sich die Linie einer relativen Gläubigergleichbehandlung bei der Verteilung des Schuldnervermögens fort. Insgesamt stand vor allem der Schutz der Kreditgewährung, des Handels und Transparenz im Vordergrund: Gläubiger sollten abschätzen können, wie die Befriedigungschancen im Falle einer Zahlungsunfähigkeit ausfallen. Die verhältnismäßige Reduzierung der Vorrechte war hierfür entscheidend.

---

226 *Hahn*, Materialien zur Konkursordnung, S. 238.

227 BVerGE 65, 182 = NJW 1984, 475; *Schmidt/Kilger*, KO, § 61, Rn. 3b.

228 Diese Rechtsprechung wurde auch später auch für die InsO übernommen, BGH NJW 2007, 3350, 3351 Rz. 20; ZIP 2007, 1338, Rz. 20.

229 BVerfGE 65, 181, 191 = NJW 1984, 475; ZIP 1984, 78, 81; *Baur/Stürner*, Bd. II, Rn. 5.37; *Dann*, Konkursvorrecht, S. 69; *Jaeger*, KO, Bd. I, Einl. IV-III; *Seuffert*, Konkursprozessrecht, S. 60; *Kuhn/Uhlenbruck*, KO, § 61, Rn. 1; *Weidmüller*, S. 31.

230 BGHZ 41, 98, 101 = NJW 1964, 1319, 1320; 88, 147, 153 = ZIP 1992, 781, 783; *Berges*, KTS 1957, 49, 51; *Füßmann*, S. 27; *Hanisch* ZZP 90, 1, 4; *Häsemeyer*, KTS 1982, 507, 509, 511; *Lohkemper*, S. 92.

231 *Bauer*, DZWIR 2007, 188, 189; *Lohkemper*, S. 98; *Weidmüller*, S. 25.

232 *Lohkemper*, S. 98; *Jaeger/Henckel*, KO, § 3, Rn. 2; a. A. *Bauer/Stürner*, Bd. II, Rn. 5.36; *Kuhn/Uhlenbruck*, KO, § 3, Rn. 2.

Gläubigerschutz gewährte zudem § 14 KO, der die Konkursmasse sowie sonstige Gegenstände des Schuldners einer Einzelzwangsvollstreckung durch einzelne Gläubiger entzog. Folglich war das Konkursverfahren als Gesamtvollstreckungsverfahren ausgestaltet, um so den Wettlauf der Gläubiger zu verhindern und eine gleichmäßige Befriedigung zu ermöglichen.[233] Das Ziel der Gläubigergleichbehandlung wurde überdies mithilfe der Anfechtungsregeln in §§ 29 ff. KO zur Durchsetzung verholfen.[234]

In Sachen Internationalität stellte § 5 KO ausdrücklich klar, dass in- sowie ausländische Gläubiger gleich zu behandeln sind. Damit wurde auch eine Gleichbehandlung der Gläubiger über Staatsgrenzen hinaus und im Sinne einer Antidiskriminierung bzw. Chancengleichheit gewährleistet. Gegen Ausländer wurde ein Verfahren jedoch nur bei hinreichendem Inlandsbezuges sowie inländischem Durchführungsinteresse bewilligt.[235]

Trotz dieser gesetzlichen Verankerungen bestand in der Literatur das Bedürfnis nach einer klaren dogmatischen Grundlage für den Grundsatz. Neben einer Herleitung aus Art. 3 Abs. 1 GG[236] oder Art. 14 GG[237] stammt die wohl bekannteste und als fundamental bezeichnete These der wechselseitigen Ausgleichshaftung von *Ludwig Häsemeyer*. Dieser begründet die Gläubigergleichbehandlung mit dem (Fehl)Verhalten aller Gläubiger, die durch ihre Forderungsansprüche anteilig zur Insolvenz des Schuldners beitragen. Dieser Umstand berechtige und verpflichte sie konsequenterweise untereinander zu einer gemeinschaftlichen und anteiligen Befriedigung aus dem Schuldnervermögen.[238] Dieser Ansatz erinnert jedoch an eine Art inzidente Schuldzuweisung und das auch noch an falscher Stelle. Die Insolvenz des Schuldners ist einzig und allein dessen Verantwortungsbereich und Risikosphäre zuzuordnen. Denn nur er ist nicht mehr in der Lage, seinen Verbindlichkeiten nachzukommen.[239] Die Gläubiger können, wenn überhaupt, nur begrenzt Einfluss nehmen auf die Geschäftstätigkeit

---

233 *Bauer*, Ungleichbehandlung, S. 231; *Gottwald*, Insolvenzrechts-Handbuch, § 1, Rn. 10 ff.

234 BGH, KTS 1995, 298, 300; *Klinck*, Besondere Insolvenzanfechtung, S. 29 ff.

235 *Kohler*, Konkursrecht, S. 75.

236 *Adam*, DZWIR 2009, 441, *Baur/Stürner*, Bd. II, Rn. 6.2; *Gassert-Schumacher*, Privilegien, S. 325, 326; *Schlosser*, ZZP 97, 120, 128; *Trunk*, Internationales Insolvenzrecht, S. 83, 84; a. A. *Knospe*, ZInsO 2014, 861, 862; *Walker*, Zivilprozeß, Rn. 412.

237 *Adam*, DZWIR 2009, 441; *Bauer*, Ungleichbehandlung, S. 72 ff.; DZWIR 2007, 188, 189; a. A. *Hoffmann*, Prioritätsgrundsatz, S. 200.

238 *Häsemeyer*, KTS 1982, 507, 517 ff.

239 So auch *Berger*, ZZP 121, 407, 414; *Weidmüller*, S. 45.

sowie Geschäftsführung des Schuldners. Erst recht haben sie keine Kenntnis und keinen Überblick von anderweitigen Verbindlichkeiten außer ihren eigenen. Im Falle der Insolvenz sind sie damit uneingeschränkt schutzbedürftig. *Häsemeyer* verlagert die Verantwortung für die Unzulänglichkeit des Schuldnervermögens hingegen auf die Gläubiger, sodass das Verhältnis in eine Art Schieflage gerät. Den Gläubigern kann bei der „Herbeiführung" einer Insolvenz allenfalls Fahrlässigkeit vorzuwerfen sein. Aus fahrlässigem Verhalten können und sollten jedoch keine fundamentalen Grundsätze resultieren. Zustimmung verdient hingegen die Einleitung der Gläubigergleichbehandlung in drei verschiedene Schichten – Chancengleichheit (formelle Ebene), Verteilungsgleichheit (materielle Ebene) sowie die Gleichheit von in- und ausländischen Gläubigern.[240] Im Abschnitt zur EuInsVO wird zu diskutieren sein, ob diese Systematik auch auf die Kollisionsregeln übertragbar ist.

Einen neuen Ansatz entwickelte das Reichsgericht im sogenannten Zuckerrübenfall von 1914.[241] Der Verkäufer konnte seinen vertraglichen Verpflichtungen auf Grund einer besonderen Trockenperiode nicht nachkommen. Daher befriedigte er seine Gläubiger mit den vorhandenen Mitteln quotal. Das Reichgericht gab dem Recht und rechtfertigte das Verhalten mit § 242 BGB. Diese Argumentationslinie ist jedoch nicht auf eine insolvenzrechtliche Situation übertragbar, in der die Herbeiführung der Zahlungsunfähigkeit der Risikosphäre des Schuldners zuzuordnen ist.[242]

2. Aktuelle Rechtslage

Aufgrund vieler Vorrechte und Mobiliarsicherheiten litt das Verfahren der Konkursordnung an Massearmut, sodass für 75 % der Konkursanträge weder eine Verfahrenseröffnung noch eine gemeinschaftliche Gläubigerbefriedigung möglich war.[243] Ungesicherte Gläubiger erhielten durchschnittlich lediglich 5 % ihrer Forderungen, während 4/5 des Schuldnervermögens von Aus- und Absonderungsgläubiger verwertet wurde.[244] Das Konkursverfahren war mithin funktionsunfähig geworden und konnte dem Ziel einer gemeinschaftlichen Befriedigung nicht mehr gerecht werden. Diese Entwicklung wurde auf die

240 *Häsemeyer*, ZZP 107 (1994), 111, 116; diesem Ansatz folgt auch zur InsO/EuInsVO *Wiórek*, Gläubigergleichbehandlung, S. 75 ff.

241 RGZ 84, 125.

242 So auch *Hoffmann*, Gläubigergleichbehandlung, S. 394.

243 Allg. Begr. RegE InsO, BT-Druck. 12/2443, S. 72, 81.

244 Allg. Begr. RegE InsO, BT-Druck. 12/2443, S. 72, 73.

Durchlöcherung der Gläubigergleichbehandlung infolge der zahlreichen Vorrechte zurückgeführt.[245] Bei der Schaffung der neuen Insolvenzordnung vom 5. Oktober 1994 legte der Gesetzgeber somit den Fokus auf die Verbesserung der Verteilungsgerechtigkeit sowie Masseanreicherung.[246] Die Reformkommission stellte dabei ausdrücklich klar, Konkursvorrechte seien weder wirtschaftlich gerechtfertigt noch in der Lage, gerechte Verfahrensergebnisse zu erzielen.[247] Konsequenterweise wurde § 61 KO abgeschafft und absonderungsberechtigte Gläubiger in das Insolvenzverfahren mit einbezogen.[248] Mithin etablierte sich die Sichtweise, dass Befriedigungsvorrechte eine Ausnahme und Durchbrechung der Gläubigergleichbehandlung darstellen und nicht Ausdruck eines Gerechtigkeitssystems sind, wie es zu Zeiten der KO der Fall war.[249]

a) Gesetzliche Verankerung der Gläubigergleichbehandlung

Gemäß § 1 S. 1 InsO dient das heutige deutsche Insolvenzverfahren dazu, die Gläubiger eines Schuldners gemeinschaftlich zu befriedigen. Dies bedeutet zunächst, dass die Verteilung des Schuldnervermögens nicht für jeden Gläubiger einzeln, sondern gemeinschaftlich i. S. e. Gesamtvollstreckung zu erfolgen hat. Die vorangegangene historische Analyse zeigt dabei auf, dass die Abkehr vom Prioritätsprinzip das Kernelement der Gläubigergleichbehandlung darstellt. Folglich bildet § 1 S. 1 InsO entgegen vieler Behauptungen[250] den gesetzlichen Ausgangspunkt des Grundsatzes.[251] Überdies normiert § 1 S. 1 InsO nicht nur objektiv eine gemeinschaftliche Befriedigung, sondern erhebt diese Art der Vermögensverteilung zum Zweck des gesamten Insolvenzverfahrens. Somit hat die Gesamtvollstreckung als ein Element der Gläubigergleichbehandlung in der Insolvenz oberste Priorität.

---

245 Allg. Begr. RegE InsO, BT-Druck. 12/2443, S. 103: „Der Masselosigkeit der Insolvenzen sollte entgegengewirkt und die Durchlöcherung des Grundsatzes der Gleichbehandlung aller Gläubiger, der zum Wesen des Konkursrechts gehöre, rückgängig gemacht werden; *v. Gleichenstein*, NZI 2015, 49.

246 Allg. Begr. RegE InsO, BT-Druck. 12/2443, S. 103.

247 Allg. Begr. RegE InsO, BT-Druck. 12/2443, S. 81.

248 Allg. Begr. RegE InsO, BT-Druck. 12/2443, S. 81.

249 Siehe hierzu Abschnitt b) Konkursordnung.

250 *Knospe*, ZInsO 2014, 861, 876; *Knospe*, Insolvenzanfechtung, S. 69 ff.; *Meyer/Rein*, NZI 2004, 367, 369; ähnlich *Paulus*, NZI 2015, 1001 ff.

251 So auch *Markgraf*, S. 27.

Anhand einer Reihe weiterer Normen lassen sich die Zielsetzung des Gesetzgebers sowie weitere Elemente der Gläubigergleichbehandlung erkennen.[252] Durch den Verlust der Verwaltungs- und Verfügungsbefugnis (§ 80 Abs. 1 InsO) des Schuldners soll zunächst sichergestellt werden, dass der Insolvenzverwalter die noch vorhandene Vermögensmasse bestmöglich und gemeinschaftlich an die Gläubiger verteilt.[253] Konsequenterweise sind alle Verfügungen des Schuldners nach § 81 InsO ab dem Zeitpunkt der Verfahrenseröffnung unwirksam. Die Normen schützen die Masse (und damit auch die Befriedigungschancen der Gläubiger) im Verhältnis zum Schuldner.

Um auch das Verhältnis der Gläubiger untereinander zu systematisieren, erklärt § 88 Abs. 1 InsO zwangsvollstreckungsrechtlich erlangte Sicherungen an Gegenständen der Insolvenzmasse für unwirksam, sofern diese einen Monat vor oder nach Eröffnung des Verfahrens erlangt wurden. Folglich stellt die Rückschlagsperre ein Mittel zur Herstellung der Gläubigergleichbehandlung dar[254], das bereits im Vorfeld der Insolvenz ansetzt.[255] Darüber hinaus verbietet § 89 InsO Zwangsvollstreckungen nach Verfahrenseröffnung, um eine voneinander unabhängige Befriedigung zu verhindern und stattdessen eine gemeinschaftliche Befriedigung zu gewährleisten. Als Erweiterung der §§ 88, 89 InsO gestattet § 91 InsO nach Verfahrenseröffnung keinen Rechtserwerb an Massegegenständen.[256] Damit schützt die Norm jeden einzelnen Gläubiger vor dem Zugriff seiner „Konkurrenten".

Eine Parallelregelung zu § 89 InsO findet sich in § 294 Abs. 1 InsO für das Restschuldbefreiungsverfahren, wobei der Zeitraum zwischen Verfahrensbeendigung und Abtretungsfrist geschützt wird. Dabei fällt auf, dass die Überschrift der Norm ausdrücklich „*Gleichbehandlung der Gläubiger*" lautet. Warum dies bei nahezu identischem Inhalt nicht auch für § 89 InsO übernommen wurde, ist unklar. Nichtsdestotrotz wird dadurch deutlich, dass der Gesetzgeber das Vollstreckungsverbot dem Wirkbereich der Gläubigergleichbehandlung zuordnet. Überdies verbieten § 294 Abs. 2, 3 InsO Absprachen innerhalb der

252 So auch *v. Gleichenstein*, NZI 2015, 49, 54 mit Verweis auf *Bork*, ZIP 2014, 797, 803.

253 Nach Anordnung des Gerichts kann diese Wirkung auch schon auf dem Zeitpunkt der Antragsstellung vorverlegt werden, § 21 Abs. 2 S. 1 Nr. 2 InsO.

254 Uhlenbruck-*Mock*, § 88 Rn. 1; K. Schmidt-*Keller*, § 88 Rn. 2; a. A. *Hoffmann*, Gläubigergleichbehandlung, S. 80.

255 *Weidmüller*, S. 57.

256 *Haller*, Die gesicherte Rechtsposition, S. 8; ausführlich hierzu *Weiland*, par, condicio creditorum S. 64 ff.

Gläubiger sowie Aufrechnungen gegen Forderung, die von der Abtretungserklärung erfasst sind.

Die Anfechtungsvorschriften (§§ 129 ff. InsO) bilden eine der wichtigsten gesetzlichen Verankerung der Gläubigergleichbehandlung.[257] Die Regelungen geben dem Insolvenzverwalter die Möglichkeit, gläubigerbenachteiligende Rechtshandlungen rückabzuwickeln, um so Vorteile einzelner Gläubiger zu verhindern, die Masse anzureichern und Verteilungsgerechtigkeit herzustellen. *Ex post* betrachtet wird damit die Geltung des Grundsatzes auf einen Zeitpunkt vor Verfahrenseröffnung vorverlegt.[258]

Problematisch erscheint, dass das Gesetz keinen Hinweis auf die anteilsmäßige Befriedigung enthält wie in § 60 Abs. 1 KO. Lediglich § 52 S. 2 InsO lässt erahnen, dass „im Normalfall" eine proportionale Befriedigung zu erfolgen hat, indem aussonderungsberechtigte Gläubiger nur dann zur *anteilsmäßigen Befriedigung berechtigt* sind, soweit sie auf die abgesonderte Befriedigung verzichten, oder bei ihr ausgefallen sind. Zudem wird die *pro rata* Befriedigung nach allgemeiner Ansicht in die §§ 38, 187, 188, 195, 196 InsO hineingelesen.[259] Eine solche gleichmäßige quotenmäßige Verteilung findet jedoch lediglich innerhalb der Gruppe der einfachen Insolvenzgläubiger statt. Auch wenn es „versteckte" Hinweise im Gesetzestext hierzu gibt, fehlt weiterhin eine eindeutige gesetzliche Regelung.

In Anlehnung an § 8 Abs. 1 VerglO sollen den Gläubigern einer Beteiligtengruppe auch im Insolvenzplanverfahren gleiche Rechte zustehen, § 226 Abs. 1 InsO, sodass der Grundsatz der Gläubigergleichbehandlung hier ebenfalls Geltung beansprucht. Allerdings wird der Schutz relativiert, indem auch eine Ungleichbehandlung bei Zustimmung der Betroffenen zulässig ist, (§ 226 Abs. 2 InsO) und Gläubiger innerhalb der Abstimmung übergangen werden können.[260]

---

257 BGHZ 136, 309, 313; BGH, NJW 2015, 3505, 3506, Rz. 27; BGH NJW 2012, 1959, 1963 Rz. 35; BGH NJW 2007, 848, 849, Rz. 15; BGH NJW 2006, 1348, 1349, Rz. 14; *Berger*, ZZP 121 (2008), 407, 408; *Berges*, KTS 1957, 49, 55; *Bork*, ZIP 2014, 797 ff.; *Füßmann*, S. 48; *Guski*, Sittenwidrigkeit, S. 136 ff.; *Weiland*, par condicio creditorum, S. 90; ausführlich hierzu *Klinck*, Besondere Insolvenzanfechtung, S. 4 ff.

258 Siehe hierzu ausführlich *Bork*, ZIP 2014, 797 ff.

259 *Pape/Uhlenbruck/Voigt-Salus*, Kap. 12, Rn. 10.

260 Uhlenbruck-*Lüer/Streit*, § 226, Rn. 2.

b) Ausnahmen der Gläubigergleichbehandlung

Trotz zahlreicher Normen, die eine Gläubigergleichbehandlung im Verfahren herstellen, kennt die InsO ebenso Ausnahmen vom Grundsatz. Auch nach Abschaffung der Vorrechte aus § 61 KO erfolgt die Verteilung des Schuldnervermögens weiter in den Kategorien von Aus- und Absonderungsberechtigten (§§ 47–52 InsO), Massegläubigern (§ 53 InsO), einfachen (§ 38 InsO) sowie nachrangigen Insolvenzgläubigern (§ 39 InsO). Jede Gläubigergruppe wird separat und auch in vorgenannter Reihenfolge befriedigt, eine proportionale Verteilung ist nur für die einfachen Insolvenzgläubiger vorgesehen. Zudem genießen Sozialplanverbindlichkeiten nach § 123 Abs. 2 S. 1 InsO vorrechtsähnlichen Statuts, zumal sie den – wenn auch nur letztrangingen – Masseverbindlichkeiten zugeordnet werden.[261] Der Gesetzgeber hat hierbei jedoch einen Schutzmechanismus eingerichtet. Die absolute Höchstgrenze des Sozialplanvolumens beträgt zweieinhalb Monatsgehälter, während ohne Insolvenzplan nur ein Drittel der Masse für diese Verbindlichkeiten zur Verfügung stehen (relative Höchstgrenze). Sobald der Betrag überschritten wird, sind die Forderungen wiederum anteilig und im Verhältnis gleichmäßig zu kürzen.

c) Reform des Anfechtungsrechts

Am 29. September 2015 hat die Bundesregierung einen Reformvorschlag zur Verbesserung der Rechtssicherheit des Anfechtungsrechts veröffentlicht.[262] Ziel des Gesetzesentwurfes war es, Anfechtungen für den Wirtschaftsverkehr und Arbeitnehmer transparenter sowie kalkulierbarer zu gestalten und Anfechtungsrisiken insgesamt einzudämmen.[263] Die in der Vergangenheit sehr anfechtungsfreundliche Rechtsprechung des BGH sei inzwischen unübersichtlich, und Gläubigern drohten über Jahre hinweg Rückforderungen des Verwalters.

Als Maßnahmen sah der Vorschlag u. a. vor, dass eine Sicherung oder Befriedigung durch bloße Zwangsvollstreckungen des Gläubigers in den letzten drei Monaten vor Insolvenzantragstellung, die unabhängig von der Kenntnis der Zahlungsunfähigkeit erfolgen, nicht unter den Tatbestand inkongruenter Deckungen

261 Ausführlich hierzu *Weiland*, par condicio creditorum, S. 95 ff.; *Wiórek*, Gläubigergleichbehandlung, S. 103.

262 Gesetzesentwurf der Bundesregierung vom 29. September 2015 zur Verbesserung der Rechtssicherheit bei Anfechtungen nach der Insolvenzordnung und dem Anfechtungsgesetz, BT-Druck. 18/7054.

263 BT-Druck. 18/7054, S. 1, 15.

(§ 131 InsO) fallen sollten. Dahinter steht der Gedanke, dass ein Gläubiger dann keiner Anfechtung ausgesetzt werden soll, wenn er eine Sicherung oder Befriedigung mit den ihm gesetzlich zur Verfügung stehenden Zwangsmittel erlangt hat, ohne dabei die Zahlungsunfähigkeit des Schuldners gekannt zu haben.[264] Eine Anfechtung wäre dann nur noch mithilfe des § 130 InsO möglich, falls dem Gläubiger die Zahlungsunfähigkeit des Schuldners bekannt war.[265]

Im Rahmen der Vorsatzanfechtung (§ 133 InsO) sollte der Anfechtungszeitraum für kongruente Deckungen von zehn auf vier Jahre verkürzt werden. Eine solche Kürzung hätte in der Praxis jedoch nahezu keine Bedeutung, da Rückforderungen selten mehr als vier Jahre zurückliegen.[266]

Der Vorschlag der Änderung des § 131 InsO erntete indes viel Kritik.[267] Grund hierfür war, dass öffentlich-rechtliche Gläubiger wie Sozialversicherungsträger und der Fiskus mit der Änderung des § 131 InsO durch die Hintertür privilegiert werden würden, zumal diese schnell Titel ohne ein gerichtliches Verfahren erlangen, eine Zwangsvollstreckung betreiben können und so das Erlangte nicht mehr durch Anfechtungen zur Masse zurückgeführt werden kann.[268] Sie hätten im Vergleich zu privaten Gläubigern einen entscheidenden Vorteil, was dem Grundsatz der Gläubigergleichbehandlung zuwider laufen würde. Die Errungenschaften der InsO, Privilegierungen abzuschaffen und die Gläubigergleichbehandlung zu stärken, wäre durch die vorgesehene Änderung des § 131 InsO hinfällig gewesen.[269] Da das Anfechtungsrecht ein zentrales Rechtsinstrument zur Durchsetzung der Gläubigergleichbehandlung darstellt[270], hätte eine Änderung der Rechtslage auch unmittelbare Auswirkungen auf die Frage der grundsätzlichen Tragweite der Gläubigergleichbehandlung. Eben diese Beweggründe haben sich auch im Rahmen des Gesetzgebungsverfahrens durchgesetzt,

264 BT-Druck. 18/7054, S. 12.

265 BT-Druck. 18/7054, S. 15.

266 *Kindler/Bitzer*, NZI 2017, 369, 373; *Thole*, ZIP 2013, 2081, 2088.

267 *Bork*, ZIP 2014, 797, 809; *Brinkmann*, NZG 2015, 697, 702; *Huber*, ZInsO 2015, 2297, 2298; *Willemsen/Kühn*, BB 2015, 3011 ff.; a. A. *Weiland*, par condicio creditorum, S. 167.

268 Dies dürfe nach *Bork*, AnwBl 2014, 513, 514 auf keinen Fall passieren, das widerspräche dem Gläubigergleichbehandlungsgrundsatz; a. A. *Roth*, DZWIR 2016, 113, 114.

269 Mit dieser Begründung wurde bereits ein Reformentwurf aus dem Jahr 2005/2006 (BT-Druck. 15/5092, S. 5) abgelehnt, da dieser zu einer Privilegierung von Gläubigern geführt hätte.

270 Siehe hierzu *Bork*, ZIP 2014, 797 ff.; *Bork/Veder*, Harmonisation of Transactions Avoidance Laws, S. 857, Questions 100.

sodass die Änderung des § 131 InsO auf die Beschlussempfehlung des Bundesrates sowie des Rechtsausschusses ausnahmslos gestrichen wurde.[271] Die Verkürzung des Anfechtungszeitraumes des § 133 InsO wurde allerdings übernommen. Die Regelungen traten am 5. April 2017 durch das Gesetz zur Verbesserung der Rechtssicherheit bei Anfechtungen nach der Insolvenzordnung und dem Anfechtungsgesetz in Kraft.

Anhand dieser Diskussion wird das Spannungsverhältnis von Grundsatzfragen des Insolvenzrechts, wie Rechtssicherheit und Vertrauensschutz, im Verhältnis zur Gläubigergleichbehandlung deutlich. Dabei treffen unterschiedliche Interessen aufeinander, die kaum ohne Einbußen auf der einen oder anderen Seite in Ausgleich zu bringen sind.[272] Der Gesetzgeber hat sich in dieser Reform vom Grundsatz der Gläubigergleichbehandlung als tragender Säule des Insolvenzrechts leiten lassen und sich auch im Rahmen der Anfechtung bewusst gegen Privilegierungen entschieden.

Die Reduzierung des Zeitraumes der Vorsatzanfechtung macht allerdings auch deutlich, dass die Gewährung einer Gläubigergleichbehandlung sinnvolle Grenzen haben muss und auch Vertrauensschutzaspekten Gewicht zukommt. Mithin ist es nicht immer sinnvoll, ausschließlich zugunsten der Gläubigergleichbehandlung zu entscheiden und diese als einzigen Gesichtspunkt zuzulassen.

3. Bewertung

Die historische Auswertung zeigt, dass der Grundsatz der Gläubigergleichbehandlung in Deutschland längst nicht von Beginn an im Insolvenzrecht in der heutigen Fassung verankert war und auch territorial keine einheitliche Entwicklung zu verzeichnen ist. Sowohl Gesamtvollstreckung als auch eine gleichmäßige Verteilung wurden zunächst nur vereinzelt in einigen Regionen durchgesetzt. Eine direkte Verbindung zum römischen Recht, das von Anfang an eine Gesamtvollstreckung vorsah, kann somit nicht hergestellt werden.

Nichtsdestotrotz entspricht es allgemeiner Ansicht, dass der Grundsatz seit jeher das tragende Prinzip des Insolvenzrechts bildet.[273] Diese Aussage bedarf zunächst aus historischer Perspektive einer Korrektur: Es waren stets Bemühungen erkennbar, eine gleichmäßige Gläubigerbefriedigung herbeizuführen

---

271 BR-Druck. 495/1/15, S. 5; BT-Druck. 18/11199, S. 11.

272 ähnlich *Zipperer*, NJW 2016, 750, 754.

273 BGHZ 41, 98, 101; 88, 147, 153; ZIP 2011, 824, 826; ZIP 2010, 1253, 1254; *Bork*, ZIP 2014, 797, 799; *Füßmann*, S. 27; *Guski*, Sittenwidrigkeit, S. 136 ff.; *Hanisch*, ZZP 90 (1997), 1, 7; *Thole*, Gläubigerschutz, S. 61; *Wiórek*, Gläubigergleichbehandlung, S. 73.

und die Einzelbefriedigung zu verhindern. Einen absoluten Charakter hatte der Grundsatz jedoch nie. Er war stets geprägt von politischen sowie gesellschaftlichen Gegebenheiten, und eine Konstante ist schwer erkennbar. Insbesondere die Befriedigungsreihenfolge variierte von Epoche zu Epoche und passte sich dem jeweiligen System an.

Der Erfolg bzw. der Stellenwert der Gläubigergleichbehandlung lässt sich jedoch ungeachtet aller äußeren Einflüsse anhand eines Faktors messen, nämlich an den Befriedigungschancen der einfachen Gläubiger. Denn es ist zu beobachten, dass diesem Aspekt – insbesondere in der Reform der Konkursordnung – eine entscheidende Rolle zukommt, indem immer wieder betont wird, dass die Quoten der einfachen Gläubiger verbessert werden müssen.[274] Dies ist wiederum davon abhängig, wie viel an Masse- und Aus- bzw. Absonderungsgläubiger abgeführt wird. Dabei entsteht ein Interessenkonflikt: während die einfachen Gläubiger daran interessiert sind, einen möglichst großen Masseanteil untereinander zu verteilen, steht es Aus- und Absonderungsberechtigten zu, ohne Rücksicht auf andere Gläubiger, befriedigt zu werden und damit die Masse der übrigen Gläubiger zu mindern; Massegläubiger sind ohnehin privilegiert. Einfache Gläubiger werden aus Sicht der Gläubigergleichbehandlung mithin als schutzbedürftig eingestuft, während Privilegierte eher als Störfaktoren identifiziert werden. In diesem Zusammenhang ist jedoch ebenfalls zu berücksichtigen, dass die Gläubigergleichbehandlung keine anderweitigen zivilrechtlichen Grundstrukturen – wie die des Kreditsicherungsrechts – außer Kraft setzen kann und soll. Durch diese Spannungen wird der Grundsatz unwillkürlich in seine Grenzen gewiesen.[275] Eine Abschaffung dinglicher Gläubiger kommt folglich weder in Betracht noch entspricht es der Intention des Gesetzgerbers.[276] Vielmehr soll das Defizit der einfachen Gläubiger mithilfe von Masseanreicherung insgesamt ausgeglichen werden. Klar ist somit, dass keine Gläubigergemeinschaft existiert, die in gleicher Art und Weise an einer gerechten Verteilung interessiert ist. Im Rahmen der Verteilung dient der Grundsatz nur den einfachen Gläubigern. Bedauerlicherweise hat die Reform und die Abschaffung der Privilegien kaum eine Verbesserung der Befriedigungsquote einfacher Gläubiger bewirkt, da

274 Allg. Begr. RegE InsO, BT-Druck. 12/2443, S. 81.

275 Siehe hierzu *Guski*, Sittenwidrigkeit, S. 132 ff.; a. A. *Dorndorf*, Kreditsicherungsrecht, S. 38.

276 Allg. Begr. RegE InsO, BT-Druck. 12/2443, S. 81.

diese weiterhin nur bei 4,1 % liegt.[277] Allerdings sind die Verfahrensabweisungen mangels Masse seit Einführung der InsO um 58,21 %, nämlich von 21.542 auf 9.002 Verfahren, zurückgegangen.[278] Die Abschaffung von Privilegien hat sich mithin an einer anderen Stelle als nützlich erwiesen und die grundlegende Voraussetzung für die Durchführung von Insolvenzverfahren geschaffen. Das Problem der geringen Befriedigungsquoten einfacher Gläubiger – und damit auch das niedrige Niveau der Gläubigergleichbehandlung – bleibt jedoch bestehen. Zur Verbesserung der Befriedigungschancen der einfachen Gläubiger muss somit weiterhin auf Mechanismen wie Masseanreicherung, Senkung der Verfahrenskosten und Insolvenzverwalterhonorare oder aber die Förderung von Sanierungen zurückgegriffen werden.

Auch wenn man anhand dieses einen Faktors eine Aussage über die (erfolgreiche) Durchsetzung der Gläubigergleichbehandlung treffen kann, stellt sich im Zuge des mäßigen Erfolges der Quotenerhöhung immer noch insgesamt die Frage nach dem Stellenwert des Grundsatzes im deutschen Insolvenzrecht.

§ 1 S. 1 InsO legt die gemeinschaftliche Gläubigerbefriedigung als Ziel des Insolvenzverfahrens fest. Gemeinschaftlich ist zwar nicht mit „gleichmäßig" gleichzusetzen, dennoch beinhaltet der Begriff eine Gesamtvollstreckung[279], die das Kernelement der Gläubigergleichbehandlung bildet. Diese gemeinschaftliche Befriedigung soll entweder durch Liquidation oder Sanierung verwirklicht werden. Umstritten ist, ob beide Mittel gleichwertig nebeneinanderstehen, oder ob nur nachrangig auf die Sanierung zurückzugreifen ist.[280] Anhand des Wortlautes und der Systematik von § 1 Abs. 1 InsO wird deutlich, dass der Gesetzgeber davon ausgeht, dass beide Mittel das Ziel gleichermaßen erreichen können. Es liegt jedoch in der Natur der Sache, dass eine Sanierung der Gläubigergleichbehandlung nicht gleichermaßen verpflichtet sein kann wie eine Liquidation.[281] Mithin sollte die Vorschrift dahingehend verstanden werden, dass

---

277 Pressemitteilung Nr. 113 des Statistischen Bundesamtes vom 28. März 2018 für im Jahr 2016 beendete Insolvenzverfahren: https://www.destatis.de/DE/Presse/Pressemitteilungen/2018/03/PD18_113_52431.html

278 Datenerhebung des Statistischen Bundesamtes Stand März 2020, Unternehmen und Arbeitsstätten, Insolvenzverfahren: https://www.destatis.de/DE/Themen/Branchen-Unternehmen/Unternehmen/Gewerbemeldungen-Insolvenzen/Publikationen/Downloads-Insolvenzen/insolvenzen-2020410201034.pdf?__blob=publicationFile

279 *Bork*, Einführung in das Insolvenzrecht, S. 1.

280 MünchKommInsO-*Ganter-Lohmann*, § 1, Rn. 85 m. w. N.

281 Siehe hierzu ausführlich *Paulus*, NZI 2015, 1001, 1004.

dasjenige Mittel zu wählen ist, welches zu einem optimalen Ergebnis für die gemeinschaftliche Befriedigung und Gläubigergleichbehandlung führt. Fraglich bleibt, warum die Überschrift des § 1 InsO von „Verfahrenszielen" spricht, wenn letztlich doch nur die gemeinschaftliche Gläubigerbefriedigung genannt wird. Dass dem Grundsatz jedoch als Ziel des gesamten Insolvenzverfahrens Gewicht zukommt, bestätigt auch der BGH in ständiger Rechtsprechung, indem die Gläubigergleichbehandlung als immanenter und allgegenwärtiger Grundsatz des Insolvenzverfahrens angesehen und in strittigen Fällen als Maßstab und Argumentationshilfe herangezogen wird.[282] Insgesamt ist das deutsche Recht trotz Ausnahmen eindeutig vom Gedanken einer gerechten und gleichmäßigen Verteilung geprägt, auch wenn eine gelungene Gläubigergleichbehandlung in Form von hohen Befriedigungsquoten bisher nicht realisiert werden konnte. Der Grundsatz bleibt somit ein Ideal.

Dass die Natur des Grundsatzes dennoch schwer zu fassen ist, bestätigt unter anderem die Diskussion um dessen dogmatische Einordnung und Begründung.[283] Hierbei reicht die Variationsbreite von der Ausgleichshaftungstheorie *Häsemeyers*[284] über § 1 S. 1 InsO[285], Art. 3 Abs. 1 GG[286] sowie Art. 14 Abs. 1 GG[287]. Diese Bandbreite an Begründungsversuchen zeigt auf, dass der Grundsatz viele unterschiedliche Facetten hat. Eine Anknüpfung an Art. 3 Abs. 1 GG (und das Grundgesetz im Allgemeinen) versucht intuitiv den der Regel innewohnenden Gerechtigkeits- und Billigkeitsaspekt zu erfassen, zumal dieser dem Zivilrecht grundsätzlich fremd ist. Dennoch hat die Gläubigergleichbehandlung auch eine öffentlich-rechtliche Komponente in Form von Billigkeit, gerechtem Ausgleich sowie einer Gleichbehandlung der Gläubiger, die sich als Chancengleichheit äußert. Zumal Grundrechte jedoch grundsätzlich Abwehrrechte gegen den Staat sind, passt eine vollständige Erklärung mithilfe von Grundrechten alleine nicht. Vielmehr kann man dieses insolvenzrechtliche Phänomen

---

282 BGH NJW-RR 2010, 558, 559, Rz. 13; BGH NJW-RR 2011, 988, 990, Rz. 17; BGH NJW 2010, 2125, 2126, Rz. 11; BGH ZIP 2009, 825, 828, Rz. 29; BGH NJW 2005, 3285, 3286.

283 Hierzu siehe *Hoffmann*, Gläubigergleichbehandlung, S. 193 ff.

284 *Häsemeyer*, KTS 1982, 509 ff.

285 BVerfG NZI 2006, 543, 454; BGH NJW 2005, 2015, 2016; NZI 2006, 457.

286 *Adam*, DZWIR 2009, 441 ff.; *Baur/Stürner*, Bd. II, Rn. 6.2; *Gassert-Schumacher*, Privilegien, S. 326.

287 *Bauer*, Ungleichbehandlung, S. 72 ff.; *Mocker*, S. 34; a. A. *Hoffmann*, Gläubigergleichbehandlung, S. 200.

und die Gerechtigkeitskomponente miteinander kombinieren, indem man den Grundsatz auf § 1 S. 1 InsO i. V. m. Art. 19 IV GG InsO stützt.[288]

V. Englisches Insolvenzrecht

1. Historie

a) Elisabethanisches und Viktorianisches Zeitalter

aa) Privatinsolvenzen

Das englische Insolvenzrecht unterschied von Beginn an zwischen der Insolvenz natürlicher Personen (*Bankruptcy*) sowie der von Kapitalgesellschaften (*Corporate Insolvency*).[289] Zuerst etablierte sich das *Bankruptcy Law*, Unternehmensinsolvenzen fanden erst im 19. Jahrhundert Einzug in das Rechtssystem.

Das *Common Law* des Mittelalters kannte kein eigenständiges Insolvenzrecht, dieser Rechtsbereich war vielmehr der Materie des Handelsrechts (*Law Merchants*) zugeordnet und auf Kaufleute beschränkt.[290] Das Handelsrecht orientierte sich wiederum in seiner Entwicklung an der römischen Tradition oberitalienischer Handelsstädte.[291] Gläubiger wurden im Falle der Unzulänglichkeit des Schuldnervermögens auf eine Abwicklung nach dem *first come, first served* Prinzip verwiesen.[292] Als Befriedigungsmasse stand ihnen entweder „der Schuldner selbst" oder aber dessen beschlagnahmten Vermögenswerte zur Verfügung.[293] Eine geordnete und gemeinsame Systematik zur Durchsetzung von Gläubigerrechten sowie ein Gesamtvollstreckungsverfahren gab es nicht.[294]

---

288 Ähnlich hierzu *Adam*, DZWIR 2009, 441, der die Gesamtvollstreckung auf Art. 20 Abs. 3 GG i. V. m. Art. 3 Abs. 1 GG stützen will; ähnlich auch *Mocker*, S. 34.

289 *Baur/Stürner*, Bd. II, Rn. 39.18; Cork-Report, S. 15; *Fletcher*, The Law of Insolvency, S. 6, 7; *Genske*, Gläubigerposition, S. 5; *Goode*, Principles, para. 1-01.

290 *Fletcher*, The Law of Insolvency, S. 8; *Gassert-Schumacher*, Privilegien, S. 257; *Genske*, Gläubigerposition, S. 7; Zur historischen Entwicklung des Insolvenzrechts vor 1571 ausführlich *Helmholz*, Mo. L. Rev. Vol. 48 (1983), 415–429.

291 *Holdsworth*, History of English Law, Vol. VIII, S. 229, 230; *Keay/Walton*, Insolvency Law, S. 7; *Lester*, Victorian Insolvency, S. 14; *Omar*, I.C.C.L.R. 2008, p. 136; Ausführlich zur Entwicklung der Oberitalienischen Handelsstädte siehe Abschnitt B, II.

292 *Genske*, Gläubigerposition, S. 7; *Goode*, Principles, para. 1-10; Kindler/Nachmann-*Schillig*, 2. Teil, Länderberichte, England und Wales, Rn. 3; *Willems*, Actio Pauliana, mit weiteren Nachweisen, S. 100 ff.

293 *Cork* Report, S. 15, para. 31; Kindler/Nachmann-*Schillig*, 2. Teil Länderberichte, England und Wales, Rn. 3.

294 *Finch/Milman*, Corporate Insolvency, S. 9 ff.

Folge dessen war eine Gläubigerkonkurrenz, um die Befriedigung der eigenen Forderung. In Anlehnung an das römische System wurde die Zahlungsunfähigkeit eines Schuldners einzig und allein auf dessen persönliche Schuld zurückgeführt. Demnach verfolgte das Verfahren einen ausschließlich pönalen Zweck[295] und war darauf ausgerichtet, Betrug seitens des Schuldners zu bekämpfen[296] sowie dessen Flucht über die Staatsgrenze zu verhindern[297].

Die erste Kodifikation des Insolvenzrechts erfolgte im Jahre 1542 mit dem *Bankruptcy Statute*.[298] Dieser Gesetzgebungsakt richtete sich an jedermann und veränderte die Gläubigersituation grundlegend. Das Vermögen flüchtiger Schuldner unterlag nunmehr einem Insolvenzverfahren, das nicht nur eine Gesamtvollstreckung in das Vermögen anordnete, sondern den Grundsatz der Gläubigergleichbehandlung zudem ausdrücklich im Gesetzestext verankerte:

> *„to every one of the said creditors, a portion rate and rate alike, according to the quantity of their debts.“*[299]

Damit wurde zusätzlich eine *pro portione* Verteilungsgleichheit innerhalb der ungesicherten Gläubiger etabliert, welche eine Privilegierung geschickter Gläubiger verhindern und eine gleichmäßige Verteilung gewährleisten sollte.[300] Allerdings galt der Grundsatz nur im Rahmen der Liquidation.[301] Das *Pari Passu Principle* war ab diesem Zeitpunkt ein unentbehrliches Element sowie tragender Gesichtspunkt des englischen Insolvenzrechts.[302]

Die Einzelzwangsvollstreckung sowie private Verhandlungen mit dem Schuldner zugunsten eines Gläubigers waren zunächst auf unbestimmte Zeit untersagt.[303] Aus- und absonderungsberechtigte Gläubiger (*secured creditors*) wurden

---

295 *Eckstein*, Konkursrecht, S. 2; *Finch/Milman*, Corporate Insolvency, S. 9 ff.; *Lester*, Victorian Insolvency, S. 14; Westbrook/Jasnow-*Tomlison*, Security for Debt, S. 11.

296 *Lester*, Victorian Insolvency, S. 15.

297 Faber/Vermunt/Kilborn/Richter-*McCormack*, Commencement of Insolvency Proceedings, para. 8.1.

298 „An Act Angainst such Persons as Do make Bankrupts“, 34 & 35 Henry VIII, c. 4 (1542).

299 *Finch/Milman*, Corporate Insolvency, S. 9 ff.; *Gassert-Schumacher*, Privilegien, S. 258; *Pluta*, Insolvenzaufrechnung, S. 126.

300 *Keay/Walton*, Insolvency Law, S. 8.

301 *Pluta*, Insolvenzaufrechnung, S. 126.

302 *Fletcher*, The Law of Insolvency, para. 1-017; *Goode*, Principles, para. 1-10; *Kodek*, KTS 2014, 215, 227; Faber/Vermunt/Kilborn/Richter-*McCormack*, Commencement of Insolvency Proceedings, para. 8.1.

303 *Jones*, Foundations of English Bankruptcy Vol. 66, Part 3, 5, 16.

gar nicht erst in das Insolvenzverfahren einbezogen und waren davon nicht betroffen.[304] Auffällig ist, dass das Gesetz selbst keine materiellen Einschränkungen in Form von Vorrechten und Privilegien vorsah.[305] Allerdings war die britische Krone nicht an den *Bankruptcy Act* von 1542 gebunden, sodass ihr bei der Verteilung des Schuldnervermögens uneingeschränkte Macht zustand.[306] Dies führte dazu, dass der Grundsatz flexibel zugunsten Interessen jeglicher Art – die der Krone oder aber auch anderer Gläubigergruppen – außer Kraft gesetzt werden konnte. Eine derartige Vormachtstellung ist letztlich sowohl mit einem Vorrecht des Staates auf vorzugsweise Befriedigung sowie einer zusätzlichen willkürlichen Prioritätenreihenfolge vergleichbar und reduziert den Anwendungsbereich des Grundsatzes erheblich. Insgesamt behandelte der *Bankruptcy Act 1542* thematisch lediglich das betrügerische Schuldnerverhalten Gläubigern gegenüber, sodass nur ein Teilaspekt des Insolvenzrechts geregelt wurde.[307]

Anschließend wurden unter Elizabeth I. im Jahre 1571 zwei umfassende Insolvenzgesetze verabschiedet. Während der *Fraudulent Conveyance Act*[308] den Vorläufer der Insolvenzanfechtung bildete und unlautere Vermögensverschiebungen zu unterbinden versuchte, beschäftigte sich der *Bankruptcy Act*[309] mit Privatinsolvenzen einheimischer Kaufleute im Allgemeinen.[310] Der Grundsatz der Gläubigergleichbehandlung blieb unverändert unter dem Kronenvorbehalt bestehen, Sicherheiten an Ländereien wurden vom *Bankruptcy Act* nicht erfasst, sodass diese Gläubiger im Wege der Einzelzwangsvollstreckung gegen den Schuldner vorgehen konnten.[311] Dass dies grundsätzlich jedoch nicht möglich sein soll, bestätigt der von *Lord Coke* übermittelte „Case of Bankrupts“ (*Smith v. Mills)* aus dem Jahre 1589.[312] In der Sache ging es um die Rechtmäßigkeit einer

304 *Gassert-Schumacher*, Privilegien, S. 258.

305 *Symes*, Statutory Priorities, S. 18, Fn. 8.

306 *Keay/Walton*, C.i.f.L.R. 1999, 84, 86, 87: Eine ausdrückliche Bindung vollzog sich erst durch den Bankruptcy Act 1883 in s. 150.

307 Cork-Report, S. 15, Rn. 31; *Genske*, Gläubigerposition, S. 8; *Goode*, Principles, para. 1-10; *Levinthal*, U. Pa. L. Rev. Vol. 67 (1919), 1; *Richard*, Das englische Konkursrecht, S. 3.

308 13 Elizabeth 1, c. 5.

309 13 Elizabeth 1, c. 7.

310 *Burton*, Credit and Consumer Society, S. 118; Cranshaw/Hinkel-*Stempfle*, Rn. 54; *Duffy*, The American Journal of Legal History Vol. 24 (1980), 283, 284; *Levinthal*, U. Pa. L. Rev. Vol. 67 (1919), 1, 16; *Tabb*, Law of Bankruptcy, § 1.6, lit. a; *Willems*, Actio Pauliana, S. 123 ff. m. w. N.

311 Siehe *Willems*, Actio Pauliana, S. 129 m. w. N.

312 *Sheppard*, Writings and Speeches of Coke, S. 45–49; *Thole*, Gläubigerschutz, S. 108.

Schenkung im Verhältnis von Schuldner zu Gläubiger nach Insolvenzeintritt. Diese wurde von *Chief Justice Wray* abgelehnt, zumal eine solche vorzugsweise Befriedigung eines einzelnen Gläubigers der gleichmäßigen Gläubigerbefriedigung zuwiderlaufen würde. Aus dem Aspekt der Fairness heraus sei es nicht tragbar, dem Schuldner nach der Bankrottherbeiführung - welche als allein dessen Fehlverhalten gewertet wurde - noch die Möglichkeit zu eröffnen, sein Vermögen Gläubigern willkürlich zu verteilen und so die *pro rata* Gerechtigkeit zu umgehen.[313] Das Urteil stellt damit klar, dass eine neutrale, gerechte Verteilung der Vermögenswerte innerhalb der Gläubigergemeinschaft hergestellt werden sollte. Zudem stand erneut die Sanktion des Schuldners infolge der Insolvenzherbeiführung im Fokus. Im Rahmen der Verteilung des Schuldnervermögens hat sich die Krone auf dieser Grundlage die Hälfte der Verteilungserlöse zugesprochen, sodass lediglich 50 % der Vermögensmasse tatsächlich für die Befriedigung der ungesicherten Gläubiger zur Verfügung stand.[314] In diesem Zusammenhang thematisierte hingegen niemand den Fairnessgedanken, sodass die Gläubigergleichbehandlung wegen der Vormachtstellung der Krone in einer monarchischen Herrschaft nicht zur Geltung kam.

Im späteren historischen Verlauf wurde der Anwendungsbereich des *Fradulent Conveyances Act* durch *Lord Mansfield (Chief Justice of the King's Bench)* erweitert. Auch unlauteres Gläubigerverhalten, welches darauf abzielte, eine Bevorzugung bei der Vermögensverteilung zu erwirken, wurde erfasst und als Verstoß gegen die Gläubigergleichbehandlung gewertet.[315] Der Schutzbereich des Grundsatzes wurde damit ausgedehnt und war nicht mehr alleine dem Verantwortungsbereich des Schuldners zuzuordnen. Neu war auch, dass die Insolvenz des Schuldners nicht an den objektiven Eintritt der Zahlungsfähigkeit, sondern an eine konkrete Bankrotthandlung geknüpft war.[316] *Lord Mansfields* Entscheidung im Fall *Worsley v. Demattos*[317] ist es zu verdanken, dass auch der Zeitraum vor dieser Bankrotthandlung vor betrügerischen Vermögensverschiebungen geschützt wurde, indem die unrechtmäßig erlangten Vermögenswerte

---

313 *Sheppard*, Writings and Speeches of Coke, S. 47, Rn. 26b: „*It would be unequal and unconscionable, and a great defect in law, if, after he hath utterly discredited himself by becoming a bankrupt, the law should credit him to make distrubution of his good who pleased...*".

314 *Countryman*, Van. L. Rev. Vol. 38 (1985), 713, 714; *Thole*, Gläubigerschutz, S. 105; *Willems*, Actio Pauliana, S. 141, m. w. N.

315 *Goode*, Principles, para. 1-10; *Thole* Gläubigerschutz, S. 226.

316 *Eckstein*, Konkursrecht, S. 2 m. w. N.; *Richard*, Das englische Konkursrecht, S. 8.

317 (1758) 1 Burr 467; 97 ER 407.

wieder an die Masse zurückgeführt werden mussten.[318] Dies sei nach *Lord Mansfield* zwingend notwendig, um dem Hauptziel eines Insolvenzverfahrens – der Gläubigergleichbehandlung i. S. e. gleichmäßigen Verteilung – gerecht zu werden.[319] Auch hier zeigt sich, dass die anfechtungsähnlichen Vorschriften der Durchsetzung der Gläubigergleichbehandlung dienten und eng mit dem Grundsatz verknüpft waren.

Durchbrechungen des Gläubigergleichbehandlungsgrundsatzes wurden in gesetzlicher Form erstmals im *Bankruptcy Act 1825*, s. 48, festgehalten. Die Verteilungsordnung sah nunmehr vor, dass Arbeitnehmer (*servants and clerks*) vor den ungesicherten Gläubigern zu befriedigen waren.[320] Erstmals durften sich die Gläubiger auch ohne gerichtliche Hilfe in einem formalisierten Verfahren untereinander einigen, wie das Vermögen des Schuldners zu verteilen ist.[321] Kurze Zeit später implementierte der *Bankruptcy Act 1849* die ohnehin in der Vergangenheit vollzogenen Vorrechte der Krone in den Gesetzestext, s. 32. Allerdings war die Sonderstellung der Monarchen nunmehr sowohl in zeitlicher als auch sachlicher Hinsicht beschränkt. Nur festgesetzte Steuerschulden (*assesed duties*) der letzten 12 Monate genossen Vorrang vor den ungesicherten Gläubigern.[322] Der *Bankruptcy Act 1869* fasste diese Entwicklungen zusammen und stellte erstmals ein Gesamtsystem an Privilegien auf.[323]

bb) Unternehmensinsolvenzen

Regelungen zur Abwicklung von Unternehmensinsolvenzen etablierten sich durch den *Joint Stock Companies Winding Up Act 1844*. Damit war ein Gleichlauf zu den bereits existierenden Normen zur Durchführung von Privatinsolvenzen hergestellt, da es Gläubigern im Insolvenzfall in gleicher Art und Weise möglich war, gegen zahlungsunfähige Gesellschaften vorzugehen.[324] Die Rechtsprechung bekräftigte diese Entwicklung mit dem *Salomon v Salomon & Co. Ltd*[325] Urteil

---

318 *Walters*, Preferences in „Vulnerable Transactions", S. 127, para. 4.10.

319 *Keay/Walton*, C.i.f.L.R. 1999, 84, 93.

320 *Keay/Walton*, C.i.f.L.R. 1999, 84, 90; *Symes*, Statutory Priorities, S. 19.

321 *Treiman*, S. 217, 218.

322 *Keay/Walton*, C.i.f.L.R. 1999, 84, 87.

323 *Goode*, Principles, para. 1-10, S. 11.

324 *Finch/Milman*, Corporate Insolvency, S. 11; Kindler/Nachmann-*Schillig*, 2. Teil, Länderberichte, England und Wales, Rn. 7.

325 *Salomon v. A. Salomon Co. Ltd.* [1897] AC 22.

des *House of Lords*, das einer ordnungsgemäß gegründeten Gesellschaft Rechtspersönlichkeit zusprach.[326]

Mit Einführung des *Companies Act 1862* wurde der Grundsatz der Gläubigergleichbehandlung im Rahmen der Liquidation auch auf Insolvenzen von Kapitalgesellschaften ausgedehnt.[327] So galt im Insolvenzfall ein Verbot der Einzelzwangsvollstreckung einzelner Gläubigerforderungen und Prozessen gegenüber der Gesellschaft, das Schuldnervermögen sollte *pro rata* unter den (ungesicherten) Gläubigern verteilt werden.[328] Allerdings blieb auch hier die Gefahr der Aushöhlung des Grundsatzes infolge der Macht der Krone sowie den zahlreichen gesicherten Gläubiger weiter bestehen, sodass der Grundsatz infolge vollständiger Vorabbefriedigungen der Monarchen und den *secured creditors* für ungesicherte Gläubiger kaum zum Tragen kam.[329] Die Situation der ungesicherten Gläubiger wurde durch die Anerkennung der *floating charge* als Sicherungsmittel zusätzlich erschwert.[330] Denn die *floating charge* war ein Sicherungsmittel, welches nicht auf einen konkreten Gegenstand des Gesellschaftsvermögens beschränkt war, sondern alle (künftigen) beweglichen sowie unbeweglichen Gegenstände erfassen konnte.[331] Dadurch sollte dem zunehmenden Kreditererfordernis der Parteien Rechnung getragen werden.[332] Erst mit der sogenannten *crystallisation* konkretisierte sich die Sicherheit auf den vereinbarten aktuellen Bestand des Gesellschaftsvermögens in Form einer *fixed charge*.[333] Eine Besonderheit der *floating charge* war zudem, dass diese Vermögensgegenstände umfasste, die *fixed charges* nicht als Sicherheit heranziehen konnten.[334] Obwohl dies die wirtschaftliche Stellung kapitalsuchender Unternehmen verbesserte, stand ungesicherten Gläubigern dadurch noch weniger Vermögensmasse zur Verfügung und minimierte damit ihre ohnehin geringen Befriedigungschancen. Der *equity*-Gedanke beschränkte sich somit ausschließlich auf die Interessen der

---

326 *Genske*, Gläubigerposition, S. 11.

327 *Goode*, Principles, para. 1-09; *Keay/Walton*, C.i.f.L.R. 1999, 84, 88; *Pluta*, Insolvenzaufrechnung, S. 126.

328 s. 87, 163, 133.

329 Court of Appeal *Re Henley & Co.* (1878) 9 Ch D 469.

330 *Re Panama, New Zealand, and Australian Royal Mail Company* [1870] 5 Ch App 318.

331 Ausführlich hierzu *Brambosch*, Floating Charge, S. 42 ff.; Münch-Komm/*Schlegel*, Bd. 3, England and Wales, 3.2.2.2, Rn. 19.

332 Ausführlich zur Geschichte der Floating Charge *ter Meulen*, Floating Charge, S. 27 ff.; *Brambosch*, Floating Charge, S. 32.

333 Cranshaw/Hinkel-*Stempfle*, Rn. 91; *Wenckstein*, RabelsZ 56 (1992), 624, 630.

334 *Brambosch*, Floating Charge, S. 33; *Müller-Seils*, S. 41.

Vertragsparteien und ließ die ungesicherten Gläubiger im Insolvenzfall sowie eine etwaige Gläubigergleichbehandlung unberücksichtigt.

Die strikte Unterteilung in Unternehmens- und Privatinsolvenzen wurde zumindest mit Einführung des *Judicature Act 1875*, s. 10, aufgehoben, indem die Verteilungsordnung des *Bankruptcy Law* auch auf Unternehmensliquidationen übertragbar war.[335] Zudem wurden Common Law sowie die *equity*-Rechtssachen nunmehr vor einem Gericht verhandelt und mussten nicht mehr in unterschiedlichen Instanzen verfolgt werden.[336] Dadurch wurde nicht nur eine homogenere Gesamtstruktur für das Insolvenzrecht geschaffen, sondern auch ein einheitlicher Maßstab für die Ausnahmen der Gläubigergleichbehandlung bei der Verteilung zugrunde gelegt.

b) Rechtslage vor Einführung des Insolvency Acts 1986 und Enterprise Acts 2002

In s. 33 (2), (7) des *Bankruptcy Act 1914* war die Gläubigergleichbehandlung (*pari passi principle*) ausdrücklich geregelt. Danach sollten Forderungen untereinander gleichrangig und in voller Höhe beglichen werden, es sei denn, das Vermögen des Gemeinschuldners reichte nicht aus, um sie zu erfüllen; in diesem Fall sollten sie zu gleichen Teilen untereinander erlöschen. Alle angemeldeten Forderungen waren gleichrangig zu behandeln. Damit meinte die Norm erneut eine gläubigergruppeninterne und keine absolute Gleichbehandlung von Gläubigergruppen.[337]

Die Befriedigungsreihenfolge i. S. d. s. 33 (1) *Bankruptcy Act 1914* stellte sich wie folgt dar: *Secured creditors* wurden grundsätzlich isoliert befriedigt und waren damit nicht vom Grundsatz erfasst.[338] Innerhalb der Befriedigungsreihenfolge nahmen Masseverbindlichkeiten den ersten Rang ein. Deren interne Befriedigungsreihenfolge war wiederum in den *Bankruptcy Rules 1952* geregelt.[339] Anschließend wurden die *pre-preferential debts, preferential debts* sowie

---

335 Diese Entwicklung blieb auch in Zukunft erhalten, *Baur/Stürner*, Bd. II, Rn. 39. 38; *Gassert-Schumacher*, Privilegien, S. 298 zur aktuellen Rechtslage; *Keay/Walton*, C.i.f.L.R. 1999, 84, 88.

336 *Brambosch*, Floating Charge, S. 37.

337 Der *Companies Act 1948* spricht im Zusammenhang mit der Verteilung des Gesellschaftsvermögens in s. 302 ausdrücklich vom *Pari Passu Principle*.

338 *Goode*, RabelsZ 1980, 674, 676; Ausführlich zur Befriedigungsreihenfolge *Richard*, Das englische Konkursrecht, S. 182 ff.

339 Cork-Report, S. 202; *Richard*, Das englische Konkursrecht, S. 183.

ordinary debts beglichen. Rangletzte waren *postponed debts.* Zu den bevorrechtigten Forderungen zählten Gebühren und Steuern sowie Arbeitnehmerlöhne und -gehälter. Derartige Privilegierungen galten zwar grundsätzlich als Verstoß gegen die Gläubigergleichbehandlung, wurde aber mit den Argumenten der *fairness* und *equity* Gedanken aufrechterhalten.[340]

Zum Schutze der Insolvenzmasse wurde in s. 40 die Einzelzwangsvollstreckung einzelner Gläubiger nach Eintritt der Insolvenz des Schuldners verboten, um so Chancengleichheit innerhalb der Gläubigergemeinschaft zu gewährleisten und einen Wettlauf der Gläubiger zu verhindern.[341] Eine Parallelregelung findet sich in s. 325 *Companies Act 1948* für Gesellschaftsinsolvenzen.

Auch wenn die Gläubigergleichbehandlung zahlreiche Ausnahmen erfuhr, so war der Grundsatz Teil von Grundsatzentscheidungen wie dem *British-Eagle-Urteil* des *House of Lords*[342]. In der Sache ging es um die Zulässigkeit einer vertraglichen Rangrücktrittserklärung zulasten Dritter und deren Vereinbarkeit mit dem *Pari Passu Pinciple* in s. 302 *Companies Act 1948.* Das *House of Lords* verneinte dies aufgrund eines Verstoßes gegen den Grundsatz und betonte dabei, dass es Gläubigern nicht erlaubt sei, eine bessere Befriedigungsposition mittels vertraglicher Vereinbarungen zu erwirken. Dies sei ebenso ein Verstoß gegen die *public policy.*[343] Damit wurde klargestellt, dass das *Pari Passu Principle* zwingender und nicht dispositiver Natur ist, um so das vorhandene System vor Missbrauch zu schützen und zumindest eine Gleichbehandlung innerhalb der Gläubigergruppen zu sichern.[344] In seinem Charakter beschrieb *Lord Morris* den Grundsatz als „*rule of fairness*".[345]

2. Aktuelle Rechtslage

Die weltweite Wirtschaftskrise zu Beginn der 70-er Jahre zog zahlreiche Insolvenzen nach sich, sodass die Schwächen des *Bankruptcy Acts 1914* sowie des

---

340 *Hoffmann*, Gläubigergleichbehandlung, S. 206; *Gassert-Schumacher*, Privilegien, S. 289.

341 Dies war im *Bankruptcy Act 1883* vorgesehen.

342 *British Eagel International Air Lines Ltd v. Compagnie Nationale Air France* (1975) WLR Vol. 758 (HL).

343 *Waren/Eliott*, Banking Litigation, S. 296, Rn. 7-013.

344 Kritisch und m. N. hierzu *Mokal*, Corporate Insolvency Law, S. 109 ff.

345 *British Eagel Internatinoal Air Lines Ltd v. Compagnie Nationale Air France* (1975) WLR Vol. 758 (HL).

Companys Acts 1948 besonders ins Gewicht fielen.[346] Die Existenz etlicher Sicherungs- und Konkursvorrechte hatte zur Folge, dass ungesicherte Gläubiger oftmals nicht einmal mit einer geringen Quote im Verfahren berücksichtigt werden konnten und leer ausgingen.[347] Infolgedessen musste das geltende System reformiert werden. Hierzu verfasste das Komitee um *Sir Kenneth Cork* einen Gesetzesvorschlag, der insbesondere die Wiederherstellung einer gleichmäßigen Gläubigerbefriedigung zum Ziel hatte.[348] Dabei stand insbesondere die Verbesserung der Masseanreicherung im Vordergrund, um so wieder mehr Befriedigungsmöglichkeiten für ungesicherte Gläubiger zu schaffen. Dingliche Sicherheiten sollten in ihrer Existenz hingegen unangetastet bleiben.[349] Der Report bewertete die Entwicklung des *Pari Passu Principle* als derart zerrüttet, dass er nur noch als eine theoretische Doktrin ohne Praxisbezug in Erscheinung trat.[350] Von der Wiederherstellung des Grundsatzes versprach man sich folglich die Verbesserung des gesamten Insolvenzsystems.[351] Wie auch in Deutschland fungierte das Prinzip der Gläubigergleichbehandlung als Hoffnungsträger einer Reform. Der Gesetzgeber erließ nach einer zeitlichen Zäsur den *Insolvency Act 1986*, der die Nachteile seiner Vorgänger zu korrigieren versuchte.

a) Insolvency Act 1986

Die erste grundlegende Änderung auf Grundlage des Cork Reports war der Zusammenschluss von Privat- und Unternehmensinsolvenzen im *Insolvency Act 1986*.[352] Zudem wurde erstmals eine Sanierung in Form einer *administration* und eines *corporate voluntary arrangement* ermöglicht, um so den Erhalt von Unternehmen zu sichern.[353] Damit wurde ein weiteres, vorrangiges Ziel für ein modernes Insolvenzrecht etabliert, das auch vom Cork Report gefordert wurde und erste Schritte in Richtung *rescue culture* unternommen.[354] Der *Insolvency*

---

346 *Baur/Stürner*, Bd. II, Rn. 39, 18; *Gassert-Schumacher*, Privilegien, S. 256; *Goode*, RabelsZ 1980, 674, 705 ff.; Kindler/Nachmann-*Schillig*, 2. Teil, Länderberichte, England und Wales, Rn. 8.

347 Cork-Report, S. 61, para. 233; *Fletcher*, Bankruptcy, S. 262; *Milman*, Com. L. 1987, 61; *Müller-Seils*, S. 42; *Richard*, Das englische Konkursrecht, S. 183.

348 *Fletcher*, S. 15; *Gassert-Schumacher*, Privilegien, S. 257.

349 Cork-Report, S. 335, para. 1481 mit Bezug und w.N. zum *Salomon v. Salomon* Urteil.

350 Cork-Report, S. 61, para. 233.

351 Cork-Report, S. 317, para. 1396.

352 *Wood*, Principles, para. 1-033.

353 *McBryde/Flessner/Kortmann*, Principles, S. 205.

354 *Armour/Hsu/Walters*, ECFR 2008, 149, 150.

Act 1986 (*IA*) kannte kein Einheitsverfahren, sondern bot den Gläubigern vier verschiedene Hilfsmittel in der Insolvenz an: *Administrative Receivership*, *Administration* (Sanierung), *Windig-up* (Liquidation) sowie unterschiedliche Vereinbarungsmöglichkeiten zwischen Gläubiger und Schuldner (*Compromises, Compositions, Arrangements*).[355]

Das *Pari Passu Principle* ist dabei in s. 107 IA (*Voluntary Winding-Up*), s. 328 (3) IA (*Bankruptcy*), Sch. B1 IA (*Administration*) und r. 4.181 IR (*Compulsory Windig-Up*) ausdrücklich geregelt und sichert Gläubigern bei der Verteilung eine gleichmäßige Befriedigung innerhalb ihrer Gläubigergruppe. Die *secured creditors* (solche mit einer *fixed* oder *floating charge*) sind von dieser Regelung ausgenommen, zumal der Sicherungsgegenstand nicht Bestandteil der Masse ist, sodass lediglich die ungesicherten Gläubiger vom Grundsatz werden erfasst.[356] Dazu gehören die *ordinary, postponed creditors* sowie auch die Zinsforderungen.[357] Allerdings sind die *secured creditors* verpflichtet den Überschuss ihres Erlöses an die Masse und damit zugunsten der Gläubigergesamtheit sowie -Gleichbehandlung zurückzuführen.

Der *Insolvency Act* ist den Optimierungsbemühungen des Cork Reports der Gläubigergleichbehandlung kaum nachgekommen. Dieser sah eine drastische Reduzierung von Vorrechten, die Errichtung einer Sondermasse aus dem Befriedigungserlös der *floating charge* von 10 % zur Befriedigung ungesicherter Insolvenzgläubiger sowie die Abschaffung der *fixed charges* über künftiges Vermögen vor.[358] Letztlich wurden die Vorrechte zahlenmäßig zwar reduziert, jedoch nicht in dem geforderten Umfang, s. 386.[359] Die restlichen Vorschläge blieben (vorerst) ohne Erfolg.[360]

Die Tatsache, dass Sicherungsgläubiger eine absolute Sonderstellung einnehmen und unabhängig von allen anderen befriedigt werden, wird nicht als

355 Cranshaw/Hinkel-*Stempfle*, Rn. 8 ff.; *Thole*, Gläubigerschutz, S. 224.

356 Wer als *secured creditor* gilt, definiert s. 248, während s. 283 bestimmt, was zur Insolvenzmasse gehört. Trotz der Definition bestehen Schwierigkeiten bei der Einordnung eines Gläubigers als *secured creditor*, siehe Gassert-Schumacher, Privilegien, S. 276 m. w. N.

357 Zur Verteilungsordnung: *McBryde/Flessner/Kortmann*, Principles, S. 215 ff.; *Fletcher*, Rn. 10-001 ff.; *Goldfrey*, IILR 2014, 405, 407; *Kodek*, KTS 2014, 215, 228.

358 Cork-Report, S. 347, paras. 1538 ff.; S. 358, para. 1586; S. 317, para. 1396 ff.

359 *Milman*, Comp. L. Vol. 8 (1987), 61; *Keay/Walton*, C.i.f.L.R. 1999, 84, 94 ff.; *Müller-Seils*, S. 46.

360 Die Befriedigungsmasse von 10 % wurde mit Einführung des *Enterprise Acts 2002* realisiert.

Durchbrechung oder Ausnahme des *Pari Passu Principle* angesehen.[361] Der Anwendungsbereich des Grundsatzes beschränkt sich mithin eindeutig und unmissverständlich auf die ungesicherten Gläubiger. Dies bestätigte auch der Cork Report, indem er die Existenz und Vorrangstellung dinglicher Sicherheiten in der Insolvenz grundsätzlich nicht in Frage stellte.[362] Vielmehr sei die Bestellung eines derartigen Rechts Ausdruck der allgemeinen Vertragsfreiheit und damit nicht Sache des Insolvenzrechts. Mithin setzt sich die gesetzliche Befriedigungsrangfolge aus den Verfahrenskosten, bevorrechtigen Forderungen (*preferential debts*)[363], einfachen Forderungen (*ordinary debts*), Zins- sowie nachrangigen Forderungen (*postponed debts*) zusammen.[364] Die *floating charge* nimmt eine Sonderstellung ein und wird zwischen den bevorrechtigten und einfachen Gläubigern befriedigt. Das Prinzip der gleichmäßigen Gläubigerbefriedigung gilt innerhalb jeder einzelnen Gruppe isoliert, auch innerhalb der *preferential debts*, s. 175 (1), 328 (1) IA. Die gesetzlichen Privilegierungen bestimmter Gläubiger werden – wie auch in anderen nationalen Rechtsordnungen – mit dem Argument der Schutzbedürftigkeit begründet.[365] Diese Schutzbedürftigkeit resultiert insbesondere aus dem sozialen Stellenwert der dinglichen Sicherheit oder aber aus der Unmöglichkeit eine solche zu erhalten.[366]

Die Frage nach der Vereinbarkeit von vertraglichen Rangrücktrittserklärungen mit dem *Pari Passu Principle* beschäftigte die Gerichte auch unter Geltung des *Insolvency Act 1986* im Urteil *Re Maxwell Communications Corporation plc (No. 2)*.[367] Das Gericht ging der Rechtsfrage nach, ob auch Rangrücktrittserklärungen mit dem *Pari Passu* vereinbar sind, die die eigene Befriedigungsposition im Rang verschlechtern und nicht verbessern.[368] *Judge Vinelott* wertete dies nicht als Widerspruch zur Gläubigergleichbehandlung, zumal dies die übrigen

---

361 *Gassert-Schumacher*, Privilegien, S. 281; Kindler/Nachmann-*Schillig*, 2. Teil, Länderberichte, England und Wales, Rn. 488.

362 Cork-Report, S. 335, para. 1481 mit Bezug und w. N. zum *Salomon v. Salomon* Urteil.

363 Hierzu zählen nach s. 386 des *Insolvency Acts 1986* i.V.m. Schedule 6 die Arbeitnehmer.

364 Für Unternehmensinsolvenzen: s. 107, 115, 175, 386 *Insolvency Act 1986*, r. 4.181 *Insolvency Rules*; für Privatinsolvenzen: s. 328, 386 Insolvency Act 1986, r. 6224 *Insolvency Rules*.

365 Siehe hierzu Cork-Report, S. 317 ff.; *Gassert-Schumacher*, Privilegien, S. 289.

366 So *Garrido*, IIR 1995, 25, 44.

367 *Re Maxwell Communications Corporation plc (No. 2)* [1993] 1 WLR 1402; [1993] B.C.C. 369.

368 Vorliegend sollte die Partei nach vollständiger Befriedigung der ungesicherten Gläubiger zum Zuge kommen.

Gläubiger weder benachteiligte noch in ihrer Rechtsausübung beschränke. Jedem Gläubiger stünde ein Recht auf Verzicht des Ranges zu.[369] Dadurch wird zwar deutlich, dass die Befriedigungsordnung für die Parteien disponibel ist. Diese Lösung scheint jedoch insbesondere aus Gläubigerschutzsicht vertretbar. Bei fehlender Schutzwürdigkeit ist der Privatautonomie den Vorrang zu gewähren, zumal eine stumpfe Anwendung des *Pari Passu* ins Leere gehen würde und zudem sogar eine Quotenreduzierung der anderen Gläubiger zur Folge hätte.

b) Enterprise Act 2002

Eine entscheidende Wende der insolvenzrechtlichen Gesetzgebung brachte die Einführung des *Enterprise Act* im Jahre 2002. Die bereits mit dem *Insolvency Act 1986* etablierte *Rescue Culture* verdrängte das Ziel der Liquidation und damit auch gegebenenfalls das der Gläubigergleichbehandlung.[370] Dies bestätigt zumindest die Neufassung der stufenweisen Zielsetzung im *administration* Verfahren, die den *administrator* vorranging dazu verpflichtet, die Unternehmensrettung zu gewährleisten. Erst, wenn dies nicht zu realisieren ist, soll die bestmögliche Gläubigerbefriedigung – mit einem besseren Ergebnis als der Liquidation – anstrebt werden.[371] Somit verlor der *Act* die Förderung der Gläubigergleichbehandlung nicht aus den Augen. Dies wird insbesondere auch dadurch deutlich, dass das *administrative receivership* abgeschafft wurde.[372] Es handelt sich hierbei um ein Verfahren, das ausschließlich der Befriedigung gesicherter Gläubiger einer *floating charge* dient, keine Gesamtvollstreckung vorsieht und sanierungsfeindlich ist.[373] Der *administrative receiver* ist lediglich den *floating charge* Gläubigern gegenüber verpflichtet und vertritt nicht die Interessen der

369 *Re Maxwell Communications Corporation plc (No. 2)* [1993] 1 WLR 1402, 1411, 1412; [1993] B.C.C. 369, 375; Kritisch hierzu insgesamt *Mokal*, Corporate Insolvency Law, S. 114.

370 *Klockenbrink*, Die Gläubigerstellung, S 56; *Müller-Seils*, S. 21; MünchKommInsO-*Schlegel*, Bd. 3, Länderberichte, England und Wales, Rn. 40.

371 Siehe Schedule 16 *Enterprise Act 2002*, Schedule B1 *Insolvency Act 1986*, paragraph 3 (1) (b).

372 *Ehricke/Köster/Müller-Seils*, NZI 2003, 409, 410; Kindler/Nachmann-*Schillig*, 2. Teil, Länderberichte, England und Wales, Rn. 11; McBryde/Flessner/Kortmann-*Stevens*, Principles, S. 200.

373 Faber/Kilborn/Vermunt-*Anderson/Cooke/Gullifer*, Ranking and Priority, para. 8.08; *Armour/Hsu/Walters*, ECFR 2008, 149, 158; MünchKommInsO-*Schlegel*, Bd. 3, Länderberichte, England und Wales, Rn. 16; *Wiórek*, Gläubigergleichbehandlung, S. 111.

Gesamtgläubigergemeinschaft.[374] Mit der Abschaffung dieses Verfahrens wurde sowohl die Rechtsstellung ungesicherter Gläubiger als auch die Gläubigergleichbehandlung im Insolvenzsystem als Ganzem verbessert.[375]

Überdies wurden die *Crown Preferences* mit Einführung des *Enterprise Act 2002* abgeschafft, s. 251, sodass Einkommens- und Umsatzsteuerforderungen sowie Sozialversicherungsforderungen keiner Privilegierung mehr unterlagen und in die Gruppe der *unsecured creditors* fielen.[376] Auch wenn sich die Verteilungsmasse der ungesicherten Gläubiger dadurch um bis zu £ 100 jährlich erhöht, bewirkt dies im Schnitt lediglich eine Verbesserung der Quote um 0,4 %.[377] Dennoch ist die Reduzierung von Vorrechten ebenso wie die Erhöhung der Befriedigungsquote zu begrüßen.

Einen weiteren Schritt in Richtung Gläubigergleichbehandlung bewirkte der *Act* mit der Einführung des sogenannten *prescribed part* in s. 176A *Insolvency Act 1986*, der zusätzlich einen Teil der Masse zur Befriedigung der ungesicherten Gläubiger zurückhält.[378] Dabei gehen 50 % der ersten 10.000 GBP, maximal 20 % der ersten 600.000 GBP des Nettogesellschaftsvermögens an die ungesicherten Gläubiger, um auch deren Befriedigung zu gewährleisten. Zwar handelt es sich dabei wiederum um die Privilegierung einer Gläubigergruppe. Diese dient jedoch der gerechteren Verteilung des Schuldnervermögens und versucht zumindest die oftmals kritisierte Stellung der *floating charge* Gläubiger zugunsten der *unsecured creditors* zu korrigieren. Allerdings wird dieser scheinbare Erfolg dadurch relativiert, dass die Kosten für Insolvenzverfahren insgesamt angestiegen sind, und somit gegebenenfalls lediglich eine Umverteilung stattfindet, die den ungesicherten Gläubigern letztlich nicht zugute kommt.[379] Überdies steigen dadurch auch die Kreditkosten, weil Gläubiger einer *floating charge* ihren

---

374 Cranshaw/Hinkel-*Stempfle*, Großbritannien, Rn. 7; *Ehricke/Köster/Müller-Seils*, NZI 2003, 409; *Wiórek*, Gläubigergleichbehandlung, S. 108.

375 Siehe hierzu die Statistik von *Armour/Hsu/Walters*, ECFR 2008, 149, 169. Die Quote der ungesicherten Gläubiger steigt um das dreifache: von 0,2 % auf 0,6 % im Vergleich zum *receivership*.

376 *Klockenbrink*, Die Gläubigerstellung, S. 56; *Kodek*, KTS 2014, 215, 228; *Milman*, National Corporate Law, S. 73; *Müller-Seils*, S. 72 ff.; *Wiórek*, Gläubigergleichbehandlung, S. 110, 111.

377 *Kodek*, KTS 2014, 215, 228; *Mokal*, C.L.J. Vol. 60 (2001), 581, 618.

378 *Klockenbrink*, Die Gläubigerstellung, S. 57.

379 Siehe hierzu die Untersuchung aus den Jahren 2005/6 für die *administration* von *Armour/Hsu/Walters*, ECFR 2008, 149, 165, 169. In der *administration*.

eventuellen Verlust schon im Vorfeld der Kreditvergabe einberechnen.[380] Auch wenn dem zuzustimmen ist, dass es für die *floating charge* Gläubiger keinen Unterschied machen kann, ob sie den *prescribed part* an die *unsecured creditors* oder die *crown preferences* verlieren[381], hindert dies sie nicht daran, Kreditkonditionen – wenn auch nur vorsorgehalber – zu Ungunsten des Schuldners zu ändern.

c) *Finance Act 2020*

Der Finance Act 2020 ist am 1. Dezember in Kraft getreten und nimmt in s. 98 und 99 signifikante Änderungen an den Regelungen s. 386 und Schedule 6 des *Insolvency Acts 1986* vor. Die neuen Regelungen führen eine Vorrangstellung für einige Steuerverbindlichkeiten des Staates ein (HRMC = Her Majesty's Revenue and Customs). Der Staat wird damit ein sog. *secondary preferential creditor.* Zwar bleibt HRMC weiterhin ungesicherte Gläubigerin, die Verbindlichkeiten stehen im Rang nach den *secured creditors* mit *fixed charges*, den Gebühren und Auslagen der Insolvenzverwalter und *preferential creditors*, aber vor den *prescribed part, floatings charge* und *unsecured creditors.* Im Einzelnen genießen die nachfolgenden Verbindlichkeiten eine Vorrangstellung: Mehrwertsteuer (VAT), Lohn- und Einkommenssteuer (Pay As You Earn), Sozialversicherungsbeiträge für Arbeitnehmer (NIC's), Rückzahlung von Studentendarlehen sowie Bezüge im Rahmen eines Bauindustrieprogrammes. Damit leben die *Crown Preferences* für die vorgenannten Steuerverbindlichkeiten wieder auf. Die Errungenschaften des *Enterprise Acts 2002* sind damit teilweise hinfällig.

d) *Anti-Deprivation-Rule*

Im Zusammenhang mit der Gläubigergleichbehandlung stößt man in England unweigerlich auch auf den Common Law Grundsatz der *Anti-Deprivation-Rule (ADR).*[382] Danach sind Rechtsgeschäfte unwirksam, die der Masse unter aufschiebender Bedingung des Insolvenzeintritts Vermögenswerte des Schuldners entziehen wollen.[383] Ob zusätzlich ein subjektives Element hinzukommen muss,

---

380 *Jungmann/Bisping*, RIW 2003, 930, 938; *Gullifer/Payne*, Corporate Finance, Rn. 7.6.2.3; *Wiórek*, Gläubigergleichbehandlung, S. 114.

381 a. A. *Wiórek*, Gläubigergleichbehandlung, S. 114.

382 *Lockyer v Savage* (1732) 2 Str 947, ER 559; *Kulkarni*, IIR Vol. 23, 73, 75, 78.

383 Siehe hierzu grundlegend *Bork/Voelker*, KTS 2013, 235, 240; Dabei ist umstritten, ob zusätzlich ein subjektives Tatbestandsmerkmal erforderlich ist.

ist umstritten.[384] Der Natur nach lässt sich die Regelung mit § 91 InsO vergleichen, wobei jedoch eben dieser konkrete Fall nicht direkt erfasst ist.[385]

Im Grundsatzurteil *Belmont Park*[386] stellt *Lord Collins* klar, dass es Sinn und Zweck des Rechtsinstitutes ist, die Umgehung insolvenzrechtlicher Vorschriften durch Parteivereinbarungen zu verhindern, um die Masse zu schützen.[387] *Pari Passu* sei hingegen insgesamt darauf ausgerichtet, das Schuldnervermögen innerhalb der Gläubiger *pro rata* zu verteilen. Es wird unterschiedlich beurteilt, ob die Prinzipien identisch sind oder aber einen voneinander unabhängigen Sinngehalt aufweisen.[388] Im Fall *HMRC v The Football League Ltd and the Football Association Premier League Ltd* wurde die Wirksamkeit beider Grundsätze im *administration* Verfahren diskutiert. In der Sache ging es um die Wirksamkeit der sogenannten „*football creditor rule*". Diese Parteivereinbarung privilegierte im Falle der Insolvenz eines Fußballclubs dessen Spieler, Manager, weitere Angestellte und andere Fußballclubs vor den übrigen Gläubigern.[389] Zudem sollten Einnahmen aus Fernsehübertragungen verweigert werden, wenn der Club während der laufenden Saison zahlungsunfähig wurde und diese nicht beenden könne. *HMRC* berief sich sowohl auf einen Verstoß der *ADR* als auch des *Pari Passu Principle. Judge Richards* wies die Klage ab, eine Berufung auf *Pari Passu* sei lediglich im Falle einer Liquidation und der Verteilung von Vermögen möglich, nicht jedoch im *administration* Verfahren, welches noch nicht auf eine Dividendenausschüttung gerichtet ist.[390] Die *ADR* sei zwar von Beginn der *administration* anwendbar, die Regelung für Fernseheinnahmen reduziere jedoch nicht die Masse, zumal es sich um künftige Vermögensgegenstände handle.[391] Im Falle einer Liquidation wäre eine derartige Privilegierung als Verstoß gegen beide Grundsätze einzustufen und *football creditors* als *unsecured creditors* zu

384 Hierzu ausführlich *Bork/Voelker*, KTS 2013, 235, 255 ff.

385 *Bork/Voelker*, KTS 2013, 235, 240.

386 *Belmont Park Investment PTY Ltd v BNY Corporate Trustee Service and Lehman Brothers Special Financing Inc* [2011] UKSC 38.

387 *Belmont Park Investment PTY Ltd v BNY Corporate Trustee Service and Lehman Brothers Special Financing Inc* [2011] UKSC 38; *Lomas v JFB Firth Rixon Inc* [2012] EWCA Civ 419.

388 *Lord Collins* (*Belmont*) sieht eine Überschneidung der beiden Regelungen; *Calnan*, Proprietary Rights and Insolvency, Rn. 1.14, 1.18; a. A. *Bork/Voelker*, KTS 2013, 235, 242.

389 *HMRC v The Football League Ltd*, [2012] EWHC 1372 (Ch), [2013] B.C.C. 60.

390 *HMRC v The Football League Ltd*, [2013] B.C.C. 60 Rn. 89.

391 *HMRC v The Football League Ltd*, [2013] B.C.C. 60 Rn. 130.

behandeln. Dadurch erfolgt zumindest eine Klarstellung für den Anwendungsbereich des *Pari Passu*, der hinter dem Gedanken der Unternehmensrettung zurückstehen muss. Auch, wenn die Argumentation in Sachen *ADR* im Grundsatz überzeugt[392], erscheint die absolute Vernachlässigung der Gläubigergleichbehandlung in der *administration* unverhältnismäßig.

Insgesamt ist der Aussage in *Belmont* zuzustimmen, dass die beiden Grundsätze gemeinsame Schnittmengen aufweisen, insbesondere aus deutscher Sicht wird man – bei Vergleichbarkeit der *ADR* mit §91 InsO – zumindest den Zusammenhang mit der Gläubigergleichbehandlung bejahen.[393] Zudem vereint beide der gemeinsame Zweck des Gläubigerschutzes. Folgt man *Judge Richards*, so ist der Anwendungsbereich des *Pari Passu* enger als derjenige der *ADR*, weil er sich lediglich auf die reine Verteilung beschränkt, während die *ADR* jegliche Vertragsverhältnisse erfasst die sich massemindernd auswirken. Richtigerweise sollte jedoch die Gläubigergleichbehandlung der Ausgangspunkt sein, zumal sie historisch hinter dem *Pari Passu* zurücksteht und Voraussetzung für die Durchsetzung einer Verteilungsgerechtigkeit bildet und nicht umgekehrt.[394] Dass es sich hierbei dennoch nicht um identische Rechtsinstitute, sondern nur solche mit gegenseitigen Wechselwirkungen handelt, sollte an dieser Stelle klargestellt werden.

3. Bewertung

In England war die Gläubigergleichbehandlung von Beginn der Insolvenzgesetzgebung (*Bankruptcy Act 1542*) an allgegenwärtig und konkret als eine gleichmäßige Verteilung innerhalb der jeweiligen Gläubigergruppen formuliert. Dieser Grundsatz ist bis heute im *Insolvency Act* sowie den *Insolvency Rules* – trotz Wegfall des Strafgedankens – erhalten geblieben und durch Reformen stetig „verbessert" worden. Damit folgt der historische Verlauf einer klaren Linie. Die anglo-amerikanische Entwicklung ist ihren Nachbarländern Deutschland und Frankreich damit einen Schritt voraus. Auch wenn das Insolvenzrecht heutzutage keine strafrechtliche Funktion mehr erfüllt, so ist die Gläubigergleichbehandlung in ihrem Kern auf einen pönalen Ausgleich zwischen Schuldner und

392 Die Regelung enthält eher in vertraglicher Hinsicht ein Ungleichgewicht, das aber mit wohl dem Gedanken der Privatautonomie zu rechtfertigen ist.

393 Siehe hierzu ausführlich *Haller*, S. 3 ff.

394 *Beale/Bridge/Gullifer/Lomnicka*, The Law of Security and Title Based Financing, 8.95; *Fletcher*, Supreme Court Decision in *Belmont Park Investments Pty Ltd v BNY Corporate Trustee Services Ldt* (2012) 25(2) Insolvency Intelligence, 25, 27.

Gläubigern zurückzuführen. Mithin ist die Frage nach der Funktion im heutigen System berechtigt und wird auch mit einem derartigen kritischen Ansatz in der Literatur diskutiert.[395] Autoren scheuen sich dabei nicht, Kriterien wie *fairness*, *equity* und *efficiency* als Rechtfertigungsgrund für die Gläubigergleichbehandlung zu nennen.[396] Diesem Gedanken wird in England grundsätzlich durch einen eigens etablierten Rechtsbereich der *Equity* viel Bedeutung beigemessen.[397]

Das Fehlen eines Einheitsverfahrens in England erschwert die Bestimmung des Anwendungsbereichs der Gläubigergleichbehandlung. Letztlich wird der Grundsatz nur im Rahmen der Liquidation ausdrücklich genannt und kommt in der *administration* bei Anordnung einer Verteilung zur Anwendung.[398] Klar ist zumindest, dass der Grundsatz nicht absolut gilt, sondern nur auf die ungesicherten Gläubiger Anwendung findet und Ausnahmen unterliegt. Die Rechtsprechung verdeutlicht überdies, dass die Verteilungsgleichheit und der *Pari Passu* Grundsatz zwingender Natur ist und nicht durch Parteivereinbarung (zu Lasten der Gläubigergesamtheit) umgangen werden kann.[399] Insgesamt lässt sich aber folgende Ambivalenz erkennen: Obwohl das englische Recht den Grundsatz ausdrücklich nur auf ungesicherte Gläubiger angewandt haben will, versucht es die Vermögeneinnahmen durch dingliche Sicherheiten zu minimieren, um auch ungesicherten Gläubigern eine Befriedigung zu ermöglichen.[400] Insbesondere das atypische Sicherungsmittel der *floating charge* erschwert dabei die Befriedigung ungesicherter Gläubiger, sodass die Verteilungsgleichheit erst recht schwer zu realisieren ist. Auch die Einführung der HRMC als zweitrangig bevorrechtigte Gläubigerin, läuft einer Gläubigergleichbehandlung zuwider. Folglich können gesicherte Gläubiger in Bezug auf die Gläubigergleichbehandlung nicht ausgeklammert werden, sondern sind ebenso Teil des Diskurses um eine gerechte Vermögensverteilung.

---

395 *Bridge*, “Pari Passu Rule”, Vulnerable Transactions, Rn. 1.3; *Garrido*, IIR 1995, 25, 39; *Mokal*, The Cambridge Law Journal 2001, 581–620.

396 *Finch*, Insolvency Lawyer 2000, 1; *Keay/Walton*, CFILR 1999, 84 ff.; *Wiórek*, Gläubigergleichbehandlung, S. 75.

397 Equity ist im deutschen Recht vergleichbar mit § 242 BGB und entstand in England im 14. Jahrhundert. Der Bereich dient dazu harte und als Unrecht empfundene Ergebnisse der Common Law auszugleichen.

398 *HMRC v The Football League Ltd*, [2013] B.C.C. 60 Rn. 89.

399 *British Eagel Internatinoal Air Lines Ltd v. Compagnie Nationale Air France* (1975) WLR Vol. 758 (HL).

400 So beispielsweise der *Cork-Report*, S. 317, Rn. 1396, 1398.

Ebendieser Diskurs äußert sich zudem im Spannungsverhältnis der Gläubigergleichbehandlung zum allgemein zivilrechtlichen Grundsatz des *freedom of contract* und stellt das System der Kreditsicherung insgesamt in Frage.[401] Die Abschaffung dinglicher Sicherheiten steht nicht in der Disposition des Insolvenzrechts, sodass mit anderen Mitteln ein Ausgleich gefunden werden muss. Die Einführung des *prescribed part* stellt dabei einen Versuch dar, ebendieses Ungleichgewicht zu entschärfen. Hierbei zeigt sich England fortschrittlich und greift sogar zum Mittel der Umverteilung aus Gerechtigkeitserwägungen.[402]

Fraglich ist letztlich auch, wie sich die zweite und gleichwertige Zielsetzung der englischen *rescue culture* mit der Gläubigergleichbehandlung verträgt. Die Rettung eines Unternehmens und die gleichmäßige Befriedigung bzw. Behandlung aller Gläubiger scheinen grundsätzlich konträre Standpunkte darzustellen. Dieses Ungleichgewicht soll zwar dadurch kompensiert werden, dass Gläubigern höhere Befriedigungsquoten in Aussicht gestellt werden als sie ihnen im Liquidationsverfahren zukämen. Dennoch ist insgesamt ein Bedeutungsverlust erkennbar, zumal die reine Wirtschaftlichkeit in den Vordergrund rückt und nicht die bestmögliche Befriedigung angestrebt wird.

Abschließend lässt sich sagen, dass der Grundsatz in der Realität keine absolute Geltung beansprucht, aber weiterhin das anzustrebende Ideal darstellt. Die Schwierigkeit besteht mithin darin, zu unterscheiden, welchen Schutz der Grundsatz den Gläubigern – und vor allem welchen Gläubigern – aktuell bietet, welches Potential überdies vorhanden ist und welche Schritte – gegebenenfalls auch in anderen Rechtsgebieten – notwendig sind, um dieses Potential auszuschöpfen. Die Grenze bleibt bis dato jedoch die Existenz dinglicher Sicherheiten, die immer einen Widerspruch zu einer gleichartigen Masseverteilung sein wird.

VI. Zusammenfassende Stellungnahme

Nachdem die historische Entwicklung der Gläubigergleichbehandlung als Zweck der Insolvenzgesetzgebung in den Rechtsordnungen von Frankreich, Deutschland und England beleuchtet wurde, sollen nachfolgend die Gemeinsamkeiten

401 So Vgl. *Bridge*, Oxford Journal of Legal Studies Vol. 12, 333, 340 ff.; *Finch*, Insolvency Lawyer 2000, 1, 4 ff.; a. A. Faber/Kilborn/Vermunt-*Anderson/Cooke/Gullifer*, Ranking and Priority, Rn. 8.52, die dingliche Sicherheiten nicht als Ausnahmen des *Pari Passu* ansehen und nicht zum Andenwendungsbereich des Grundsatzes zählen.

402 Allerdings kennen die anderen Rechtsordnungen das Rechtsinstitut der *floating charge* nicht, sodass die Masse ggf. im Verhältnis nicht so stark von dinglichen Sicherheiten belastet wird.

(1.), Unterscheide (2.) sowie die Funktionen der nationalen Gläubigergleichbehandlung (3.) untersucht werden.

1. Gemeinsamkeiten

a) Einzelzwangsvollstreckung und Sanktion als Ausgangspunkt

Obwohl das römische Recht im Zusammenhang mit der Insolvenz des Schuldners eine Gesamtvollstreckung vorsah, hat keines der Länder diese Rechtstradition von Anfang an übernommen. Vielmehr war eine Einzelzwangsvollstreckung in das Vermögen des Schuldners sowie der Grundsatz *first come, first served* die Regel. Erst im Zuge weiterer Entwicklungen wurde der Übergang zur Gesamtvollstreckung vollzogen und den Gläubigern damit ein System zur gemeinsamen Durchsetzung von Ansprüchen zur Verfügung gestellt. Eine weitere Gemeinsamkeit besteht darin, dass alle Rechtsordnungen eingangs einen pönalen Zweck mit der Insolvenz verfolgten. Damit gingen die Bestrafung, Verfolgung und Demütigung des Schuldners einher. Nunmehr ist es unter anderem Ziel aller Insolvenzsysteme genau diese repressive Komponente, die einem Insolvenzverfahren gesellschaftlich immer noch anhaftet, zu eliminieren.

b) Normative Schwierigkeiten

In allen Rechtsordnungen begegnet man derselben dogmatischen Problematik bei der Begründung der Gläubigergleichbehandlung. Denn trotz allgegenwärtiger Bekundungen, dass es sich hierbei um das grundlegendste Prinzip des Insolvenzrechts handelt, lässt sich die Herkunft des Grundsatzes schwer fassen, sodass eine dogmatisch saubere Herleitung in der Regel scheitert. Auch, wenn in allen drei Rechtsordnungen einige Normen die Existenz des Grundsatzes belegen[403], so gab und gibt es bisher keine Regelung, die einen klaren sachlichen und zeitlichen Anwendungsbereich bestimmt. Selbst wenn man davon ausgeht, dass das „Ob“ der Gläubigergleichbehandlung auf Grund der Unzulänglichkeit des Schuldnervermögens erfolgt – und auch hier kann man berechtigte Zweifel äußern –, bleibt das „Wie“ weiterhin immer noch offen.[404]

---

403 Z.B. §§ 1, 294 InsO in Deutschland, Art. L 643-7-1 CC in Frankreich, s. 107, 328 (3), Sch. B 1 Insolvency Act, r. 4.181 IR in England; ausführlich hierzu innerhalb der jeweiligen Länderteile.

404 *Knospe*, ZInsO 2014, 861 ff.; *Mokal*, C.L.J. Vol. 60 (2001), 581 ff.

Vorgenannte Schwierigkeiten sind insbesondere auf den Gerechtigkeitsgedanken der Gläubigergleichbehandlung zurückzuführen, zumal dessen Daseinsberechtigung im modernen Rechtssystem umstritten ist. Dass anhand des Kriteriums der Gerechtigkeit kein einheitlicher Maßstab für die Gleichbehandlung entstehen kann, wird zudem anhand des kontinuierlichen historischen Wandels von Vorrechten und Privilegien deutlich. Dies steht jedoch im Widerspruch zum Grundsatz selbst, der länderübergreifend das Ziel einer ausgleichenden Gerechtigkeit formuliert.

c) Öffentlich-rechtliche Komponente

Die Gläubigergleichbehandlung ist in ihrem Gerechtigkeitsgehalt zudem Spannungen im Verhältnis zu grundlegenden zivilrechtlichen Strukturen wie dem Prioritätsprinzip[405] und der Privatautonomie ausgesetzt. Das europäische Zivilrecht ist in erster Linie darauf ausgerichtet, den Parteien selbst die (Vertrags-) Rechtsgestaltung zu überlassen.[406] Auf reine Gerechtigkeitserwägungen wird nur *ultima ratio* zurückgegriffen, zumal es vordergründig um die Abgrenzung von Rechtspositionen geht und nicht um den Schutz vor staatlichen Institutionen.[407] Nichtsdestotrotz verfolgt die Gläubigergleichbehandlung unter anderem das Ziel der Gleichheit, welches aber dem öffentlichen Recht zuzuordnen ist. Daher wird oftmals eine Erklärung bzw. Verankerung auf dieser Ebene gesucht (wie in Deutschland durch Art. 3 Abs. 1 GG[408] oder in Frankreich durch den *ordre public* Charakter des Grundsatzes[409]). In England wird der Grundsatz direkt mit dem *Fairness* Gedanken verknüpft. Dies impliziert, dass sich die Natur des Grundsatzes nicht auf eine rein zivilrechtliche Ebene beschränkt, sondern auch eine Verbindung zum öffentlichen Recht aufweist. Bei der Gläubigergleichbehandlung handelt es sich um eine Art unbestimmten Rechtsbegriff, der in Abhängigkeit zu gesellschaftlichen, kulturellen sowie politischen Aspekten steht und damit auslegungsbedürftig bleibt. Auch wenn dies einen Mangel an

---

405 Siehe hierzu ausführlich für Deutschland und Frankreich *Hoffmann*, Gläubigergleichbehandlung.

406 *Bork*, Allgemeiner Teil, Rdnr. 99.

407 Ähnlich *Muthorst*, § 10, Rdnr. 13.

408 *Adam*, DZWIR 2009, 441; *Baur/Stürner*, Bd. II, Rn. 6.2; *Gassert-Schumacher*, Privilegien, S. 325, 326; *Schlosser*, ZZP 97, 121, 128; *Trunk*, Internationales Insolvenzrecht, S. 83, 84.

409 Cass. Req, 13 juillet 1910, Journ. Faill. p. 385.

Rechtssicherheit bedeutet, bleibt der Grundsatz dadurch anpassungsfähig für Entwicklungen in vielen Bereichen.

d) Gesamtvollstreckung als Kernelement

Trotz der nicht klar eingrenzbaren Struktur des Grundsatzes existiert ein Merkmal, das alle nationalen Gläubigergleichbehandlungsgrundsätze vereint und dessen gemeinsames Kernelement bildet: die Gesamtvollstreckung in das Vermögen des Schuldners gepaart mit einem Einzelzwangsvollstreckungsverbot und vorheriger Vermögensbeschlagnahme.[410] Dies bietet allen Gläubigern unabhängig von der jeweiligen Gläubigergruppe den Schutz einer Gleichbehandlung, indem die Masse und damit mittelbar auch Gläubigeransprüche vor einer Einzelinanspruchnahme bewahrt werden. Einem Wettlauf der Gläubiger ebenso wie einer Verteilung nach Prioritätsgesichtspunkten wird dadurch entschieden entgegengewirkt.

e) Einteilung in unterschiedlicher Gläubigergruppen

Im Rahmen der Verteilung des Schuldnervermögens werden die Gläubiger in allen Rechtsordnungen in unterschiedliche Gläubigergruppen eingeteilt, die entweder privilegiert werden oder zu den einfachen Gläubigern gehören. Dabei existieren in allen Rechtsordnungen gesicherte und ungesicherte Gläubiger. Innerhalb der jeweiligen Gruppe wird eine Gleichbehandlung gewährleistet, sofern das Vermögen nicht zur Befriedigung ausreicht. Auch wenn das deutsche Recht mit der Einführung der InsO Vorrechte abgeschafft hat, so ist im deutschen Verfahren zwischen Aus- und Absonderungsberechtigten Gläubigern sowie einfachen und nachrangigen zu unterscheiden.

f) Sonderstellung von Arbeitnehmern in der Insolvenz

Die Gläubigergruppe der Arbeitnehmer nimmt in allen Rechtsordnungen innerhalb Insolvenz eine besondere Stellung ein. Sowohl in Deutschland, Frankreich sowie in England wird diese Gruppe als schutzwürdig angesehen. Grund hierfür ist der staatliche Schutz des Arbeitnehmers vor seiner wirtschaftlichen Abhängigkeit des Schuldners als Arbeitgeber. In Deutschland erfolgt dies durch Zahlung des Insolvenzgeldes nach § 165 SGB III, in Frankreich mithilfe des

---

410 § 88 ff. InsO in Deutschland, Art. L 622-21 *Code de Commerce* in Frankreich sowie das Moratorium in England in para. 42 ff. Schedule B1 44 IA, s. 1A 2000; s. 1A IA.

sogenannten „*superprivilège*" in L 622-17 *Code de Commerce*, England privilegiert die Ansprüche in s. 386 IA i. V. m. s. 182–184 Employment Rights Act 1996.

g) *pro rata Verteilung für ungesicherte Gläubiger*

Die proportionale Befriedigung ungesicherter Gläubiger ist allen drei Rechtsordnungen gemein.[411] Soweit das Vermögen des Schuldners nicht ausreicht, um eine Gruppe vollständig zu befriedigen, erhalten die Gläubiger der Gruppe je nach Höhe ihrer ursprünglichen Forderung eine anteilige Befriedigung. Hierbei handelt es sich um das Kernelement des Gläubigergleichbehandlungsgrundsatzes. Dabei ist diese *pro rata* Verteilung immer nur auf eine Gläubigergruppe beschränkt, in der Regel auf die einfachen Insolvenzgläubiger. Außerhalb der Gläubigergruppen muss eine gleichmäßige Befriedigung auf Ebene einer Wunschvorstellung zurückstehen. Gruppenübergreifend ist nur klar, dass es überhaupt eine Befriedigung geben soll, - nicht jedoch welcher Art und Höhe. Sofern eine Gruppe befriedigt ist, liegt es in der Natur der Sache, dass die restlichen Gruppen leer ausgehen. Mithin erschöpft sich der Grundsatz hier in einer Art Chancengleichheit. Dies verdeutlicht, dass es selbst innerhalb der Verteilung unterschiedliche Möglichkeiten der Gleichbehandlung geben kann.

h) *Relative Gläubigergleichbehandlung*

Letztlich ist festzuhalten, dass keines der Länder eine absolute Verwirklichung des Grundsatzes realisiert, sondern durch Ausnahmen und Privilegien eine bewusste Relativierung der Gläubigergleichbehandlung herbeigeführt hat. Dies ist jedoch auch auf die Struktur des allgemeinen Zivilrechts zurückzuführen, das vom Grundsatz der Privatautonomie beherrscht wird und unterschiedliche Arten von Schuldverhältnissen (mit oder ohne die Bestellung von Sicherheiten) erlaubt, die gerade vor dem Fall der Insolvenz schützen sollen - aber auch aus Vertrauensschutzgesichtspunkten - nicht schlichtweg übergangen werden können. Als grenzüberschreitender Maßstab für eine gelungene Gläubigergleichbehandlung lässt sich jedoch in allen Ländern die Befriedigungsquote der ungesicherten Gläubiger heranziehen.

---

411 In Deutschland gibt es dafür keine konkrete Grundlage; für Frankreich Art. L 643-7-1 CC; für England s. 107 IA 1986.

i) Schutzbedürftigkeit als Rechtfertigungsgrund

Im Zusammenhang mit der relativen oder zumindest begrenzten Verwirklichung des Grundsatzes bildet der Begriff der Schutzbedürftigkeit ein zentrales Rechtfertigungselement. Es wird sowohl für die Privilegierung einzelner Gläubigergruppen als auch für die *pro rata* Verteilung innerhalb einer einzelnen Gruppe herangezogen. So wird eine einzelne Gläubigergruppe nur dann vor einer anderen befriedigt, wenn es hierfür einen sachlichen Grund gibt, der die Schutzbedürftigkeit dieser Gruppe auch darlegt.

Die Verteilungsgerechtigkeit innerhalb einer Gruppe in Form einer *pro rata* Befriedigung wird damit begründet, dass das Vermögen des Schuldners nicht zur vollen Befriedigung aller Gläubiger ausreicht und damit dem Grunde nach alle in eine schutzbedürftige Lage hineinversetzt. Hinter dieser Schutzbedürftigkeit verbirgt sich wiederum eine ausgleichende Gerechtigkeitserwägung.

2. Unterschiede

a) Historie

Es liegt in der Natur der Sache, dass bereits die Entwicklung nationaler Gläubigergleichbehandlungen in den jeweiligen Rechtsordnungen sehr unterschiedlich verlaufen ist. Während die Gläubigergleichbehandlung in England bereits im Jahre 1542 klar als proportionale Verteilungsregel formuliert und damit integraler Bestandteil eines insolvenzrechtlichen Systems war, fehlte eine solch klare Regelung in Frankreich. Auch in Deutschland vollzog sich die Entwicklung hin zu einem einheitlichen Insolvenzrecht nicht sofort.

b) Zielsetzung und Gewichtung der Gläubigergleichbehandlung

Heutzutage unterscheiden sich die nationalen Insolvenzrechtsordnungen insbesondere in ihrer Zielsetzung und ihrem Zweck. Diese geben wiederum als erstes Indiz Aufschluss darüber, welchen Stellenwert der Gläubigergleichbehandlung im jeweiligen System einnimmt. Während Deutschland mit einem Insolvenzverfahren die bestmögliche Gläubigerbefriedigung gewährleisten will, legen Frankreich und England ihren Fokus auf die Rettung von Unternehmen und bemessen der Gläubigerbefriedigung bewusst eine nachrangige Bedeutung zu. Dabei zeichnet sich insgesamt die Tendenz ab, zunehmend präventive Verfahren im Vorfeld der Insolvenz durchzuführen, um reine Liquidationen von vornherein zu verhindern und Unternehmen zu erhalten. Das bedeutet wiederum, dass die Frage nach der Befriedigung, Stundung oder auch dem Erlass einer Forderung vordergründig auf privatautonomer Ebene gefunden werden soll, mit oder ohne staatliche Kontrolle. Dies hat gegebenenfalls einen Anpassungsbedarf für die Gläubigergleichbehandlung im klassischen Sinne zur Folge, die in ihrer Anwendung vorrangig auf die Liquidation zugeschnitten ist. Denn die Rettung eines Unternehmens geht zwangsläufig mit der Restrukturierung von Forderungen und damit dem Verlust von Gläubigerbefriedigungen einher. Infolge dieser Neuausrichtung steht insgesamt die Frage nach einem Bedeutungsverlust des Grundsatzes und einer neuen Entwicklung insolvenzrechtlicher Systeme im Raum.

c) Sicherungsrechte und Privilegien in der Insolvenz

Große Unterschiede bestehen in Bezug auf den Umgang mit Privilegien und die Verwirklichung der Gläubigergleichbehandlung in Rahmen der Verteilung. Während Deutschland Privilegien grundsätzlich mit Einführung der neuen InsO abgeschafft hat und nur noch Kosten des Insolvenzverfahrens, zu denen die Verfahrenskosten, Vergütungen des (vorläufigen) Insolvenzverwalters und des Gläubigerausschusses zählen, vorab befriedigt, §§ 53 ff. InsO, wächst die Privilegienordnung in Frankreich zu einem unübersichtlichen Komplex heran, bei dem Privilegien kontinuierlich zunehmen.[412] Diese unterscheiden Privilegien an beweglichem und unbeweglichem Vermögen und sind in vielen unterschiedlichen Gesetzen geregelt.

In England werden ebenso wie Deutschland zunächst die Verfahrenskosten beglichen, s. 175 (1A) Insolvency Act 1986. Danach werden jedoch bevorrechtigte Gläubiger und *floating charge* Gläubiger vor den einfachen Gläubigern befriedigt. Damit hält auch England am System von Privilegien im Insolvenzverfahren fest. Allerdings gibt es hierbei eine Besonderheit, die sich weder in Deutschland noch Frankreich wiederfindet: der zur Verbesserung der Befriedigungschancen von einfachen Gläubigern eingeführte *prescribed part*. Damit wird versucht die schlechten Quoten der unbefriedigten Gläubiger zu erhöhen und einen Ausgleich zu schaffen.

Anhand der unterschiedlich ausgestalteten Privilegien stellt sich letztlich die Frage danach, ob sie eine Durchbrechung des Gläubigergleichbehandlungsgrundsatzes darstellen oder aber mit dem Grundsatz vereinbar sind. Aus deutscher Sicht stellen Privilegien eindeutig eine Durchbrechung des Grundsatzes dar, zumal die Insolvenzordnung in ihrer heutigen Fassung als Korrektur der

---

412 *Gassert-Schumacher*, Privilegien, S. 253, 254; *Hoffmann*, Gläubigergleichbehandlung, S. 212, 452; *Kahil*, L'égalité entre les créanciers, S. 98.

KO bewusst auf Privilegien verzichtet hat. England sieht im Vorhandensein von Privilegien keine Durchbrechung des Grundsatzes. Vielmehr beschränkt er sich damit auf die einzelnen Gläubigerklassen, sodass es nicht Ziel sein kann, Vorrechte abzuschaffen.

d) Anfechtungsrecht

Die Anfechtung gilt als eines der zentralen Instrumente zur Durchsetzung der Gläubigergleichbehandlung.[413] Ungeachtet der unterschiedlichen Anfechtungsgründe[414] innerhalb der Rechtsordnungen werden durch die Anfechtung – ähnlich wie im Bereicherungsrecht – Vermögensverschiebungen durch Rechtshandlungen des Schuldners an einzelne Gläubiger korrigiert und der Masse zurückgewährt. Dadurch soll verhindert werden, dass vor der Eröffnung des Insolvenzverfahrens Vermögenswerte, die der späteren Verwertung und Befriedigung der Gläubiger zur Verfügung stehen sollen, bereits im Vorweg entzogen werden. Anderenfalls werden einzelne Gläubiger im Verhältnis zur Gläubigergemeinschaft privilegiert. Der Stellenwert der Befriedigung des einzelnen Gläubigers tritt mit der Möglichkeit der Anfechtung hinter der (gleichmäßigen) Befriedigung der Gläubigergesamtheit zurück. Allerdings existieren bereits innerhalb der Zielsetzung der Anfechtung als auch der allgemeinen Voraussetzungen in Deutschland, England und Frankreich gravierende Unterschiede. Die Ausgestaltung dieser Merkmale trifft eine unmittelbare Aussage darüber, ob die Gläubigergleichbehandlung als ein diesen Regeln zu Grunde liegender Grundsatz fungiert.

In Deutschland ist die Anfechtung in den §§ 129 ff. InsO geregelt und damit Teil des Insolvenzrechts. Die Durchsetzung der Gläubigergleichbehandlung mit Hilfe der Insolvenzanfechtung ist ein primäres Ziel.[415] So ist eine Rechtshandlung allgemein nach § 129 Abs. 1 InsO nur dann anfechtbar, wenn sie die übrigen Gläubiger benachteiligt, das gilt für alle acht Anfechtungsgründe (§§ 130–137 InsO). Dadurch wird unmissverständlich klargestellt, dass die Anfechtung der Befriedigung einzelner Gläubiger zu Lasten der Gemeinschaft und zu Gunsten des Einzelnen verhindern will. Damit wird Chancengleichheit, die Maximierung

---

413 *Bork*, Corporate Insolvency, S. 117, 118; ZIP 2014, 797 ff.

414 Siehe hierzu ausführlich für alle europäischen Mitgliedstaaten: *Bork/Veder*, Harmonisation of Transactions Avoidance Laws.

415 *Bork/Veder*, Harmonisation of Transactions Avoidance Laws, S. 857, Question 100, 101; *Gissa*, Institut der Anfechtung, S. 304.

der Insolvenzmasse und letztlich auch eine bestmögliche Gläubigerbefriedigung und *pro rata* Verteilung durchgesetzt.[416]

In England sind Anfechtungsregeln für Unternehmen in s. 238, 239, 245, 423 Insolvency Act 1986, also ebenfalls im Insolvenzrecht, normiert. Privatinsolvenzen sind separat in s. 340, 339, 423 Insolvency Act 1986 geregelt. Anders als in Deutschland wird keine Benachteiligung der Gläubigergesamtheit für die Rechtshandlung des Schuldners im Gesetzestext selbst gefordert.[417] Allerdings besteht Einigkeit darüber, dass die Anfechtungsvorschriften den Schutz der Gläubiger bezwecken und nachteilige Rechtshandlungen diesen gegenüber verhindert werden sollen, um die Bevorzugung Einzelner zu unterbinden.[418] Das Prinzip, welches den Anfechtungsregeln zu Grunde liegt ist die Einhaltung der insolvenzrechtlichen Verteilungssystematik, in der die einfachen Gläubiger einer Gleichbehandlung unterliegen.[419] Eine Gläubigergleichbehandlung im weiten Sinne ist damit nicht gemeint.

In Frankreich sind die Anfechtungsvorschriften, Art. L 632-1 bis Art. L 632-4, im *Code de Commerce* geregelt. Gemäß Art. L 632-4 *Code de Commerce* bedarf es keiner Gläubigerbenachteiligung als allgemeiner Anfechtungsvoraussetzung. Auch ist der Zweck der Anfechtung nicht vordergründig auf die Durchsetzung der Gläubigergleichbehandlung als Prinzip ausgerichtet.[420] Das war vor der Insolvenzrechtsreform im Jahre 1985 anders, damals beruhten die Anfechtungsregeln auf dem Prinzip der Gläubigergleichbehandlung.[421] Im Jahre 1985 änderte sich indes der Fokus des französischen Insolvenzsystems von einer bestmöglichen Gläubigerbefriedigung hin zum Erhalt und der Rettung von Unternehmen. Im Vordergrund des französischen Insolvenzsystems stehen wirtschaftliche Erwägungen des zu rettenden Unternehmens wie die Massemehrung und nicht die Stellung der Gläubiger. Hier soll demnach kein Ausgleich einer Gläubigerbenachteiligung durch Rechtshandlungen des Schuldners erfolgen. Gemessen an diesen Grundsätzen gerät die Gläubigergleichbehandlung im Rahmen der Anfechtungsvorschriften als Prinzip in den Hintergrund. Auch hier wird die Gläubigergleichbehandlung nur als Gleichbehandlung im engen Sinne, nämlich als eine solche im gleichen Rang, verstanden.

---

416 ähnlich *Bork/Veder*, Harmonisation of Transactions, S. 857, Question 101.

417 *Bork/Veder*, Harmonisation of Transactions, S. 1286, Question 10 b.

418 *Bork/Veder*, Corporate Insolvency, S. 118, Fn. 39 m. w. N.

419 *Bork/Veder*, Harmonisation of Transactions, S. 1309, Question 100.

420 *Bork/Veder*, Harmonisation of Transactions, S. 830, Question 100.

421 *Bork/Veder*, Harmonisation of Transactions, S. 830, Question 100.

3. Funktionen der nationalen Gläubigergleichbehandlung

Insgesamt wird deutlich, dass der Grundsatz stets im Lichte der allgemeinen Entwicklung des Insolvenzrechts, der sozialen sowie politischen Situation gesehen werden muss. Trotz unterschiedlicher Entwicklungen erfüllt der Grundsatz in nationalen Insolvenzverfahren Funktionen, die nachfolgend herausgearbeitet werden sollen.

a) Gewährleistung der Durchführung eines effizienten Insolvenzverfahrens

Insbesondere am Beispiel Deutschlands wird erkennbar, dass das Insolvenzrecht ohne eine ausgewogene und angemessene Gläubigergleichbehandlung funktionslos wird und Verfahren bereits an der Massearmut scheitern. Unzählige Vorrechte, die den Grundsatz immer weiter auf einen nur schmalen Bereich der ungesicherten Gläubiger reduzieren, verhindern die effiziente Durchführung einer geregelten Insolvenz. Mithin ist der Grundsatz ein unentbehrliches Element und wird gerade deshalb allgemein als tragender Grundsatz des Insolvenzrechts angesehen. Die Gesamtvollstreckung ist als Kernvoraussetzung für die Anwendungsfähigkeit des Grundsatzes und systematisiert die Befriedigung einer Vielzahl von Gläubiger, sodass das Verfahren effizient durchgeführt werden kann.

b) Masseschutz

Eine weitere Funktion der Gläubigergleichbehandlung ist der Masseschutz. Infolge des Grundsatzes soll das Schuldnervermögen vor der Einzelvollstreckung außerhalb des Insolvenzsystems geschützt werden, um Gläubigern zumindest zu Beginn des Verfahrens Chancengleichheit zu ermöglichen. Durch diesen Schutz der Masse erhöht sich die Befriedigungsquote der einzelnen Gläubiger. Als Instrumente des Masseschutzes bedienen sich die Rechtsordnungen der Anfechtung. So kann Vermögen, welches der Masse ungerechtfertigter Weise entzogen wurde, wieder in die Masse zurückfließen und verteilt werden.

c) Bestmögliche Gläubigerbefriedigung und Gläubigerschutz

Der Grundsatz will im verteilungsrechtlichen Sinn die bestmögliche Gläubigerbefriedigung gewährleisten. Damit schützt er die Gläubiger vor der betrügerischen oder auch willkürlichen Verteilung des Schuldnervermögens und stellt eine anteilmäßige Befriedigung aller Gläubiger sicher.

d) Ordnungsfunktion und Rechtssicherheit

Ferner erfüllt der Grundsatz eine Ordnungsfunktion, indem die Verteilung des Schuldnervermögens von vornherein feststeht und keiner Abwägung des Einzelfalles mehr unterliegt. Zudem wird das Schuldnervermögen durch das System der Gesamtvollstreckung vor dem Zugriff einzelner Gläubiger geschützt und verhindert ein Wettlauf. Dies führt wiederum zur klaren Vorhersehbarkeit des Verfahrens für die Beteiligten.

e) Rechtsfrieden

Letztlich schafft der Grundsatz der Gläubigergleichbehandlung Rechtsfrieden. Dieser Rechtsfrieden wird nicht nur durch die anteilmäßige Verteilung des Schuldnervermögens gewährleistet, sondern auch die Verteilungsordnung, die eine Schutzbedürftigkeit besonderer Gläubiger des Schuldners berücksichtigt. So sind aus heutiger Sicht die abhängigen Gläubiger wie die Arbeitnehmer als schutzbedürftig anzusehen, sodass ihnen im Insolvenzfall eine besondere Behandlung zusteht. Ferner sehen sich Gläubiger infolge der Gesamtvollstreckung nicht der Konkurrenz in Bezug auf ihre Befriedigung ausgesetzt.

f) Ausgleichende Gerechtigkeit

Bereits der Wortlaut des Grundsatzes lässt erkennen, dass dem Grundsatz der Gläubigergleichbehandlung eine Gerechtigkeitskomponente innewohnt. Dabei soll allen Gläubigern grundsätzlich Zugang zum Schuldnervermögen gewährt werden, indem sie ihre Forderungen anmelden können. Dadurch wird eine Chancengleichheit verwirklicht. Infolge der Anfechtungsregelungen wird sichergestellt, dass zu Lasten der Gläubigergemeinschaft keine Bevorzugung einzelner Gläubiger stattfindet. Darüber hinaus sollen auch alle Gläubiger zumindest einen Teil ihrer ursprünglichen Forderung *pro rata* ersetzt erhalten, sofern das Schuldnervermögen für ein Insolvenzverfahren ausreicht.

C. Europäische Gläubigergleichbehandlung

Ihrem Ursprung nach ist die Gläubigergleichbehandlung kein europäisches Prinzip, das explizit auf einen internationalen Kontext und die EuInsVO zugeschnitten ist.[422] Vielmehr hat die historische Entwicklung der Insolvenzsysteme gezeigt, dass es sich um einen Grundsatz handelt, der national geprägt ist und einen festen Bestandteil mitgliedstaatlicher Insolvenzrechtsordnungen bildet. Er setzt sich aus materiell-rechtlichen sowie verfahrensrechtlichen Komponenten zusammen und ist der Materie des Insolvenz- und Zivilprozessrechts zugeordnet.

In einer grenzüberschreitenden Insolvenz treffen jedoch in der Regel aufgrund einer Vielzahl ausländischer Gläubiger verschiedene Rechtsordnungen aufeinander, die es in Einklang zu bringen gilt. Zumal der europäische Rechtsraum bisher keine einheitlichen insolvenzrechtlichen Sachregelungen vorsieht, unterscheidet sich die Aufgabe eines internationalen Regelungsaktes mit einer überwiegend kollisionsrechtlichen Ausgestaltung deutlich von nationalen Insolvenzordnungen.[423] Während die einzelnen Länder den Fokus auf die Masseverteilung bzw. auf die Rettung des Unternehmens insgesamt legen, geht es in einer grenzüberschreitenden Insolvenz in erster Linie zunächst darum, das „Recht der engsten Verbindung" zur Anwendung zu berufen[424] sowie Bestimmungen über Gerichtsstand und Anerkennung zu treffen.[425] Erst dann wird das nationale Recht zur Klärung aller weiteren materiell-rechtlichen Fragestellungen herangezogen. Unter diesen Umständen fällt es mithin schwer, den Grundsatz in das Konzept einer technischen Rechtsverweisung einzuordnen oder aber den nationalen materiell-rechtlichen Gehalt auf Kollisionsnormen zu übertragen. Nichtsdestotrotz ist die Gläubigergleichbehandlung auch im internationalen Kontext grundsätzlich anerkannt.[426] Es handelt sich also um ein Ziel, das alle Rechtsakte trotz ihrer rechtstechnischen Unterschiede vereint. Die Schwierigkeit für den

---

422 Vgl. *Tkatchenko*, S. 104 ff.; *Wiórek*, Gläubigergleichbehandlung, S. 67.

423 Ähnlich *Hoffmann*, Gläubigergleichbehandlung, S. 408; zur Problematik von *Garrido*, IIR 1998, 79–94, 90; Mankowski/Müller/Schmidt-*Müller*, Einl. Rn. 13; *Pluta*, Insolvenzaufrechnung, S. 129 ff.

424 Grds. noch zum EuGVÜ: EuGH 14.10.1976 – Rs. 29/76, Slg. 1976, 1541; 22.11.1977 – Rs. 43/77, Slg. 1977, 2175; D-K/K/C-*Duursma-Kepplinger*, Art. 4, Rn. 45; K/P/B-*Kemper*, Art. 4 EuInsVO, Rn. 2.

425 Erwägungsgrund (8).

426 *Bork*, Principles, Rn. 4.8; vgl. auch *Kodek*, KTS 2014, 215, 235 ff.; *Turck*, S. 35 (auch zum Nachfolgenden); Zweifel hierzu äußert *Hoffmann*, Prioritätsgrundsatz, S. 429.

Grundsatz auf internationaler Ebene besteht darin, sowohl den nationalen als auch internationalen Maßstäben umfassend gerecht zu werden. Demnach kann es nicht ausreichen, die Interpretation des Grundsatzes in der EuInsVO auf nationale Maßstäbe zu beschränken[427], auch wenn diese zu berücksichtigen sind. Es muss eine autonome Auslegung des Grundsatzes erfolgen[428], die verdeutlicht, welche Bedeutung der Gläubigergleichbehandlung auf europäischer Ebene über nationale Wertungsgesichtspunkte hinaus zukommt.

I. Parallele Entwicklungen

Bevor eine Analyse der EuInsVO im Hinblick auf die Gläubigergleichbehandlung erfolgt, sollen hierzu zunächst einige Parallelentwicklungen in Form von internationalen Übereinkommen sowie Vorschlägen internationaler Organisationen ausgewertet werden.

1. Instanbul Übereinkommen[429]

Noch vor Inkrafttreten der EuInsVO entwickelte der Europarat ein europäisches Konkursübereinkommen, das als einer der wichtigsten Vorreiter für grenzüberschreitende Insolvenzen galt.[430] Das Übereinkommen wurde allerdings nur von Zypern ratifiziert und nur als Zwischenlösung bis zum Inkrafttreten der EuInsVO angesehen. Inhaltlich ging es überwiegend um die Erweiterung von Insolvenzverwalterbefugnissen (Kapitel II, Art. 6–15) sowie die Eröffnung von Sekundärinsolvenzverfahren in anderen Mitgliedstaaten (Kapitel III, Art. 16–28). Mithin lag dem Regelwerk das Konzept der eingeschränkten Universalität zugrunde. Art. 24 trug dabei den Titel „*Equality of creditors*". Dadurch bekannte sich das Übereinkommen grundsätzlich zum Prinzip der Gläubigergleichbehandlung.[431] Die dazugehörige Regelung bezog sich auf die Verteilung des Schuldnervermögens im Falle mehrerer Verfahren in unterschiedlichen Mitgliedstaaten. Dabei handelte es sich nicht bloß um eine Kollisions-, sondern um eine reine Sachnorm, die eine materielle Gerechtigkeit herstellen wollte, indem

427 ähnlich: *Martius*, Verteilungsregeln, S. 64; a. A. *Wiórek*, Gläubigergleichbehandlung, S. 67, der die Gläubigergleichbehandlung als rein nationales Element ansieht.

428 *Willemer*, S. 57, 58.

429 European Convention on Certain International Aspects of Bankruptcy.

430 Vgl. *Virgós/Schmit* Report, Rn. 4; Pannen-*Pannen*/Riedemann, Einl. Rn. 16.

431 Explanatory Report to the Instanbul Convention – ETS 136, Rn. 118 ff. (auch zum Folgenden).

sie nur dann eine Befriedigung außerhalb des Hauptverfahrens vorsah, wenn alle anderen Gläubiger gleichen Ranges in dem in Rede stehenden Verfahren befriedigt wurden. Im Falle einer Beteiligung sollte allerdings auch eine *pro rata* Verteilung erfolgen.[432]

Aus dieser Regelung geht in erster Linie hervor, dass die Durchführung von Sekundärverfahren dem Prinzip der Gläubigergleichbehandlung zuwiderläuft und trotz unabhängig voneinander zu betrachtenden Vermögensmassen einen Ausgleich erforderlich ist. Überdies wird klargestellt, dass eine Verteilungsgleichheit nicht gläubigerübergreifend, sondern lediglich innerhalb derselben Gläubigergruppe erwünscht ist. Ob diese Regelung insgesamt tatsächlich als positiv i. S. d. Gläubigergleichbehandlung zu bewerten ist, soll an späterer Stelle im Rahmen der Parallelvorschrift der EuInsVO (Art. 23) diskutiert werden. Festzuhalten bleibt dennoch, dass der Grundsatz bereits zu Beginn der europäischen Insolvenzgesetzgebung berücksichtigt und der Versuch unternommen wurde, über die kollisionsrechtlichen Regelungen hinaus auch eine materielle Verteilungsgerechtigkeit herzustellen und damit zumindest einen einheitlichen Wertmaßstab zu schaffen.

Eine formelle Gleichbehandlung wird zudem durch die Regelungen über eine Unterrichtungspflicht gegenüber den Gläubigern hergestellt (Kapitel IV). Darin wird klargestellt, dass zumindest bekannte Gläubiger über ein Verfahren in Kenntnis zu setzen sind sowie, dass jeder Gläubiger unabhängig von seinem Wohnort, Forderungen im Verfahren anmelden kann (Art. 30 und 31). Hierbei handelt es sich zwar auf den ersten Blick nicht um speziell insolvenzrechtlich zu qualifizierende Regelungen, allerdings gewährleisten sie eine allgemeine Gleichbehandlung der Gläubiger, die den grundsätzlichen Zugang zum Schuldnervermögen und das Verhältnis der Gläubiger untereinander regeln. Es schützt die Gläubiger vor einer formalen Ungleichbehandlung über die Staatsgrenzen hinaus.[433]

2. IBA Cross-Border Insolvency Concordat (1995)[434]

Um die Harmonisierung grenzüberschreitender Insolvenzen voranzutreiben, hat die *International Bar Association* zehn unverbindliche Prinzipien für Gerichte und Verwalter aufgestellt, die *ad hoc* auf den jeweiligen Sachverhalt

432 Siehe hierzu Case 1, C im Explanatory Report to the Instanbul Convention – ETS 136, Rn. 11.

433 Siehe hierzu auch *Bork*, Principles, Rn. 4.12.

434 Der Text ist abrufbar unter www.ibanet.org.

individuell und flexibel angewendet werden können.[435] Diese Regeln waren als Hilfestellung und Orientierung für den Zeitraum gedacht, in dem noch kein verbindlicher Rechtsakt in Form einer Verordnung oder eines Übereinkommen für grenzüberschreitende Sachverhalte in Kraft getreten ist.[436] Inhaltlich geht es überwiegend um das Verhältnis und die Koordination von Haupt- und Sekundärinsolvenzverfahren. Die Einleitung von mehreren Insolvenzverfahren für das Vermögen eines Schuldners macht deutlich, dass dem Projekt das Prinzip der modifizierten Universalität zugrunde liegt.

Auf die Gläubigergleichbehandlung wird an vielen unterschiedlichen Stellen Bezug genommen. Das Konkordat sieht in Prinzip 2 (c) für einfache Gläubiger zwar nur die Möglichkeit der Anmeldung und Verteilung ihrer Forderung im Hauptverfahren vor. Dabei wird die Forderung jedoch nicht zwingend dem Recht des Verfahrensstaates unterworfen. Dabei verbietet Prinzip 2 (d) die Diskriminierung von einheimischen und ausländischen Gläubigern im Hauptverfahren, um den internationalen Wirtschaftsverkehr zu erhalten und schützen. Dieses Verbot wird durch Prinzip 3 (c) konkretisiert. Danach steht grundsätzlich allen Gläubigern der Zugang zu allen eröffneten Verfahren des Schuldners offen, um so eine Chancengleichheit zu gewährleisten. Dabei soll ein Forderungsinhaber idealerweise an nur einem Verfahren teilnehmen. Hierbei steht dem Gläubiger ein Wahlrecht zu, den Gerichtsstandort zu wählen, der ihm die günstigste Rechtsdurchsetzung verspricht. Dieses Wahlrecht gilt jedoch, soweit ersichtlich, nicht für einfache Gläubiger. Das Konkordat geht davon aus, dass dieses Wahlrecht ein Ausdruck der Chancengleichheit von Gläubigern ist. Sofern die Forderung dennoch in mehreren Verfahren angemeldet wird, darf eine Befriedigung nur anteilig erfolgen, sodass sie 100 % nicht übersteigt, Prinzip 4 (c). Sofern in einem Verfahren gewisse Informationen öffentlich zugänglich sind für Gläubiger, fordert Prinzip 3 (d) zudem, dass diese Informationen auch in allen übrigen Verfahren zur Verfügung stehen.

Um Sprachbarrieren sowie unbekannte Formalitäten zu überwinden, können ausländische Gläubiger ihre Forderungen nach den Regeln ihres Heimatstaates anstelle des Verfahrensstaates anmelden, Prinzip 2 (c). Auch wenn damit dem Grunde nach die Forderungsanmeldung aus Vertrauensschutzgesichtspunkten innerhalb der Gläubigergemeinschaft unterschiedlich gehandhabt werden kann, dient die Regelung dazu, einen Forderungsverlust auf Grund von unbekannten

---

435 *Benning*, Prinzipien, S. 89; *Czaja*, Kooperationsvorgaben, S. 21; *Nielsen/Sigal, Wagner*, 70 Am. Bankr. L.J. 70 (1996), 533, 537f.

436 Siehe Präambel des Konkordats; *Wessels/Boon*, S. 16.

Formalien zu verhindern und letztlich gleiche Zugangsvoraussetzungen für Gläubiger unterschiedlicher Staaten zu schaffen.

Materielle Verteilungsregelungen finden sich in den Prinzipien 2 (b), 4 (e), (f) und 5. Grundsätzlich sollen gesicherte und privilegierte Gläubiger nach den Regeln des jeweiligen Verfahrensstaates befriedigt werden, Prinzip 4 (d). Alle weiteren (ungesicherten) Forderungen einer Gläubigergruppe sollen hingegen immer einheitlich *pro rata* verteilt werden, sodass zumindest in diesem Bereich ein weltweiter Maßstab ohne Ausnahmen etabliert wird, Prinzip 4 (e). Diese *pro rata* Verteilung soll auch unabhängig vom Forum, in dem die Forderung angemeldet ist, erfolgen. Auch wenn eine *pro rata* Verteilungsregel in den meisten Jurisdiktionen kodifiziert ist und keine Neuerung darstellt, handelt es sich bei dem Prinzip 4 um eine erstmalige, klare und auf eine weltweite Vereinheitlichung der Gläubigergleichbehandlung gerichtete Formulierung.

Überdies tragen die Prinzipien 5 sowie 2 (b) der Möglichkeit mehrerer Verfahren in unterschiedlichen Staaten Rechnung. Sofern nach der Befriedigung gesicherter und privilegierter Gläubiger ein Überschuss zu verzeichnen ist, ist dieser an das Haupt- oder Sekundärverfahren abzuführen. Eine ähnliche Regelung findet sich in[437] Art. 24 des Istanbul Übereinkommens.

Anhand dieser Prinzipien wird deutlich, dass die Gläubigergleichbehandlung einen tragenden Grundsatz des Konkordats bildet und viele Bereiche beeinflusst. Die IBA Prinzipien enthalten viele Ausprägungen der Gläubigergleichbehandlung, die eindeutig formuliert sind und zu einer weltweiten Harmonisierung beitragen wollen. Allerdings lassen Regelungen wie Prinzip 2 (c) auch erkennen, dass das Konkordat im Rahmen der Verteilung von der Existenz privilegierter Gläubiger ausgeht. Ferner ist es nicht Ziel des Konkordats, die Verteilungsordnungen der einzelnen Staaten zu vereinheitlichen. Vielmehr sollen die unterschiedlichen Regelungen respektiert und der internationale Handel vereinfacht werden.

Zudem ist die starre Anmeldung einfacher Gläubigerforderungen im Hauptverfahren als Ungleichbehandlung zu werten, auch wenn in der Sache keine Diskriminierung im Verhältnis der Gläubiger untereinander erfolgen darf.

3. UNCITRAL Model Law on Cross-Border Insolvency (1997)[438]

Nachdem die Arbeiten zum IBA Konkordat abgeschlossen waren, hat sich die Kommission der Vereinten Nationen dazu entschlossen, einen einheitlichen

437 Eine ähnliche Regelung findet sich in Prinzip 2 (b) für Hauptverfahren.
438 Der Text des Modelgesetzes ist abgedruckt in ZIP 1997, 2224 ff.

Maßstab für grenzüberschreitende Insolvenzen in Form eines Modellgesetztes und nicht mittels einer Konvention zu schaffen.[439] Dadurch konnten Grundsätze für internationale Insolvenzen etabliert werden.[440] Die Unverbindlichkeit und Flexibilität der Bestimmungen sollten das Risiko eines erneuten Scheiterns minimieren und so die Erfolgschancen des Soft Laws erhöhen. Jedem Staat stand und steht es damit frei, die Vorschläge in das eigene Insolvenzsystem einzubauen und die vorgegebene Konzeption an die eigenen territorialen Bedürfnisse anzupassen. Am 15. Dezember 1997 wurde *das UNICTRAL Model Law on Cross-Border Insolvency* von der UN-Vollversammlung angenommen[441] und ist seither von mehreren Staaten umgesetzt worden.[442]

Zu den wesentlichen Bestimmungen des Modellgesetzes zählen der Zugang zum Verfahren (Chapter II), die Anerkennung ausländischer Verfahren (Chapter III), Fairness sowie Kooperation von Gerichten und Verwaltern (Chapter IV).[443] Allerdings sollen stets nationale Besonderheiten des jeweiligen Prozessrechts und damit auch territoriale Interessen berücksichtigt werden.[444] Eine vollständige Vereinheitlichung entsprach nie der Intention der Kommission. So fehlt auch beispielsweise eine Regelung zur internationalen Zuständigkeit.

Die Gläubigergleichbehandlung ist im Rahmen des UNCITRAL Model Laws Ausdruck eines fairen und ordnungsgemäßen Verfahrens als auch des grundsätzlichen Zugangs der Gläubiger zum Schuldnervermögen. Die Präambel greift beide Aspekte auf, indem sie die faire und effiziente Verwaltung unter Berücksichtigung aller Gläubiger- sowie Schuldnerinteressen als Ziel formuliert und den Grundsatz damit auch ausdrücklich benennt.[445] Auch die übrigen Ziele stehen im Einklang mit dem Grundsatz. Sowohl die Koordination unterschiedlicher Verfahren[446] als auch der Schutz des Schuldnervermögens sowie dessen Maximierung[447] führen zu einer besseren Gläubigerbefriedigung und erhöhen

---

439 D/K/C-*Duursma*, Teil 2, Parallelentwicklungen, Rn. 5 ff.; Pannen-*Pannen/Riedemann*, Einl. Rn. 18; *Holzer*, NZI 2014, 337, 339; *Wimmer*, ZIP 1997, 2220, 2221 (auch zum Folgenden).

440 *Deane/Mason*, Int. Ins. Rev. Vol. 25, 138, 145.

441 Resolution der Generalversammlung 52/158 vom 15.12.1997.

442 So hat beispielsweise im europäischen Raum Großbritannien davon Gebrauch gemacht (The Cross-Border Insolvency Regulations 2006 – Sl 2006/1030).

443 *Wimmer*, ZIP 1997, 2220, 2221.

444 Guide to Enactment and Interpretation UNCITRAL, Rn. 3 (auch zum Folgenden).

445 (c) der Präambel.

446 (a) der Präambel.

447 (d) der Präambel.

gegebenenfalls die Quoten ungesicherter Gläubiger. Lediglich das Ziel der Rechtssicherheit im Handels- und Investitionssektor[448] als Ausdruck des Vertrauens- und Bestandschutzes nationaler Gläubigerrechte kann eine Gleichstellung von Gläubiger durch die Anwendung unterschiedlicher Regelungen derselben Gruppe verhindern. Ebenso besteht bei dem Ziel einer Sanierungserleichterung[449] die Gefahr, dass diese zulasten einiger Gläubiger(gruppen) erfolgt und Befriedigungschancen schmälert.

Inhaltlich entspricht die Verwirklichung des Grundsatzes derjenigen im Istanbul Übereinkommen. Beide Regelwerke zählen die Gläubigergleichbehandlung zu den Wertungsmaßstäben einer fairen und effizienten internationalen Insolvenz. Die Umsetzung erfolgt auch mit Hilfe eines grundsätzlichen Zugangs zum Schuldnervermögen in Form einer Inländergleichstellung (Art. 13) sowie einer Angleichungsregelung auf Verteilungsebene (Art. 32). Der *Guide to Enactment and Interpretation* stellt dabei jedoch klar, dass eine Gleichstellung nur für Gläubiger ein und derselben Gläubigerklasse hergestellt werden soll.[450] Folglich sind sowohl formelle sowie materielle Komponenten des Grundsatzes vorhanden. Allerdings müssen ausländischen Gläubigern nicht dieselben Vorrechte eingeräumt werden wie inländischen (Art. 13 Nr. 2)[451], sodass die Gleichbehandlung erneut relativiert wird.

Obwohl das UNICTRAL Model Law vom Grundsatz einer einheitlichen Auslegung ausgeht (Art. 8), kann es keinen sicheren Maßstab für eine (materielle) Gleichbehandlung schaffen. Letztlich handelt es sich doch nur ein unverbindliches Mustergesetz, das von der jeweiligen Rechtsordnung geformt werden kann und auch soll. Dem Grundsatz der Gläubigergleichbehandlung steht das Modellgesetz eher verhalten gegenüber, zumal es nationale Interessen höher bewertet.[452] Zudem erscheint das Gesetz aus heutiger Sicht veraltet und bedarf einer Überarbeitung aus Sicht eines modernen Insolvenzsystems.

4. UNICTRAL Legislative Guide on Insolvency Law (2004)

Überdies hat die UNCITRAL im Jahre 2004 einen Leitfaden für die Implementierung des Mustergesetzes entwickelt. Die Besonderheit besteht darin, dass im

---

448 (b) der Präambel.

449 (e) der Präambel.

450 *Guide to Enactment and Interpretation*, Rn. 20.

451 *Hoffmann*, Gläubigergleichbehandlung, S. 419, Fn. 49; *Wimmer*, ZIP 1997, 2220, 2222.

452 Ähnlich *Kodek*, KTS 2014, 215, 237.

Rahmen dieser Anweisungen die Gläubigergleichbehandlung definiert wird. Hierzu heißt es:

> *„The Principle according to which similarly situated creditors are treated and satisfied proportionaly to their claim out of the assets of the estate available for distribution to creditors to their rank."*

Hierbei wird klargestellt, dass eine Gläubigergleichbehandlung ein Prinzip darstellt, das nur unter (ungesicherten) Gläubigern der gleichen Gruppe erfolgt und nur im Rahmen der Verteilung zum Tragen kommt. Damit ist der Anwendungsbereich der proportionalen Verteilung konkret bestimmt und auf ungesicherte Gläubiger beschränkt. Allerdings handelt es sich hierbei um eine Definition, die an einem nationalen Kontext ausgerichtet ist. Ob dieser materielle Maßstab auch für grenzüberschreitende Insolvenzen gilt, ist soll im weiteren Verlauf anhand der EuInsVO diskutiert werden.

Allerdings weist der Guide ebenso darauf hin, dass die Gläubigergleichbehandlung auf Grund sozialer Begebenheiten durchbrochen werden kann.

5. The World Bank's Principles for Effective Insolvency and Creditor/Debtor Regimes (2015)

Die *World Bank Group* setzt sich als internationale Sonderorganisation der Vereinten Nationen für die Schaffung von einheitlichen Prinzipien im nationalen Insolvenzrecht ein, um den internationalen Finanzmarkt zu stabilisieren.[453] Solche Prinzipien wurden im Jahre 2001 erstmals entwickelt und zuletzt 2015 aktualisiert. Ziel war es unter anderem in Zusammenarbeit mit UNICTRAL einen Gleichlauf mit dem *UNCITRAL Legislative Guide on Insolvency Law* herzustellen.[454] Inhaltlich geht es in erster Linie darum, grenzüberschreitende Insolvenzen so effizient, rechtssicher und transparent wie möglich für Gläubiger und Schuldner zu gestalten und Finanzstabilität herzustellen.[455] Die Prinzipien sind dabei so konzipiert, dass sie sich in die unterschiedlichen nationalen Insolvenzrechtssysteme unabhängig von den jeweiligen Besonderheiten eingliedern und trotz Diversität einen einheitlichen Maßstab schaffen. Es handelt sich mithin

453 *Wessels/Boon*, Cross-Border Insolvency, S. 5 ff. (auch zum Folgenden).

454 Dieser Guide spricht in Rn. 52, 67, 75, 191 das *pari passu* Prinzip sowie die gleiche Behandlung von Gläubigern an Allerdings gibt es keinerlei Recommendations für eine prioritätsfreie Verteilung. Lediglich Gläubiger der gleichen Gruppe sollen *pro rata* befriedigt werden.

455 World Bank Principles, S. 2.

um Grundsätze, die auf internationaler Ebene anerkannt sind, zumal nationale Rechtsordnungen darin übereinstimmen.

Die insgesamt 38 Leitlinien sind thematisch in vier unterschiedliche Abschnitte unterteilt. Zu Beginn werden allgemeine Regelungen zu Gläubiger- und Schuldnerrechten aufgestellt (A). Der zweite Teil befasst sich mit Risikomanagement und informelle Sanierungsvereinbarungen (B). Anschließend folgt der größte Abschnitt zu rechtlichen Rahmenbedingungen und zuletzt werden institutionelle Rahmenbedingungen behandelt (D).

Die allgemeinen Regelungen (A) betreffen zwar überwiegend die grundsätzliche Existenz von Sicherungsrechten sowie deren Publizität. Die letzten drei Prinzipien beziehen sich jedoch auf die Vollstreckung ungesicherter und gesicherter Forderungen in der Insolvenz. A 6–8 stellen dabei klar, dass die Verteilung des Schuldnervermögens nach den Prioritätsregeln des Verfahrensstaates erfolgen soll. Dies impliziert, dass nicht nur gesicherte, sondern auch ungesicherte Gläubiger einer Rangfolge unterliegen und somit nicht gleichbehandelt werden. Es ist mithin offensichtlich, dass auf dieser Ebene seitens der World Bank Group keine Harmonisierungsbestrebungen erkennbar sind und auch keine Ziele formuliert werden.

Lediglich innerhalb der Zielsetzung rechtlicher Rahmenbedingungen (C1) wird die Gleichbehandlung innerhalb einer ähnlichen Gläubigergruppen gefordert, die auch eine Gleichbehandlung einheimischer und ausländischer Gläubiger beinhaltet. Ob damit tatsächlich auch eine Verteilungsgerechtigkeit hergestellt werden soll, ist unklar. Zumal der Grundsatz jedoch auf unterschiedliche Gläubigergruppen Bezug nimmt, ist davon auszugehen, dass damit eine proportionale Verteilung des Schuldnervermögens erfolgen soll. Überdies verbietet C15 eine Diskriminierung von in- und ausländischen Gläubigern.

Insgesamt fällt auf, dass es in den World Bank Group Principles vielmehr um die Schaffung eines stabilen Kreditwesens geht, als um die Qualität der Gläubigerbefriedigung. Der Gläubigergleichbehandlung kommt hierbei keine zentrale Bedeutung zu, auch wenn sie in formaler Hinsicht an einigen Stellen Erwähnung findet und auch die Schuldnervermögensmaximierung ein Ziel insolvenzrechtlicher Rahmenbedingungen sein soll.

Dieses Regelwerk macht jedoch deutlich, dass eine Ungleichbehandlung von Gläubigern aus Sicht des Kreditwesens grundsätzlich gewollt und auch forciert wird. Die Insolvenzmasse wird durch gesicherte Gläubiger und deren Einzelzwangsvollstreckung ausgezehrt. Eine tatsächliche Gleichbehandlung ist folglich nur innerhalb der ungesicherten Gläubiger erwünscht. Sofern sich die Prinzipien am Legislative Guide on Insolvency Law der UNICTRAL orientiert, müssen hierbei nicht einmal ungesicherte Gläubiger gleichbehandelt, sondern nach der jeweiligen Prioritätsreihenfolge und nur in der gleichen Gruppe *pro rata* befriedigt werden. In diesen Regelwerken bildet die Gläubigergleichbehandlung folglich keinen Eckpfeiler des Insolvenzrechts.

6. Richtlinie für präventive Restrukturierung

Eine weitere Entwicklung ist im Bereich vorinsolvenzlicher Restrukturierungsmaßnahmen zu verzeichnen. Am 12. Dezember 2012 veröffentliche die europäische Kommission einen Richtlinienentwurf zur europaweiten Neuregung vorinsolvenzlicher Sanierungsverfahren.[456] Am 16. Juli 2019 ist die Richtlinie in Kraft getreten. Die mitgliedstaatliche Umsetzung der Richtlinie musste bis zum 17. Juli 2021 erfolgen. In Deutschland ist dies durch das StaRUG erfolgt. In Frankreich wurde die Richtlinie umgesetzt, indem das *sauvegarde accélérée* durch die Verordnung Nr. 2021-1193 vom 15. September 2021 als präventives Restrukturierungsverfahren angepasst wurde.

Ziel dieser Richtlinie ist die Insolvenzprävention und Etablierung einer europäisch harmonisierten *rescue culture*.[457] Sie besteht aus insgesamt fünf Abschnitten in Form von Allgemeinen Bestimmungen (Titel I), einem Präventiven Restrukturierungsrahmen (Titel II), einer zweiten Chance für Unternehmen (Titel III), Maßnahmen zur Steigerung der Effizienz von Restrukturierung, Insolvenz und zweiter Chance (Titel IV) sowie den Schlussbestimmungen (Titel V).

Vielen Mitgliedstaaten fehlte es bisher an präventiven Sanierungsmechanismen, sodass in diesem Bereich noch viel Handlungsspielraum besteht, um einheitliche Neuerungen in das Insolvenzsystem zu implementieren. Anders als im Rahmen einer kollisionsrechtlichen Verordnung wie der EuInsVO könnte die Richtlinie bei anschließender nationaler Umsetzung der Mitgliedstaaten eine tatsächliche Harmonisierung der unterschiedlichen nationalen Rechtssysteme bewirken und einen europäischen Sanierungsstandard schaffen.[458]

Gegenstand der Richtlinie ist kein klassisches Insolvenzverfahren, welches als Gesamtverfahren, die Insolvenz des Schuldners voraussetzt und einen vollständigen oder teilweisen Vermögensbeschlag zur Folge hat (Art. 2 Nr. 1 der RL). Vielmehr soll ein einheitlicher Rahmen für Restrukturierungen geschaffen werden, die als eine Änderung der Zusammensetzung, der Bedingungen oder der Struktur der Vermögenswerte und Verbindlichkeiten eines Schuldners […] einschließlich des Verkaufs von Vermögenswerten oder Geschäftsbereichen mit

456 COM (2016) 723 final.

457 *Madaus*, NZI 2017, 329, 330.

458 *Klupsch/Schulz*, EuZW 2017, 85, 86.

dem Ziel, es dem Unternehmen zu ermöglichen, seine Tätigkeit ganz oder teilweise fortzusetzen, definiert werden. Der Schuldner bleibt gemäß Art. 5 der RL bei diesem Vorgang ganz oder zumindest teilweise verfügungsbefugt.

Bereits anhand der gläubigerbezogenen Begriffsbestimmungen wird ersichtlich, dass die Richtlinie am Konzept unterschiedlicher Gläubigerklassenbildung (Art. 2 Nr. 3, 6, 7, 10 der RL) festhält. Die Gläubigergleichbehandlung wird als Ziel nirgends genannt, vorrangiges Ziel ist vielmehr die Rettung des Unternehmens zu wirtschaftlich günstigen Konditionen. Auch bestehen konkrete Möglichkeiten, Gläubiger „auszuschalten", um einem Sanierungsplan gerade unter Ausschluss störender Gläubiger zum Durchbruch zu verhelfen.

II. Die EuInsVO

1. Historische Entwicklung der Verordnung/Historie

Die Arbeiten zu einer einheitlichen europäischen Insolvenzverordnung wurden bereits im Jahre 1960 durch einen Sachverständigenausschuss der europäischen Regierungen aufgenommen.[459] Ziel war es dabei, die Förmlichkeiten für die gegenseitige Anerkennung und Vollstreckung richterlicher Entscheidungen und Schiedssprüche zu vereinfachen, zumal Art. 220 4. Spiegelstrich EWGV die Mitgliedstaaten dazu verpflichtete.

Die Besonderheit des ersten Vorentwurfes und der geänderten Fassung von 1980 bestand in der strikten Einheit sowie Universalität des Verfahrens[460], die jegliche Arten von Sekundärverfahren untersagten und nur ein Verfahren in einem Mitgliedstaat zuließen.[461] Ferner existierten materielle Regelungen, die ausdrücklich einen Konkursbeschlag für alle Vertragsstaaten (Art. 20) sowie ein Verbot aller Vollstreckungsmaßnahmen gegen den Schuldner (Art. 22) vorsahen. Es handelt sich auf den ersten Blick daher um eine Lösung ganz im Sinne der Gläubigergleichbehandlung, in der die Masse geschützt und auch eine einheitliche Behandlung aller Gläubiger nach dem Recht eines einzigen Staates gewährleistet wäre. Allerdings hätte es keine Gesamtmasse im Forum, sondern

459 *Czaja*, S. 33 ff.; D-K/D/C-*Duursma*, Geschichte der EuInsVO, Rn. 2 ff.; Mankowski/Müller/Schmidt-*Müller*, Einl., Rn. 6.

460 Zur Unterscheidung der beiden Begrifflichkeiten siehe *Virgós/Schmit* Report, Rn. 3; *Bork*, Principles, Rn. 2.12.

461 Art. 2, 15, 33 Vorentwurf des Übereinkommens über den Konkurs, Vergleiche und ähnliche Verfahren, EG-Dok. – III/D/72/80-DE – [von 1980], abgedruckt in ZIP 1980, 582 ff.

viele unterschiedliche Untermassen gegeben (Art. 43), die wiederum nach dem Recht des Vertragsstaates befriedigt worden wären. Auch das auf allgemeine Vorrechte anwendbare Recht (Art. 45 ff.) hätte sich nach der *lex rei sitae* im Zeitpunkt der Verfahrenseröffnung bestimmt. Die Koordination wäre hingegen vom Hauptverfahrensstaat aus erfolgt und gebündelt. Diese Vorgehensweise wurde jedoch insgesamt als zu kompliziert und nicht realisierbar empfunden, sodass das Vorhaben an der fehlenden Bereitschaft der Mitgliedstaaten scheiterte.[462]

Anschließend wurde mit dem EuInsÜ im Jahre 1995 eine Neukonzeptionierung vorgenommen.[463] Dabei wurde das strenge Einheits- und Universalitätsprinzip durch das der modifizierten Universalität ausgetauscht (Art. 27 EuInsÜ). Das Übereinkommen wurde allerdings nicht von Großbritannien unterzeichnet, sodass es nie wirksam in Kraft trat. Letztlich begannen im Jahre 1999 die Arbeiten an der EuInsVO, wobei der Wortlaut des EuInsÜ vielerorts übernommen wurde. Diese trat am 31. Mai 2002 in Kraft (Art. 47 EuInsVO a. F).

2. Die reformierte EuInsVO/Aktuelle Rechtslage

Nachdem die alte Fassung der EuInsVO Schwächen aufwies, wurde sie am 26. Juni 2017 infolge der Reform von der neuen EuInsVO (EU) 2015/848 des Europäischen Parlaments vom 20. Mai 2015 abgelöst. Art. 46 EuInsVO a. F. verpflichtete die Europäische Kommission zur Evaluierung der Verordnung, die unter anderem einen Vorschlag zur Anpassung der EuInsVO enthalten konnte. Davon machte die Kommission Gebrauch und reichte am 12. Dezember 2012 einen Vorschlag zur Verbesserung der Verordnung ein.[464] Dabei identifizierte sie nach Auswertung umfangreicher Studien und empirischer Untersuchungen fünf Themengebiete mit Optimierungsbedarf.[465] Die neue EuInsVO ist dem durch die Ausweitung ihres Anwendungsbereichs, Konkretisierung des COMI, der Minimierung von Sekundärverfahren, einer verbesserten Publizität und Forderungsanmeldungen sowie erstmaligen Regelungen für Konzerninsolvenzen nachgekommen.[466]

---

462 *Czaja*, S. 35; *Moss/Fletcher/Isaacs*, Rn. 1.17; Pannen-*Pannen/Riedemann*, Einl, Rn. 5; *Virgós/Schmit* Report, Rn 5; *Wessels*, International Insolvency Law (2006), Rn. 10435: *Westpfahl/Goetker/Wilkens*, Rn. 22.

463 Übereinkommen über Insolvenzverfahren der Europäischen Union, der Rat, Vermerk 9213

464 COM (2012) 744 final.

465 COM (2012) 744 final, S. 2 ff.; *Tollenaar*, IILR 2011, 252.

466 COM (2012) 744, final, S. 2–10.

a) *Ziele der Verordnung*

Zunächst ist die Verordnung selbst das Ergebnis einer unionsrechtlichen Zielsetzung, die die Schaffung eines gemeinsamen Raumes der Freiheit, Sicherheit und des Rechts beinhaltet.[467] Sie dient mithin zunächst dem übergeordneten Ziel eines reibungslos funktionierenden Binnenmarktes.[468] Die EuInsVO soll dies durch eine effiziente und effektive Abwicklung grenzüberschreitender Insolvenzen bewerkstelligen[469], indem sie Zuständigkeit, anwendbares Recht sowie Anerkennung und Vollstreckung[470] reguliert. Da eine Krise global agierender Unternehmensgruppen auch unmittelbare Auswirkungen auf die Funktionsfähigkeit des Binnenmarkts haben kann, implementiert die EuInsVO nunmehr auch Regelungen zur effektiven Durchführung von Konzerninsolvenzen.[471]

Ein weiteres Ziel liegt in der Verhinderung des *forum shopping*.[472] In diesem Kontext integriert die Neufassung im Vergleich zur alten Version auch die Gläubigergleichbehandlung in ihre Zielsetzung, indem sie die Verlagerung von Vermögensgegenständen oder Gerichtsverfahren in einen anderen Mitgliedstaat nicht gestattet, sofern dies zum Nachteil der Gläubigergesamtheit führt und einzelne Rechtspositionen verbessert.[473] Mithin ist die Verhinderung des *forum shopping* untrennbar mit dem Grundsatz der Gläubigergleichbehandlung verknüpft, sodass einer fairen Befriedigung der Gläubiger und dem Schutz der Haftungsmasse innerhalb der Verordnung oberste Priorität zukommt.[474]

b) *System der Verordnung*

Im Idealfall soll ein einziges Hauptinsolvenzverfahren unter Einbeziehung der gesamten in- sowie ausländischen Vermögensmasse und aller Gläubiger am COMI des Schuldners durchgeführt werden. Die Bestimmung des COMI hat sich in der Praxis als schwierig erwiesen, sodass der Gesetzestext in seiner Neufassung der EuInsVO um die vom EuGH entwickelten Leitlinien sowie den Wortlaut des Erwägungsgrundes (13) ergänzt wurde.[475]

---

467 Art. 3 Abs. 3 EUV; Erwägungsgrund (2).
468 Erwägungsgrund (3).
469 Erwägungsgründe (1), (2).
470 Erwägungsgrund (8).
471 Erwägungsgrund (51).
472 Erwägungsgründe (5), (29), (46).
473 Erwägungsgrund (5).
474 Mankowski/Müller/Schmidt-*Müller*, Einl., Rn. 13.
475 COM (2012) 744, final, S. 3, 7; vgl. auch *Thole*, ZEuP 2014, 39, 51.

Auf Grund der großen Unterschiede innerhalb der einzelnen mitgliedstaatlichen Rechtsordnungen ist die Durchführung eines einzigen Verfahrens jedoch nicht uneingeschränkt möglich[476], sodass die Verordnung auch Sekundärverfahren zulässt, sofern der Schuldner eine Niederlassung in einem anderen Staat als dem Eröffnungsstaat vorweisen kann, Art. 3 Abs. 2 S. 1, 34 ff. EuInsVO. Anders als das Hauptverfahren erfasst dieses lediglich die Vermögensmasse, die im betreffenden Mitgliedstaat belegen ist. Die Verordnung verfolgt mithin das Konzept der modifizierten Universalität und Einheit des Verfahrens.[477] Da die Eröffnung eines zweiten Verfahrens grundsätzlich das Risiko einer ineffizienten Abwicklung birgt, war es ein Anliegen der Kommission, dies zu korrigieren.[478] Daher können Gerichte nunmehr zum Schutz inländischer Gläubigerinteressen von einer Aufschiebungs- oder Ablehnungsmöglichkeit für Sekundärverfahren Gebrauch machen, Art. 36 ff. EuInsVO.

Um den Vorrang des Hauptverfahrens zu sichern, bestimmt sich das anwendbare Recht nach der *lex fori concursus*, Art. 7 EuInsVO. Davon werden jedoch aus Vertrauensschutzgesichtspunkten Ausnahmen zugunsten schutzwürdiger Rechtspositionen (Art. 8–18 EuInsVO) gemacht, sodass auch dieses Prinzip nicht vollständig verwirklicht ist. Diesen Bereich hat die Reform weiterestgehend unberührt gelassen. Der Grundsatz der Anerkennung von Insolvenzverfahren, Art. 19 EuInsVO, besteht ebenfalls unverändert fort.

3. Verwirklichung der Gläubigergleichbehandlung in der EuInsVO

Die Gläubigergleichbehandlung wird oftmals als der tragende Grundsatz der EuInsVO bezeichnet.[479] Eine autonome Definition existiert im Rahmen der Verordnung allerdings bisher nicht. Vielmehr wird der Grundsatz in der Literatur oftmals auf seinen nationalen Gehalt reduziert und auch nur danach beurteilt.[480] Auch wenn europäische Rechtsakte stets eine Art Konsens nationaler Rechtsordnungen darstellen[481], so unterliegen deren Begrifflichkeiten dennoch

---

476 Erwägungsgrund (22).

477 *Fehrenbach*, GPR 2016, 282.

478 COM (2012) 744, final, S. 3, 8.

479 *Bauer*, Ungleichbehandlung, S. 78; D-K/D/C-*Duursma-Kepplinger*, Vor., Rn. 19; *Leible/Staudinger*, KTS 2000, 533, 563; *Moss/Fletcher/Isaacs*, 8.291; *Keggenhoff*, S. 36; Pannen-*Riedemann*, Art. 20, Rn. 1; a. A. *Kodek*, KTS 2014, 215, 235.

480 Vgl. *Hoffmann*, Gläubigergleichbehandlung, S. 429; *Tkatchenko*, Restschuldbefreiung, S. 104; *Wiórek*, Gläubigergleichbehandlung, S. 34.

481 D-K/D/C-*Duursma-Kepplinger*, Vor., Rn. 20.

grundsätzlich immer einer autonomen Auslegung.[482] Dadurch wird sowohl das Gebot der einheitlichen Rechtsanwendung als auch der primärrechtlich verankerte Gleichbehandlungsgrundsatz gewahrt. Mithin soll im Nachfolgenden untersucht werden, ob die Gläubigergleichbehandlung in der EuInsVO einen eigenständigen Gehalt vorweisen kann oder sich dem Grunde in ihrer nationalen oder primärrechtlichen Ausprägung erschöpft. Insbesondere die Reform der Verordnung soll bei dieser Analyse besonders berücksichtigt werden, um so den Grundsatz in seinem Stellenwert am Gesamtsystem messen zu können.

a) Anwendungsbereich, Art. 1 EuInsVO

aa) Alte Fassung der EuInsVO

Eine der gravierendsten Änderungen der Reform betrifft den Anwendungsbereich der Verordnung. In ihrer alten Fassung galt sie gemäß Art. 1 Abs. 1 EuInsVO für „*Gesamtverfahren, welche die Insolvenz des Schuldners voraussetzen und den vollständigen oder teilweisen Vermögensbeschlag gegen den Schuldner sowie die Bestellung eines Verwalters zur Folge haben*". Diese vier Bedingungen mussten kumulativ vorliegen.[483] In Anhang A und B waren zusätzlich Insolvenzverfahren (Art. 2 lit. a) EuInsVO) sowie Liquidationsverfahren (Art. 2 lit. c) EuInsVO a. F.) konkret aufgelistet, die die Verordnung erfasste.[484] Das Verhältnis der Definition in Art. 1 Abs. 1 EuInsVO a. F. zu Anhang A a. F. sowie der Frage, auf welche Regelung es maßgeblich ankommt, blieb hingegen unklar.[485] Dies wäre nicht nur für die Anwendbarkeit der Verordnung und die darin enthaltenen Verfahren relevant gewesen, sondern auch für die Anerkennung eines jeden Verfahrens nach Art. 16 a. F.[486] Im Idealfall sollten beide Regelung stets überein kommen, indem die in Anhang A aufgeführten Verfahren der Definition des Art. 1 Abs. 1 EuInsVO a. F. entsprachen.

---

482 Grds. noch zum EuGVÜ: EuGH Urt. v. 14.10.1976 – Rs. 29/76, Slg. 1976, 1541; EuGH v. 22.11.1977 – Rs. 43/77, Slg. 1977, 2175; EuGH Urt. v. 02.05.2006, Rs. C-341/04, *Eurofood Ltd.*, Slg. 2006, I-3813, ECLI:EU:C:2006:281; Mankowski/Müller/Schmidt-*Müller*, Einl. Rn. 36 m.w.N. auch zum Folgenden; *Willemer*, Vis attractiva concursus, S. 57, 58.

483 D-K/D/C-*Duursma-Kepplinger*, Art. 1, Rn. 10; Schmidt-*Brinkmann*, Art. 1, Rn. 2; *Vigós/Schmit*, Rn. 48.

484 *Vigós/Schmit*, Rn. 9.

485 Bork/Mangano-*Bork*, Rn. 2.48; Hess/Oberhammer/Pfeiffer-*Hess*, S. 25, 28; Pannen-*Pannen*, Art. 1, Rn. 10; *Thole*, IPRax 2017, 213, 214; *Wenner*, ZIP 2017, 1137, 1139.

486 *Eidenmüller*, ZIP 2016, 145; *Westpfahl/Goetker/Wilkens*, Rn. 63.

Der Begriff des Gesamtverfahrens wurde dem Istanbuler Übereinkommen entnommen[487] und implizierte, dass die Verordnung nur Kollektivverfahren erfasse, in denen alle betroffenen Gläubiger die Befriedigung ihrer Forderungen anstreben könnten, da individuelle Rechtsverfolgungsmaßnahmen ausgeschlossen waren.[488] Mit betroffenen Gläubigern waren jedoch wohl nur Quoten- und nicht Sicherungsgläubiger gemeint, zumal diese ihre Rechte auch nach Verfahrenseröffnung noch im Wege der Einzelrechtsverfolgung durchsetzen konnten (siehe auch Art. 5 a. F.).[489] Dadurch wird deutlich, dass sich auch der autonome Begriff des Gesamtverfahrens nur auf ungesicherte Gläubiger bezog und damit dem nationalen Verständnis folgte. Für das Vorliegen eines solchen konnte insoweit nur maßgeblich sein, dass die *par condicio creditorum* gewahrt bleibt.[490]

Das Erfordernis einer materiellen Insolvenz des Schuldners sollte sich hingegen ausschließlich nach dem Recht des Eröffnungsstaates richten und keiner autonomen Begrifflichkeit unterliegen.[491] Damit waren vorinsolvenzliche Verfahren eindeutig vom Anwendungsbereich und auch der Aufnahmemöglichkeit in Anhang A ausgenommen. Der sachliche Anwendungsbereich war folglich überwiegend auf klassische Liquidationsverfahren zugeschnitten.[492]

Das Erfordernis eines ganzen oder teilweisen Vermögensbeschlags i. S. d. Art. 1 Abs. 1 EuInsVO a. F. war dann verwirklicht, wenn die Verwaltungs- und Verfügungsbefugnis des Schuldners in Bezug auf sein Vermögen auf eine andere Person bzw. den Insolvenzverwalter übergegangen ist.[493] Damit wurde die Vermögensmasse vor Bevorzugung einzelner Gläubiger durch den Schuldner geschützt. Auch, wenn der bloße Vermögensbeschlag keine Aussage darüber trifft, wie das Vermögen letztlich verteilt wird[494], so handelt es sich dabei dennoch um einen Schutz, der der Masse zugute kommt und auch einen notwendigen Bestandteil für eine gerechte Verteilung bildet.

Die Verordnung stellte mit den vorgenannten Kriterien bereits in ihrem ersten Artikel die Weichen für die Verwirklichung des Prinzips der Gläubigergleichbehandlung. Bei Art. 1 Abs. 1 EuInsVO a. F. handelt es sich um eine Sachnorm,

---

487 *Fehrenbach*, GPR 2016, 282, 283.

488 *Vigós/Schmit*, Rn. 49.

489 *Chalupsky* in Baudenbacher, Bd. 1 (1998), S. 330 (auch zum Folgenden).

490 *Fehrenbach*, GRP 2016, 282, 285.

491 D-K/D/C-*Duursma-Kepplinger*, Art. 1, Rn. 20; *Moss/Fletcher/Isaacs*, Rn. 3.02; Pannen-*Pannen*, Art. 1, Rn. 8.

492 So auch Bork/Mangano-*Bork*, Rn. 2.53; Hess/Oberhammer/Pfeiffer-*Hess*, S. 25

493 *Vigós/Schmit*, Rn. 49.

494 Diesen Kritikpunkt führt *Hoffmann*, Gläubigergleichbehandlung, S. 429, ins Feld.

die in ihren Kernpunkten Elemente der Gläubigergleichbehandlung aufgreift. Denn nur solche Gesamtverfahren fallen in den Anwendungsbereich der Verordnung, die allen ungesicherten Gläubigern die Möglichkeit der Teilnahme am Verfahren geben, den Vermögensbeschlag sichern sowie eine Einzelrechtsverfolgung ausschließen. Auch, wenn die Verordnung in ihrer a. F. keine eigenen grenzüberschreitenden Insolvenzverfahren geschaffen, sondern lediglich auf nationale Verfahrensmodelle verwiesen hat (Anhang A, B), hat sie bewusst den Maßstab eines grenzüberschreitenden Gläubigerschutzes formuliert und für alle Mitgliedstaaten vereinheitlicht. Dabei ist sie zunächst von einem nationalen Verständnis des Grundsatzes ausgegangen, der auf ein klassisches Liquidationsverfahren zugeschnitten ist[495], obwohl auch eine autonome Auslegung abweichend von nationalen Vorstellungen möglich wäre. Eine Aussage zu den Verteilungsmodalitäten enthielt die Verordnung an dieser Stelle nicht, zumal dies den jeweiligen Rechtsordnungen des Mitgliedstaates überlassen bleibt, in denen das Verfahren durchgeführt wird.

bb) Neue Fassung der EuInsVO

Der Anwendungsbereich der neuen Verordnung wurde deutlich weiter gefasst[496], indem nicht nur die Anzahl der Verfahren in Anhang A auf mehr als das Doppelte angestiegen ist, sondern auch der Wortlaut des Art. 1 Abs. 1 S. 1 EuInsVO gravierende Änderungen erfahren hat. Zudem steht nun ausdrücklich fest, dass sich die Anerkennung sowie Einordnung eines Verfahrens in den Anwendungsbereich nach Anhang A richten und dort aufgelistet sind, während die Definition des Art. 1 Abs. 1 EuInsVO die grundsätzlichen Aufnahmekriterien des Anhanges enthält, Art. 1 Abs. 1 S. 3 EuInsVO. Damit soll ein Gleichlauf hergestellt werden, der vor allem in der Praxis Rechtssicherheit schafft.[497] Allerdings besteht weiterhin die Gefahr, dass die bereits aufgenommenen Verfahren innerstaatlich verändert werden und damit nicht mehr den Kriterien des Art. 1 Abs. 1 EuInsVO entsprechen.[498] Dem könnte die Kommission lediglich mit einem Vertragsverletzungsverfahren nach Art. 258 ff. AEUV begegnen, das jedoch keine kurzfristige und effektive Rechtsdurchsetzung bietet. Die Chancen für einen *ordre public* Einwand im Rahmen der Anerkennung sind aus ebendiesen Gründen als gering

---

495 Vgl. hierzu auch *Fehrenbach*, ZIP 2014, 2485, 2489.

496 *Albrecht*, ZInsO 2015, 1077; Bork/van Zwieten-*van Zwieten*, Rn. 1.18; *Prager/Keller*, NZI 2013, 57, 58.

497 *Kindler*, KTS 2014, 25, 28; *Thole/Swierczok*, ZIP 2013, 550.

498 *Parzinger*, NZI 2016, 63, 64 (auch zum Folgenden); *Thole*, IPRax 2017, 213, 215.

einzustufen. Es wäre allenfalls eine teleologische Reduktion des Art. 1 Abs. 1 EuInsVO denkbar, sodass der Verweis auf Anhang A im Einzelfall hinfällig wäre. Diese Lösung ginge jedoch zu Lasten der gerade neu erworbenen Rechtssicherheit in der Verordnung und erscheint daher nur im äußersten Missbrauchsfall vertretbar.

(1) Gesamtverfahren

Gemäß Art. 1 Abs. 1 EuInsVO müssen Gesamtverfahren auf Grundlage gesetzlicher Regelungen zur Insolvenz stattfinden und zu Zwecken der Rettung, Schuldenanpassung, Reorganisation oder Liquidation dienen. Diese Definition des Verfahrenszweckes der EuInsVO ist neu, die alte Verordnung enthielt dazu keine Aussage. Eine Gewichtung dieser unterschiedlichen Zwecke wird nicht vorgenommen. Sie stehen demnach gleichwertig nebeneinander. Allerdings handelt es sich bei der Rettung, Schuldenanpassung und Reorganisation um Verfahrenszwecke, die an die Wahrscheinlichkeit einer Insolvenz anknüpfen. Lediglich die Liquidation setzt den Eintritt der Insolvenz voraus. Das Verhältnis von drei vorinsolvenzlichen Verfahrenszwecken zu einem insolvenzlichen Verfahrenszweck lässt den Schluss zu, dass auch der Verordnungsgeber seinen Fokus in Zukunft auf die Vermeidung von Insolvenzen richtet.

Im Rahmen der Anwendungssystematik bleibt der Neufassung des Art. 1 Abs. A EuInsVO lediglich der Begriff des *Gesamtverfahrens* der Vorgängerversion erhalten, der um den Zusatz eines *„öffentlichen Gesamtverfahrens"* ergänzt wird. Erwägungsgrund (12) stellt dabei klar, dass damit die öffentliche Bekanntmachung der Verfahrenseröffnung gemeint ist, die allen Gläubiger die Kenntnisnahme, Forderungsanmeldung sowie den kollektiven Verfahrenscharakter gewährleisten soll. Die Verordnung bleibt dabei auf den ersten Blick einer gläubigerfreundlichen Ausrichtung treu, indem der Fokus weiterhin auf der Chancengleichheit der Gläubiger und Transparenz des Verfahrens liegt. Allerdings wurde im Zuge der Reform der Begriff des Gesamtverfahrens in Erwägungsgrund (14) sowie Art. 2 Nr. 1 EuInsVO autonom definiert. Nunmehr darf das Verfahren auch nur einen wesentlichen Teil der Gläubiger berücksichtigen, auf die die gesamten oder ein erheblicher Anteil der ausstehenden Verbindlichkeiten des Schuldners entfallen, sofern das Ziel die Rettung des Schuldners ist und die Forderungen der nicht an dem Verfahren beteiligten Gläubiger davon unberührt bleiben. Verfahren zur endgültigen Einstellung der Unternehmenstätigkeit müssen hingegen alle Gläubiger einschließen. Dadurch wird deutlich, dass eine unmittelbare Gleichbehandlung der Gläubiger in Form einer Verfahrensteilhabe lediglich in Liquidationsverfahren Anwendung finden soll.

Sanierungschancen und die Prävention einer materiellen Insolvenz rechtfertigen aus Sicht des Gesetzgebers somit eine andere Vorgehensweise, sodass auch das Konzept einer Gleichbehandlung nicht mehr vollständig übertragbar ist. Zumal die Berücksichtigung bestimmter Forderungen in einem Reorganisationsverfahren durch Beschneidungen eher zu einer Verschlechterung der jeweiligen Rechtsposition führt, erfahren die übrigen Gläubiger durch eine Nichtteilnahme keine Verschlechterung.[499]

Der Begriff des „*wesentlichen Teils der Gläubiger*" wird nicht näher definiert und bleibt damit zunächst auslegungsbedürftig. Aus Erwägungsgrund (14) geht lediglich hervor, dass ein erheblicher Anteil der ausstehenden Verbindlichkeiten und damit eine quantitative Betrachtungsweise ausschlaggebend ist.[500] Der Fokus liegt damit nicht auf der Gläubigeranzahl selbst, sondern auf der Höhe der Forderung. Nichtsdestotrotz wird dem Verordnungsgeber daran gelegen sein, den Anteil der nicht berücksichtigten Forderungen niedrig zu halten, um den Begriff des Gesamtverfahrens nicht allzu sehr auszuhöhlen. Allerdings könnte sich diese Vorgehensweise als ungeeignet erweisen, sodass letztlich doch der Rettung des Unternehmens oberste Priorität zukommt. Letztlich werden sich wohl Prozentsätze etablieren, an denen sich die Praxis orientieren kann.[501]

(2) Vorinsolvenzliche und hybride Verfahren

Konsequenterweise entfällt mit dem neuen autonomen Begriff des Gesamtverfahrens auch das Erfordernis einer materiellen Insolvenz des Schuldners.[502] Die Wahrscheinlichkeit der Insolvenz reicht ebenso aus, Art. 1 UA 2 EuInsVO. Vorinsolvenzliche und hybride Verfahren sind zudem nach dem Wortlaut des Art. 1 Abs. 1 S. 1 EuInsVO ebenfalls als Gesamtverfahren anzusehen. Folglich wird der Anwendungsbereich insgesamt um ein Vielfaches an präventiven Verfahren erweitert.

(3) Mindestanforderungen an den sachlichen Anwendungsbereich

Um dennoch in den sachlichen Anwendungsbereich der Verordnung zu fallen, müssen Verfahren eines der drei Kriterien i. S. d. Art. 1 Abs. 1 lit. a) bis c) EuInsVO erfüllen. Fraglich ist, ob diese Kriterien im Einklang mit der Gläubigergleichbehandlung stehen.

---

499 *Fehrenbach*, GPR 2016, 282, 285 (auch zum Folgenden); ZIP 2014, 2485, 2489.
500 *Thole*, IPRax 2017, 213, 214.
501 Mankowski/Müller/Schmidt-*Schmidt*, Art. 1, Rn. 14.
502 *Brinkmann*, KTS 2014, 384.

(a) Entzug der Verfügungsgewalt und Verwalterbestellung

Art. 1 Abs. 1 lit. a) EuInsVO verlangt die ganze oder teilweise Entziehung der Verfügungsgewalt des Schuldners über sein Vermögen und die Bestellung eines Verwalters. Dadurch wird das Vermögen vor unberechtigten Zugriffen geschützt, um letztlich der Gläubigergesamtheit zur optimalen Befriedigung oder auch zunächst nur einer Verhandlungsgrundlage zur Verfügung zu stehen. Zudem wird eine fachkundige Person mit der weiteren Unternehmensführung- oder auch Rettung betraut. Dieses Merkmal eines Verfahrens kann eine gleichmäßige Befriedigung und auch faire Teilhabe am Verfahren begünstigen. Sofern ein Verfahren dieses Kriterium nicht erfüllt, steht das dem Grundsatz nicht zwangsweise entgegen. Denn alleine der Umstand der fortbestehenden Verfügungsgewalt des Schuldners führt nicht zwangsläufig zu einem Masseschaden.

(b) Kontrolle oder Aufsicht durch Gericht

Die Alternative des Art. 1 Abs. 1 lit. b) EuInsVO unterstellt das Vermögen und die Geschäfte des Schuldners der Kontrolle oder Aufsicht eines Gerichts. Bei diesem Verfahrensmerkmal handelt es um ein tragendes Element zur Herstellung der Gläubigergleichbehandlung. Denn durch die Einschaltung einer neutralen Institution, die das Verhalten des Schuldners überwacht, werden ein faires Verfahren und die Einhaltung gesetzlicher Regelungen gewährleistet. Das Fehlen dieses Elements birgt insbesondere für Kleingläubiger Risiken in der Rechtsdurchsetzung.

(c) Vorübergehende Aussetzung der Zwangsvollstreckung

Letztlich kann noch die vorübergehende Aussetzung von Einzelzwangsvollstreckungsverfahren von einem Gericht oder kraft Gesetzes ein Verfahren als Gesamtverfahren i. S. d. Verordnung zu qualifizieren, Art. 1 Abs. 1 lit. c) EuInsVO, wenn derartige Maßnahmen die Verhandlungen mit den Gläubigern und die Aussichten auf eine Sanierung beeinträchtigen können, Erwägungsgrund (11). Damit sind folglich Fälle gemeint, in denen der Schuldner seine Verfügungsgewalt behält. Der Einzelzwangsvollstreckungsschutz stellt im Insolvenzfall grundsätzlich einen fundamentalen Aspekt der Gläubigergleichbehandlung dar, der im Regelfall den Wettlauf der Gläubiger untereinander verhindert, eine gemeinsame Verteilung sichert und damit eine unabdingbare Grundvoraussetzung der Gleichbehandlung darstellt. Dass es sich hierbei nunmehr lediglich um eine dispositive Bedingung für Gesamtverfahren handelt, ist dem Ziel geschuldet, vorinsolvenzliche sowie hybride Verfahren einzubeziehen. Der Gesetzgeber steuert hierbei einem Missbrauch entgegen, indem er geeignete

Maßnahmen zum Schutz der Gesamtheit der Gläubiger fordert, sofern in dem Verfahren keine Einigung über den Sanierungsplan erzielt wurde, Erwägungsgrund (11) S. 2. Was sich hinter dem Begriff „geeignete Maßnahmen" verbirgt ist jedoch bislang unklar. Zudem kann dies auch Verfahren sein, die weder einem Vermögensbeschlag noch einer gerichtlichen Kontrolle unterliegen.[503]

cc) Bewertung

Mit dem neuen sachlichen Anwendungsbereich hat sich die Verordnung gänzlich vom bisherigen Verständnis klassischer Insolvenzverfahren gelöst und einen autonomen Maßstab geschaffen, der den neuen nationalen sowie internationalen Entwicklungen auch auf europäischer Ebene standhält.[504] Während früher die Kriterien des kollektiven Verfahrens, der materiellen Insolvenz, des Vermögensbeschlags sowie einer Verwalterbestellung ausschlaggebend waren, unterliegen die Merkmale eines Gesamtverfahrens der n. F. nicht mehr so engen Grenzen. Damit steht die Verordnung auch im Einklang mit der Richtlinie für präventive Restrukturierungsrahmen[505], die alle Mitgliedstaaten dazu verpflichtet, ein vorinsolvenzliches Sanierungsverfahren zu etablieren. In der Gesamtschau zeichnet sich damit deutlich der Trend einer „*rescue culture*" und präventiven Insolvenzvorsorge ab.[506] Die EuInsVO hat damit einen weiten sachlichen Anwendungsbereich.

Die Stellung der Gläubigergleichbehandlung im Verhältnis zum Begriff des Gesamtverfahrens ist insgesamt eindeutig, denn der Begriff des Gesamtverfahrens ist nicht identisch mit demjenigen der Gesamtvollstreckung. Fraglich ist, wie sich der Grundsatz der Gläubigergleichbehandlung in dieses Konzept einfügt, ob er noch mit dem neuen Begriff des Gesamtverfahrens vereinbar ist und inwiefern er damit überhaupt vereinbar sein muss.

Grundlage für die Geltung der Gläubigergleichbehandlung (auch aus Sicht der a. F.) ist die eingetretene Insolvenz des Schuldners, da das Vermögen nicht mehr zur Befriedigung aller Gläubiger ausreicht. Aufgrund dieser Vermögensinsuffizienz soll auch eine gleichmäßige Befriedigung der Gläubiger stattfinden. Dieser Wertungsgesichtspunkt erfährt jedoch eine gravierende Veränderung, sofern das Stadium der Insolvenz noch nicht erreicht ist und ein Verfahren durchgeführt wird, welches lediglich auf die Wahrscheinlichkeit der Insolvenz abgestellt.[507] Dem Grunde nach ist der Grundsatz vor Eintritt der materiellen

503 *Vallender*, in Vallender, EuInsVO, Art. 1 Rn. 42.
504 *Fehrenbach*, GPR 2016, 282, 283; kritisch hierzu *Eidenmüller*, ZIP 2016, 145, 146 ff.
505 Richtlinie (EU) 2019/1023 des Europäischen Parlaments und Rates vom 20. Juni 2019.
506 Vgl. Bork/Mangano-*Bork*, Rn. 2.62; Für Mitgliedstaaten: *Thole*, FS Simotta, S. 613, 614.
507 Mankowski/Müller/Schmidt-*Schmidt*, Art. 1, Rn. 6; ähnlich *Servatius*, Gläubigereinfluss durch Covenants, S. 162.

Insolvenz nicht anwendbar und muss hinter der Privatautonomie der Parteien zurückstehen.

Für die Prävention einer Insolvenz kann nicht derselbe Maßstab gelten wie in einem bereits eröffneten Liquiditätsverfahren, zumal die Interessenlage nicht miteinander vergleichbar ist. Wenn die Rettung des Unternehmens im Vordergrund steht, soll auch keine Verteilungsgerechtigkeit hergestellt werden. So erscheint es dennoch befremdlich, vorinsolvenzliche und hybride Verfahrensarten unter den Begriff eines Gesamtverfahrens zu subsumieren, zumal diese Verfahren nur einen Teil der Gläubiger einbeziehen.[508]

Dennoch ist erkennbar, dass der Gesetzgeber mit den zwingenden Alternativen des Art. 1 Abs. 1 lit. a) bis c) EuInsVO bemüht ist, zumindest einige Aspekte der Vermögenssicherung in den Begriff des Gesamtverfahrens einfließen zu lassen und damit ein Mindestmaß an Masse- und Gläubigerschutz zu implementieren. Hierbei geht es jedoch weniger um Verteilungsgerechtigkeit als einen allgemeinen Schutz von Masse und Gläubiger. Im Lichte der historischen Auslegung nationaler Rechtsordnungen handelt es sich bei allen drei Kriterien des Art. 1 Abs. 1 EuInsVO um Merkmale, die den Rechtsordnungen bekannt sind. Insbesondere die Aussetzung der Einzelzwangsvollstreckung bildet ein unentbehrliches Instrument zur Verhinderung des Wettlaufes der Gläubiger in einem Verfahren und ist Ausdruck einer Gläubigergleichbehandlung. Dass dies nur eine optionale Alternative für die Charakterisierung als Gesamtverfahren darstellt, macht deutlich, dass der Grundsatz der Gläubigergleichbehandlung im sachlichen Anwendungsbereich keine tragende Rolle hat. Denn die bloße gerichtliche Kontrolle oder Bestellung eines Verwalters bietet der Masse und den Gläubigern weniger Schutz als das Verbot einer Einzelzwangsvollstreckung.

Eine Präzisierung des Grundsatzes ergibt sich aus dem neuen Anwendungsbereich mithin nicht. Vielmehr strebt die Verordnung innerhalb der neuen Verfahrensarten ein grundsätzliches Niveau des Gläubigerschutzes an, der sich an der Gläubigergleichbehandlung orientiert und einen Gläubigerschutz berücksichtigt. Der Grundsatz der Gläubigergleichbehandlung gerät jedoch in den Hintergrund. Für reine Liquidationsverfahren bleibt es bei dem grundsätzlichen Ziel der bestmöglichen Gläubigerbefriedigung und Massemaximierung.

508 Denn nach Erwägungsgrund (14) genügt es, bei Verfahren, die der Rettung des Schuldners dienen, nur einen wesentlichen Teil der Gläubiger einzubeziehen.

b) *Internationale Zuständigkeit Art. 3 bis 6 EuInsVO*

Die internationale Zuständigkeit bildet sowohl in ihrer alten als auch neuen Fassung gewissermaßen das Herzstück der Verordnung.[509] Sie ist Ausdruck der (modifizierten) Universalität und Einheit des Verfahrens.[510] Idealerweise wird ein einziges Hauptverfahren unter Einbeziehung der gesamten Vermögensmasse des Schuldners für alle Gläubiger durchgeführt.[511] Die Modifikation erfolgt dadurch, dass nach Maßgabe des Art. 3 Abs. 2 bis 4 EuInsVO zusätzliche Sekundär- sowie Partikularverfahren eröffnet werden können, die wiederum auf das Territorium des Mitgliedstaates beschränkt sind.

Den entscheidenden Anknüpfungspunkt für die Bestimmung der internationalen Zuständigkeit und auch des anwendbaren Rechts im Hauptverfahren bildet der Mittelpunkt der hauptsächlichen Interessen des Schuldners (Center of Main Interest = COMI), Art. 3 Abs. 1 EuInsVO.[512] Ziel dieser Anknüpfung ist es, das Phänomen des *forum shopping*, Kompetenzkonflikte sowie einen Wettlauf um die Ersteröffnung zu verhindern.[513] Die Norm entscheidet jedoch auch über die Zuständigkeitsfrage hinaus mittelbar über das anwendbare Recht des Verfahrens, das gemäß Art. 7 Abs. 1 EuInsVO grundsätzlich der Zuständigkeit folgt. Damit wird in einem Hauptverfahren immer das Recht des Verfahrensstaates, welches als Recht der engsten Verbindung gilt, zur Anwendung berufen.

aa) *Alte Fassung*

Die alte Verordnung hat den unbestimmten Begriff des Mittelpunktes der hauptsächlichen Interessen nicht legal definiert, sondern nur in Erwägungsgrund (13) a. F. näher erläutert. Danach galt der Ort, an dem der Schuldner gewöhnlich der Verwaltung seiner Interessen nachging und für Dritte feststellbar war als dessen COMI. Es handelt sich mithin um einen zweigliedrigen Begriff, der sowohl die

---

509 So auch Bork/Mangano-*Mangano*, Rn. 3.03; Bork/van Zwieten-*Ringe*, Rn. 3.03; *Carstens*, Zuständigkeit, S. 117; *Fehrenbach*, S. 71; *Paulus*, Art. 3, Rn. 1.

510 Erwägungsgrund (23) a. F. (12); *Bork*, Principles, Rn. 2.16; *Virgós/Schmit*, Erläuternder Bericht, Rn. 73; *Fritz/Bähr*, DZWIR 2001, 221, 223.

511 Erwägungsgrund (14), (23).

512 D-K/D/C-*Duursma-Kepplinger*, Art. 3, Rn. 12; *Leible/Staudinger*, KTS 2000, 533, 543; Mankowski/Schmidt/Müller-*Mankowski*, Art. 3, Rn. 15; *Reuss*, S. 82; a. A. *Carstens*, Zuständigkeit, S. 51, 155.

513 COM (2012) 744 final, S. 7.

Interessen des Schuldners als auch diejenigen der Gläubiger i. S. v. Dritten[514] berücksichtigt, zumal diese grundsätzlich keinerlei Einflussmöglichkeiten auf die Wahl der Belegenheit der hauptsächlichen Interessen ihres Schuldners haben. Der EuGH hat in diesem Zusammenhang zudem klargestellt, dass für die Auslegung dieser Kriterien stets ein autonomer Maßstab gilt, der sich nicht nur auf einzelstaatliche Interpretationsspielräume beschränkt.[515]

Insbesondere für Gesellschaften hat sich die Auslegung des ersten Tatbestandsmerkmals der gewöhnlichen Interessenverwaltung als problematisch erwiesen.[516] Denn hier existierte die Vermutungsregel, dass der COMI grundsätzlich dem Ort des satzungsmäßigen Sitzes der Gesellschaft entspricht, Art. 3 Abs. 1 EuInsVO a. F. Dieser Ort war entweder in der Satzung oder aber im konstituierenden Gesellschaftsvertrag festgeschrieben.[517] Damit sollte insbesondere Rechtssicherheit[518], Transparenz sowie eine Kalkulierbarkeit der Eröffnungszuständigkeit für Gläubiger geschaffen werden. Problematisch wurde es allerdings, wenn der Satzungssitz in der Realität nicht dem Ort der gewöhnlichen Interessen entsprach und die Geschäftsaktivität gänzlich woanders zentriert war. Das Verhältnis des Art. 3 Abs. 1 S. 1 EuInsVO a. F. zu Art. 3 Abs. 1 S. 2 EuInsVO a. F. war mithin umstritten.[519] Richtigerweise hat die allgemeine Regel des S. 1 Vorrang vor S. 2[520] und sollte das Gericht nicht davon entbinden, den Interessenmittelpunkt von Amts wegen zu überprüfen und gegebenenfalls zu korrigieren.[521] Dies erscheint sowohl aus Sicht des Schuldners als auch der Gläubiger interessengerecht. Der EuGH hat in diesem Zusammenhang klargestellt, dass die Widerlegbarkeit dann eingreift, wenn objektive und für Dritte feststellbare Kriterien belegen, dass in Wirklichkeit die Lage der hauptsächlichen Interessen

---

514 Dass Gläubiger dazu zählen, bestätigt der *Vigós-Schmit*-Report in Rn. 75 sowie der EuGH in seinem Urt. v. 20.10.2011, Rs. C-396/09, *Interedil Srl*, ECLI:EU:C:2011:671, ZIP 2011, 2153 Rn. 49.

515 EuGH, Urt. v. 02.05.2006, Rs. C-341/04, *Eurofood Ltd.*, Slg. 2006, I-3813, ECLI:EU:C:2006:281, Rn. 31.

516 *Reuss*, S. 98.

517 Mankowski/Schmidt/Müller-*Mankowski*, Art. 3, Rn. 48.

518 So auch Bork/van Zwieten-*Ringe*, Art. 3, Rn. 3.47.

519 Bork/Mangano-*Mangano*, Rn. 3.16 ff.; D-K/D/C-*Duursma-Kepplinger*, Art. 3, Rn. 23; Pannen-*Pannen*, Art. 3, Rn. 32.

520 So auch MünchKommBGB-*Kindler*, Bd. 11, Art. 3, Rn. 25; MünchKommInsO-*Thole*, Bd. 4, Art. 3, Rn. 15.

521 D-K/D/C-*Duursma-Kepplinger*, Art. 3, Rn. 24 ff.; *Kindler*, KTS 2014, 25, 31; *Paulus*, Art. 3, Rn. 26; *Vallender*, zfm 2016, 139, 140; a. A. *Carstens*, S. 69.

nicht derjenigen des satzungsmäßigen Sitzes entspricht.[522] Dies sollte anhand einer Gesamtbetrachtung unter Berücksichtigung der Umstände des Einzelfalles erfolgen[523]. Sofern die Vermutungsregelung folglich nicht einschlägig war, stellte sich weiterhin die Frage anhand welcher Faktoren der Ort der gewöhnlichen Interessenverwaltung konkret zu bestimmen ist. Hierzu haben sich in der Vergangenheit zwei unterschiedliche Sichtweisen etabliert. Die *Mind of Management* Theorie geht davon aus, dass der Ort, an dem die strategischen und unternehmensleitenden Entscheidungen getroffen werden dem Interessenschwerpunkt des Schuldners entspricht und damit subjektiv ausgerichtet ist[524], während die *Business Activity* Theorie auf rein objektive, nach außen im Verhältnis zu Dritten erkennbare Kriterien abstellt[525]. Der EuGH hat sich letzterer angeschlossen und damit der *Mind of Management* Theorie eine klare Absage erteilt. Danach soll es vor allem auf den Ort ankommen, an dem die Gesellschaft eine wirtschaftliche Tätigkeit ausübt und Vermögenswerte besitzt.[526] Damit wird die Auslegung in Richtung Gläubigerschutz verlagert, sodass der zweigliedrige Begriff des Erwägungsgrundes (13) nicht mehr in getrennten Prüfungsschritten vorgenommen werden konnte, sondern der Fokus auf einer gläubigerfreundlichen Definition lag.[527] Dadurch wird insbesondere die Vorhersehbarkeit des Forums und damit des anwendbaren Rechts eines Insolvenzverfahrens für Gläubiger verbessert.

Einen besonders sensiblen Bereich stellte zudem die Zuständigkeitsbestimmung für die Insolvenzen von Tochtergesellschaften grenzüberschreitender Konzerne dar. Obwohl dieser Themenbereich grundsätzlich dem Hauptanwendungsfall einer internationalen Insolvenz entspricht[528], enthielt die alte Fassung der Verordnung hierzu keinerlei Regelungen. Einen Konzerninsolvenzgerichtsstand

---

522 EuGH, Urt. v. 02.05.2006, Rs. C-341/04, *Eurofood Ltd.*, Slg. 2006, I-3813, ECLI:EU:C:2006:281, Rn. 34; Urt. v. 20.10.2011, Rs. C-396/09, *Interedil Srl*, ECLI:EU:C:2011:671, ZIP 2011, 2153 Rn. 51.

523 EuGH, Urt. v. 20.10.2011, Rs. C-396/09, *Interedil Srl*, ECLI:EU:C:2011:671, ZIP 2011, 2153 Rn. 52.

524 So im Falle *Enron Directo SA* [2002] EIRCR (A) 179; *Re MG Rover I*, NZI 2005, 5467; *Pannen/Riedemann*, NZI 2004, 646, 647; *Sabel*, NZI 2004, 126.

525 AG Mönchengladbach, ZIP 2004, 1064; AG Hamburg, NZI 2006, 120; *Fehrenbach*, GPR 2016, 282, 288; *Herchen*, ZInsO 2004, 825, 827; MünchKommBGB-*Kindler*, Bd. 11, Art. 3, Rn. 22; *Paulus*, Art. 3, Rn. 21.

526 *Frind/Pannen*, ZIP 2016, 398, 399; *Reinhart*, NZI 2012, 304, 305.

527 Bork/van Zwieten-*Ringe*, Rn. 3.47; *Fehrenbach*, GPR 2016, 282, 288; *Thole*, IPRax 2017, 213, 215.

528 *Mankowski*, NZI 2004, 450, 452; Pannen-*Pannen*, Art. 3, Rn. 46.

gab es nicht. So waren englische Gerichte geneigt, den COMI der eigenständigen Tochtergesellschaft grundsätzlich mit demjenigen der Konzernmutter gleichzusetzen, um so eine einheitliche Anknüpfung zu gewährleisten.[529] Diese Vorgehensweise wurde jedoch vom EuGH in Folge des *Eurofood Ltd.* Grundsatzurteils unterbunden.[530] Auch für Tochtergesellschaften musste eine eigeständige Bestimmung des Interessenmittelpunktes erfolgen, sofern dies mittels objektiver und für Dritte erkennbarer Kriterien erfolgt. Auch diese Entwicklung berücksichtigt die Gläubigerinteressen der einzelnen Konzerngesellschaften, zumal eine Konzernstruktur für Gläubiger in der Regel nicht erkennbar ist und eine interne Besonderheit darstellt. Den COMI grundsätzlich anhand der Muttergesellschaft zu bestimmen, erscheint folglich nicht sachgerecht und auch nicht mit dem Grundsatz der Gläubigergleichbehandlung vereinbar, zumal die Gläubigergemeinschaft ist in diesem Fall schutzbedürftig ist.[531]

bb) Neue Fassung

Die reformierte Fassung will viele der vorgenannten Problemfelder angehen und greift daher sowohl die Thematik der Definition des COMI, der gerichtlichen Prüfungspflicht als auch Konzerninsolvenzen auf. Zudem schafft der Gesetzgeber mit Art. 4 und Art. 5 EuInsVO gänzlich neue Normen, die die Zuständigkeitsregeln ergänzen sollen.

Zunächst fällt im Rahmen des Art. 3 Abs. 1 EuInsVO auf, dass die Norm ihrem Inhalt nach auf ein Vielfaches angestiegen ist und sich ihrer Regelungsdichte vergrößert hat. An der grundsätzlichen Anknüpfung des COMI für eine internationale Zuständigkeit hat sich indes nichts geändert. Zumal es bisher aber an einer Legaldefinition des Mittelpunktes der hauptsächlichen Interessen im Gesetzestext selbst fehlte, stellt Art. 3 Abs. 1 S. 2 EuInsVO eine solche gleich zu Beginn auf. Dabei wird jedoch lediglich der Wortlaut des Erwägungsgrundes (13) übernommen, sodass es auch weiterhin auf den für Dritte feststellbaren Ort der gewöhnlichen Interessenverwaltung ankommt. Zumal dies ohnehin der Vorgehensweise der alten Verordnung entsprach, trägt dies zu einer inhaltlichen Änderung bei, sondern schafft nur systematische Klarheit.[532] Die weiterhin

---

529 *Re MG Rover I*, NZI 2005, 5467; *Re Collins & Aikman Ltd*, NZI 2006, 654; *Pannen/Riedemann*, NZI 2004, 646; *Westpfahl/Goetker/Wilkens*, Rn. 124.

530 Der *Vigós-Schmit*-Report, Rn. 76 ließ eine solche Interpretation bereits vermuten.

531 Ähnlich *Keggenhoff*, S. 153 ff.; im Umkehrschluss auch aus D-K/D/C-*Duursma-Kepplinger*, Art. 3, Rn. 3 zu entnehmen.

532 So auch *Reuß*, EuZW 2013, 165, 167; *Thole*, ZEuP 2014, 39, 52.

auslegungsbedürftigen Begrifflichkeiten finden sich nur nunmehr offiziell im Artikel selbst, die bisher ergangene EuGH Rechtsprechung in Sachen *Eurofood Ltd.*, *Interedil* und *Rastelli* bleibt folglich auch übertragbar. Weitere Konkretisierungen zur Bestimmung des COMI verlagert der Gesetzgeber indes erneut in die Erwägungsgründe. So geht aus Erwägungsgrund (28) S. 1 hervor, dass im Rahmen der Feststellbarkeit für Dritte die Wahrnehmung der Gläubiger besonders zu berücksichtigen ist. Als Schutzmaßnahme, fordert (28) S. 2 den Schuldner zudem auf, diese über eine Verlegung seiner hauptsächlichen Interessen in irgendeiner Art und Weise zu unterrichten. Kommt der Schuldner dem nicht nach, so könnte die COMI Verlagerung unwirksam sein.[533] Damit soll das Insolvenzrisiko transparenter und kalkulierbarer gestaltet werden, zumal auch die internationale Zuständigkeit dem Grundsatz des *actor sequitur forum rei* folgt und daher eigentlich nur auf den Schuldner ausgerichtet ist.[534] Im Falle der (drohenden) Insolvenz entstehen jedoch gerade für die Gläubiger erhebliche Nachteile, sodass das Hauptaugenmerk der COMI-Definition auf die Gläubigerperspektive gerichtet ist.[535] Schließlich hängen vom Ort der internationalen Zuständigkeit das anwendbare Recht und damit auch die Chancen der Forderungsdurchsetzung ab.[536] Sofern die Regelungen nicht transparent sind, birgt dies zusätzlich die Gefahr einer Verlagerung des COMI durch den Schuldner und damit auch gegebenenfalls Behinderung der Gläubiger im Rahmen der Verfahrensteilhabe.[537]

Die Vermutungsregelung des Art. 3 Abs. 1 UA 2 S. 1 EuInsVO gilt auch in der neuen Verordnung unverändert fort. In Erwägungsgrund (30) UA 1 S. 2 wurde nunmehr die Bewertungsgrundlage des *Interedil* Urteils des EuGH[538] in den Text aufgenommen, sodass die Widerlegbarkeit des Satzungssitzes einer Gesellschaft weiterhin anhand einer Gesamtbetrachtung aller relevanten Faktoren vorgenommen wird, die aus Sicht eines Dritten feststellbar sind. Allerdings existieren nun Sperrfristen für die Vermutungsregelungen im Falle einer Verlegung des COMI vor Verfahrenseröffnung. Diese betragen für Gesellschaften und juristische Personen drei Monate, Art. 3 Abs. 1 UA 2 S. 2, Erwägungsgrund (31). Damit soll einer missbräuchlichen und gläubigerbenachteiligenden Sitzverlegung

533 *Thole*, IPRax 2017, 213, 216.

534 Vgl. Mankowski/Schmidt/Müller-*Mankowski*, Art. 3, Rn. 8; *Keggenhoff*, S. 152.

535 Ähnlich *Frind/Pannen*, ZIP 2016, 398, 400.

536 So auch *Reinhart*, NZI 2012, 304; Siehe hierzu ausführlich *Frind/Pannen*, ZIP 2016, 398, 403.

537 Ähnlich *Prager/Keller*, NZI 2013, 57, 59.

538 EuGH Urt. v. 20.10.2011, Rs. C-396/09, *Interedil Srl*, ECLI:EU:C:2011:671, ZIP 2011, 2153 Rn. 52.

entgegengewirkt und insbesondere der Vertrauensschutz für Gläubiger gestärkt werden. Eine Klarstellung bezüglich des Verhältnisses der Reichweite einer Amtsermittlungspflicht und Darlegungs- und Beweislast hat der Gesetzgeber jedoch nicht vorgenommen, sodass die Widerlegbarkeit der Vermutung keiner autonomen Vorgehensweise unterliegt.

Eine gänzlich neue Norm wurde mit Art. 4 EuInsVO geschaffen, nach der die Gerichte von Amts wegen berufen sind, ihre Zuständigkeit zu überprüfen und diese Entscheidung auch entsprechend zu begründen. Auch dies soll das *forum shopping* eindämmen und sicherstellen, dass das Verfahren am hauptsächlichen Interessenmittelpunkt des Schuldners, der für Dritte erkennbaren ist, durchgeführt wird.[539] Auch wenn es sich hierbei aus deutscher Sicht um keine bahnbrechende Neuerung handelt[540], so etabliert die Norm diesen für andere nationalen Rechtsordnungen, die ihre Zuständigkeit lediglich auf den bloßen Parteivortrag stützen.[541] Erwägungsgrund (32) konkretisiert die Aufgabe des Gerichts zudem und geht dabei wieder nach einem zwei Stufensystem vor: So ist das Gericht gehalten, bei Zweifeln an seiner Zuständigkeit, vom Schuldner weitere Nachweise für seine Behauptungen einzufordern und anschließend ebenso die Gläubiger anzuhören. Letzteres soll jedoch nur dann möglich sein, sofern die *lex fori concursus* dies auch vorsieht. Die Systematik der Norm impliziert, dass dies hingegen nicht für die Aufforderung an den Schuldner gilt. Dadurch wird unionsrechtliche Amtsermittlungspflicht etabliert.[542] Dies ist insbesondere für die Widerlegung der gesellschaftlichen Vermutungsregel des Art. 3 Abs. 1 UA 2 S. 1 EuInsVO von Bedeutung.

Mit dem ebenfalls neuen Art. 5 EuInsVO hat der Gesetzgeber echtes Unionssachenrecht geschaffen.[543] Sowohl der Schuldner als auch jeder Gläubiger können danach die Entscheidung zur Eröffnung des Hauptinsolvenzverfahrens aus Gründen der internationalen Zuständigkeit anfechten. Erwägungsgrund (34) S. 1 gesteht dieses Recht jedem einzelnen Gläubiger zu und schafft so Chancengleichheit, zumal hierbei nicht nach Gläubigergruppen, Forderungshöhe, oder nach grundsätzlicher Bedeutung für das Verfahren differenziert wird. Die

539 COM (2012) 744, final, S. 7; Bork/van Zwieten-*Ringe*, Rn. 4.04, 4.35; 4.36 m.w.N.

540 So *Thole*, IPRax 2017, 213, 216.

541 *Fehrenbach*, GPR 2016, 282, 291; Mankowski/Schmidt/Müller-*Mankowski*, Art. 4, Rn. 5.

542 *Fehrenbach*, S. 87; a. A. Mankowski/Schmidt/Müller-*Mankowski*, Art. 4, Rn. 8; *Thole*, IPRax 2017, 213, 216.

543 *Thole/Swierczok*, ZIP 2013, 550, 552; *Thole*, ZEuP 2014, 39, 57.

Anfechtung selbst unterliegt hingegen der *lex fori consursus*, Erwägungsgrund (34) S. 2.

Im Zuge der Reform wurde auch eine Annexzuständigkeit in Art. 6 EuInsVO eingeführt. Die Grundregel lautet dabei, dass die Klage unmittelbar aus dem Insolvenzverfahren hervorgehen und in engem Zusammenhang damit stehen muss, um eine Zuständigkeit zu begründen, Art. 6 Abs. 1 EuInsVO. Hierbei handelt es sich um die vom EuGH entwickelte *Gourdain/Nadler* Formel, die auch in der Vergangenheit zur Abgrenzung verwendet wurde.[544] Die Anfechtungsklage ist ausdrücklich und als einziges Regelbeispiel aufgeführt, sodass zumindest innerhalb dieser Thematik nun Klarheit herrscht.[545]

cc) Bewertung

Insgesamt hat die Reform auf dem Gebiet der internationalen Zuständigkeit viel Arbeit geleistet. Neben der Konkretisierung des COMI wurden Sperrfristen für die Vermutungsregeln sowie zwei gänzlich neue Artikel eingeführt. Sinn und Zweck sind dabei in erster Linie die Verhinderung des *forum shopping* und die Schaffung eines Gerichtsstandes, der die Interessen aller Verfahrensbeteiligten berücksichtigt. Auch, wenn weiterhin keine ausdrückliche COMI Definition existiert und lediglich der Wortlaut des Erwägungsgrundes (13) übernommen wurde, so hat der Zusatz „für Dritte feststellbar" nunmehr durch die Aufnahme in den Gesetzestext eine andere Qualität. Dies bestärkt zusätzlich Erwägungsgrund (28) S. 1, indem er die Beantwortung der Frage, ob der Mittelpunkt der hauptsächlichen Interessen des Schuldners für Dritte feststellbar ist, in besonderem Maße von der Wahrnehmung der Gläubiger abhängig macht. Damit ist der Bewertungsmaßstab für den COMI nicht nur abstrakt auf objektive Kriterien, sondern auch auf eine Verbindung zu grundsätzlich allen Gläubigern ausgerichtet. Mit diesem Trend rückt die Schutzwürdigkeit der Gläubigergesamtheit ins Zentrum der COMI Bestimmun, verschiebt den grundsätzlich dem Schuldner zugutekommenden Schutz des *actor sequitur forum rei* zugunsten der Gläubigergemeinschaft und stellt beide Interessen gleichwertig nebeneinander. Dabei wird nicht zwischen unterschiedlichen Gläubigergruppen und der Größe der Forderungen unterschieden. Die Interessen eines jeden Gläubigers stehen zunächst grundsätzlich gleichwertig nebeneinander, sodass auch hier eine Verwirklichung

544 EuGH, Urt. v. 22.02.1979, Rs. C-133/78, *Gourdain/Nadler*, ECLI:EU:C:1979:49, Slg. 1979, 733, 744.

545 Diese wurde auch in der Vergangenheit überwiegend insolvenzrechtlich qualifiziert: *Haubold*, IPRax 2002, 157, 158; *Oberhammer*, KTS 2009, 27, 45.

der Gläubigergleichbehandlung in Form einer Chancengleichheit erkennbar ist. Grundsätzlich verschwimmen hier die Grenzen zwischen einer Gläubigergleichbehandlung und einem allgemeinen Gläubigerschutz. Letztlich ist ein ausreichender Gläubigerschutz in diesem Fall die Basis für eine bestmögliche Gleichbehandlung sowie Befriedigungschance eines jeden Gläubigers, sodass der bloße Gläubigerschutz im internationalen Rahmen als ein Teilaspekt der Gleichbehandlung angesehen werden kann.

Weiterhin problematisch bleibt jedoch die Frage nach einem internationalen Konzerngerichtsstand. Die Reform hat in diesem Bereich keine Neuregelungen getroffen. Eine Möglichkeit bestünde darin, die Zuständigkeit nach der Konzernmutter auszurichten und an einem Ort zu bündeln, jedoch ohne eine Bildung gemeinsamer Aktiv- und Passivmassen aus den Vermögen und Verbindlichkeiten der Konzerngesellschaften.[546] Eine solche kann jedoch mitunter sogar schädlich sein, sofern die finanziellen Schwierigkeiten der Gesellschaft gerade in der Konzernstruktur begründet liegen. Folglich hängt es überwiegend vom Einzelfall ab, ob ein gemeinsamer Konzerngerichtsstand einen tatsächlichen Vorteil bietet. Eine Massenkonsolidierung ist ohnehin abzulehnen, zumal eine solche Vorgehensweise sowohl gegen den Grundsatz der Haftungstrennung der einzelnen Gesellschaften als auch gegen den der Gläubigergleichbehandlung verstößt. Diejenigen Gläubiger, die bei isolierter Behandlung eine höhere Quote erhalten, wären durch die Konsolidierung schlechter gestellt und müssten auch die Insolvenzrisiken des Konzerns überblicken.[547] Mithin bleibt es zunächst bei den vom EuGH in *Eurofood Ltd.* aufgestellten Regeln, sodass der COMI für jede selbstständige Gesellschaft unabhängig von der Konzernmutter bestimmt werden muss. Dem ist auch aus Gläubigersicht zuzustimmen, zumal die Konzernstruktur für diese nicht ohne Weiteres ersichtlich ist und ein solcher Gerichtsstand letztlich nur dem Konzernmehrwert nützt. Eine Alternative bestünde in der Bestellung eines gemeinsamen Insolvenzverwalters für alle Verfahren.[548] Da allerdings auch hierzu keine Regelung vorgesehen ist, kann dies nur auf freiwilliger Basis der Gerichte in Form einer Zusammenarbeit erfolgen.

Obwohl an der Vermutungsregel für Gesellschaften keine Änderungen vorgenommen wurden, bringt die Einführung des neuen Art. 4 EuInsVO etwas Licht ins Dunkel. Mit der Zuständigkeitsprüfung von Amts wegen geht auch ein unionsrechtlicher Amtsermittlungsgrundsatz einher, sodass das Gericht

546 *Schmidt*, KTS 2015, 19, 34; *Vallender/Deyda*, NZI 2009, 825, 826.

547 So auch in Begr. RegE BT-Druck. 18/407, S. 17.

548 COM (2012) 743, S. 15.

bei Indizien entgegen der Vermutung gehalten ist, diese entsprechend zu überprüfen und den richtigen Verfahrensort eigenständig zu ermitteln. Grund hierfür ist, dass die Sachlage für den einzelnen Beteiligten – insbesondere in grenzüberschreitenden Verfahren – zu komplex ist und von den Parteien daher nicht sachgerecht beurteilt werden kann. Dies wird insbesondere im Lichte der Reformbemühungen ersichtlich. Die Bestimmung des COMI wurde zunehmend auf Objektivität und Erkennbarkeit für Gläubiger ausgerichtet. Dies kann jedoch nur gewährleistet werden, sofern auch eine Vermutungsregelung bei gegenteiligen Indizien einer gerichtlichen Überprüfung standhält. Zudem geht aus dem Wortlaut und der Systematik des Erwägungsgrundes (32) hervor, dass nur die Anhörungsmöglichkeit der Gläubiger dem nationalen Recht überlassen ist, nicht hingegen die Aufforderung an den Schuldner zusätzliche Nachweise über den Mittelpunkt seiner hauptsächlichen Interessen zu liefern. Die neuen Sperrfristen bieten Gläubigern einen zusätzlichen Vertrauensschutz in die Beständigkeit des Verfahrensortes. Unklar ist jedoch, ob sich dies tatsächlich positiv auf die Bekämpfung des *forum shoppings* auswirkt.[549]

Mit der Möglichkeit der Zuständigkeitsanfechtung des Art. 5 EuInsVO verschafft der Verordnungsgeber den Gläubigern ein Gestaltungsrecht und stärkt damit die Position im Verfahren. Allerdings fehlt es diesem an Durchsetzungskraft, solange die nationalen Rahmenbedingungen hierfür nicht geschaffen werden. Aus deutscher Sicht besteht bisher nur die Möglichkeit gemäß § 34 Abs. 2 InsO einer sofortigen Beschwerde[550], sodass die Anfechtung der Eröffnungsentscheidung trotz der europäisch geschaffenen Rahmenbedingung auf Grund von nationalen Lücken nicht greifen kann.

Die Einführung einer *vis attractiva concursus* ändert in der Sache nicht viel, zumal die Abgrenzung weiterhin anhand der unbestimmten Begrifflichkeiten der *Gourdain/Nadler* Formel erfolgt.[551] Grundsätzlich ist der Gedanke der Ausweitung der Zuständigkeit aus Sicht der Gläubigergleichbehandlung jedoch begrüßenswert. Insbesondere die Anfechtung stellt einen Themenbereich dar, der auf die Durchsetzung der Gläubigergleichbehandlung gerichtet und untrennbar mit dem Verfahren verbunden ist. Im Sinne der ganzheitlichen, universellen und effizienten Abwicklung sollte gerade diese Zuständigkeit mit der des Hauptverfahrens gleichlaufen. Ebenso verhält es sich mit der Geschäftsführerhaftung, die

549 Kritisch hierzu *Fehrenbach*, GPR 2016, S. 282, 292.

550 *Parzinger*, NZI 2016, 63, 65.

551 Bork/van Zwieten-*Ringe*, Rn. 6.03; *Kindler*, KTS 2014, 25, 35; *Thole*, ZEuP 2014, 39, 59.

letztlich alle Gläubiger vor einer Massekürzung und schlechteren Befriedigungsquote schützen will.[552]

Insgesamt sind die neuen Regelungen zur internationalen Zuständigkeit auf die Interessen aller Gläubiger fokussiert und gewillt, einen für alle vorhersehbaren, fairen Gerichtsstand zu schaffen. Es handelt sich um eine eigene Form der Herstellung einer Gleichbehandlung auf internationaler Ebene, zumal sie über Staatsgrenzen hinausgeht und die Anforderungen eines nationalen Verfahrens überschreiten. Vorhersehbarkeit, Transparenz, Kalkulation des Insolvenzrisikos sind Faktoren, die für alle Gläubiger gleichermaßen entscheidend sind.[553] Vom Erfolg dieser Faktoren hängt auch die Qualität der Befriedigung ab – unabhängig von der Art der Forderung. Auch wenn bei der Wahrnehmung des Interessenmittelpunktes in der Realität nicht jedes einzelnen Gläubigers berücksichtigt werden kann und letztlich Kriterien herangezogen werden müssen, so ist die Ausgangsposition für jeden Gläubiger dennoch gleich. Regelbeispiele seitens des Verordnungsgebers wären an dieser Stelle wünschenswert und würden ein erhebliches Maß an Rechtssicherheit schaffen.

c) Anwendbares Recht Art. 7 EuInsVO

Die Regelung des Art. 7 EuInsVO (Art. 4 EuInsVO a. F.) wurde im Rahmen der Reform nahezu unverändert beibehalten, sodass in diesem Bereich keine Neuerungen zu verzeichnen sind. Gemäß Art. 7 Abs. 1 EuInsVO gilt für das Insolvenzverfahren und seine Wirkungen folglich auch weiterhin das Insolvenzrecht des Mitgliedstaates, in dem das Verfahren eröffnet wird. Damit verwirklicht die Norm den IPR-rechtlichen Grundsatz der *lex fori concursus* und schafft einen Gleichlauf von Zuständigkeit und anwendbarem Recht.[554] Diese gilt gleichermaßen für die Eröffnung eines Sekundärverfahrens. Die *lex fori concursus* unterstützt zudem die Universalität des Verfahrens[555], sodass außerhalb des Staates der Verfahrensöffnung belegenes Vermögen ebenfalls Gegenstand des Insolvenzverfahrens ist und einer weltweiten Beschlagnahme unterliegt.[556] Insbesondere aus

---

552 So der EuGH zur a. F. des § 64 GmbHG, Urt. v. 04.12.2004, Rs. C-295/13, *H*, ECLI:EU:C:2014:2410 Rn. 26, NZI 2015, 88; diese Wertung überträgt der EuGH auch auf das anwendbare Recht in Urt. v. 10.12.2005, Rs. C-594/14, *Kornhaas*, ECLI:EU:C: Rn. 17 ff., NZI 2016, 48, 49; Pannen-*Pannen/Riedemann*, Art. 4, Rn. 83 m. w. N. in Fn. 138.

553 Siehe auch *Bork*, Principles, Rn. 3.40.

554 *Eidenmüller*, KTS 2009, 137, 139; *Kienle*, NotBZ 2008, 245, 251; *Paulus*, Art. 4, Rn. 1.

555 *Bork*, Principles, Rn. 2.16.

556 *Vigós/Schmit*, Erläuternder Bericht, Rn. 19a.

Gläubigersicht handelt es sich dabei um eine rechtssichere Lösung, zumal die Erkennbarkeit des Verfahrensortes gleichzeitig die Erkennbarkeit des anwendbaren Rechts zur Folge hat.[557] Zudem garantiert es eine effiziente Abwicklung des Verfahrens an einem Ort unter Anwendung eines mitgliedstaatlichen Rechts.[558] Wie auch die Regelung zur internationalen Zuständigkeit ist Art. 7 Abs. 1 EuInsVO Ausdruck der Gläubigergleichbehandlung[559] und fördert den Entscheidungsgleichklang innerhalb der Gemeinschaft[560]. Obwohl es sich dabei um eine Kollisionsnorm handelt und folglich lediglich um eine Verweisung auf das Sachrecht eines Mitgliedstaates[561], stellt sie auf materiell-rechtlicher Ebene eine allgemeine Gleichbehandlung der Gläubiger her. Denn durch die Anwendung eines Sachrechts unterliegen alle Gläubigerpositionen derselben Rechtsordnung und damit auch demselben Prüfungsmaßstab.[562] Der Unterschied zur internationalen Zuständigkeit besteht allerdings darin, dass diese Gleichbehandlung beschränkt ist. Dingliche Gläubiger, deren Sache in einem anderen Mitgliedstaat belegen ist, genießen infolge der Regelung des Art. 8 EuInsVO eine Sonderstellung. Folglich wird das Prinzip im Bereich des anwendbaren Rechts und der Universalität nicht vollständig verwirklicht.

Art. 7 Abs. 2 S. 2 lit. a) bis m) EuInsVO enthält eine Reihe von nicht abschließenden Regelbeispielen[563], die aufzeigen, welche Bereiche insolvenzrechtlich zu qualifizieren sind. Damit wird eine Auslegungshilfe geboten und die Reichweite des Insolvenzstatuts aufgezeigt, das sich stets im Spannungsfeld zwischen Gläubigergleichbehandlung und Vertrauensschutz bewegt. Grundsätzlich soll das Statut Sachverhalte erfassen, die typisch insolvenzrechtlicher Natur sind.[564] Zumal es sich hierbei um die Grundregel handelt, ist zunächst eine weite Auslegung

557 K/P/B-*Kemper*, Art. 4, Rn. 2.

558 Bork/van Zwieten-*Snowden*, Rn. 7.01.

559 D-K/D/C-*Duursma-Kepplinger*, Art. 4, Rn. 7; MünchKommBGB-*Kindler*, Art. 4, Rn. Bd. 11, Rn. 4; *Virgós/Garcimartín*, Regulation, Rn. 117; a. A. *Zeeck*, Internationale Anfechtung, S. 42.

560 Haß/Huber/Gruber/Heiderhoff-*Haß/Herweg*, Art. 4, Rn. 3; *Leible/Staudinger*, KTS 2000, 533, 540.

561 Es wird auf das Sachrecht des Staates und nicht auf die internationalen Regelungen verweisen, ein *renvoi* ist hierbei ausgeschlossen. Bork/van Zwieten-*Snowden*, Rn. 7.02; *Leible/Staudinger*, KTS 2000, 533, 549.

562 Ähnlich *Herchen*, Übereinkommen, S. 47; *Virgós/Garcimartín*, Regulation, Rn. 118.

563 *Bork*, ZIP 2002, 690, 692; *Fehrenbach*, Hauptverfahren, S. 226; *Virgós/Garcimartín*, Regulation, Rn. 121.

564 D-K/D/C-*Duursma-Kepplinger*, Art. 4, Rn. 7.

geboten, um eine möglichst weitgehende Gläubigergleichbehandlung in vielen Bereichen zu ermöglichen.[565] Was genau unter dem unbestimmten Begriff der „insolvenzrechtlichen Natur" zu verstehen ist, sagt die Verordnung jedoch nicht. Gefordert wird ein besonders enger Bezug zum Insolvenzrecht, der insbesondere dann erfüllt ist, wenn eine Norm selbst unmittelbar einem insolvenzpolitischen Ziel wie z.B. der *par condicio creditorum* dient.[566] Besonders problematisch gestaltet sich die Qualifikation des Insolvenzstatuts in Abgrenzung zum Gesellschaftsrecht und dessen gläubigerschützenden Vorschriften.[567] Dadurch wird deutlich, dass der Grundsatz auch auf internationaler Ebene Gewicht hat und ein allseits verbindendes Merkmal des Insolvenzrechts darstellt. Welche Bereiche einheitlich nach dem Recht des Verfahrensstaates beurteilt werden sollen und welche Auswirkungen damit verbunden sind, verdeutlichen die nachfolgenden Regelbeispiele des Art. 7 Abs. 2 S. 2 lit. a) bis m) EuInsVO.

aa) Massebildung, Art. 7 Abs. 2 S. 2 lit. b) EuInsVO

Zunächst bestimmt das Sachrecht des Eröffnungsstaates, welche Gegenstände und welches Vermögen zur Insolvenzmasse gehören. Nach dem Idealbild des Universalitätsprinzips und auch dem Prinzip der Gläubigergleichbehandlung sollte eine so weitreichende Wirkungs- und Beschlagnahmewirkung wie möglich erfolgen. Je mehr Vermögen im Verfahren zur Verfügung steht, desto besser kann auch eine Gläubigerbefriedigung realisiert werden.

Umstritten ist hierbei, nach welchem Recht sich die (Un)Pfändbarkeit des Schuldnervermögens richtet. Einerseits könnte man diese Frage rein vollstreckungsrechtlich qualifizieren, einen engen insolvenzrechtlichen Bezug verneinen und nach der *lex rei sitae* bestimmen.[568] So wären exterritoriale Teile des Vermögens in Bezug auf ihre Pfändbarkeit vorrangig nur nach dem Belegenheitsrecht zu beurteilen. Dies erscheint jedoch aus systematischer Hinsicht verfehlt, zumal die Ausnahmen der *lex fori concursus* ausdrücklich in Art. 8 bis 15 EuInsVO geregelt und durch ein besonderes Vertrauensschutzinteresse gerechtfertigt sind.[569] Sofern man einen engen Bezug anhand der insolvenzrechtlichen

565 Haß/Gruber/Huber/Heiderhoff-*Haß/Herweg*, Art. 4, Rn. 11 (auch zum Folgenden); Pannen-*Pannen/Riedemann*, Art. 4, Rn. 14.

566 Pannen-*Pannen/Riedemann*, Art. 4, Rn. 14; *Virgós/Garcimartín*, Regulation, Rn. 118.

567 So auch *Fehrenbach*, GPR 2016, 282, 292.

568 Bork/Mangano-*Bork*, Rn. 4.19; K/P/B-*Kemper*, Art. 4, Rn. 11.

569 So *Mankowski*, NZI 2009, 785, 786; Pannen-*Pannen/Riedemann*, Art. 4, Rn. 44; *Paulus*, Art. 4, Rn. 19.

Relevanz bestimmt und eine weite Auslegung zugrunde legt, so tangiert gerade die Frage der Pfändbarkeit Gläubigerinteressen und eine Massemaximierung. Auch, wenn es sich um eine Materie handelt, die grundsätzlich für sich alleine genommen beurteilt werden kann, so weist sie in diesem konkreten Fall einen eindeutigen Insolvenzbezug auf, der untrennbar mit der Frage der Massezugehörigkeit verbunden ist. Im Lichte der idealen Universalität des Verfahrens scheint eine rein vollstreckungsrechtliche Einordnung und Ausnahme insolvenzrechtlicher Wirkung im Rahmen des Art. 7 Abs. 2 lit. b) EuInsVO nicht vertretbar.[570] Mithin haben Vertrauensschutzinteressen in diesem Bereich keinen Bestand. Anhand dieser Problematik wird bereits das Spannungsverhältnis der Grundsätze der Gläubigergleichbehandlung sowie des Vertrauensschutzes deutlich. Als Leitlinie lässt sich festhalten, dass im Rahmen der Auslegung des Art. 7 EuInsVO im Zweifel für die *lex fori concursus* und eine einheitliche Beurteilung plädiert werden sollte.

bb) Aufrechnung, Art. 7 Abs. 2 S. 2 lit. d) EuInsVO

Auch die Voraussetzungen für die Wirksamkeit der Aufrechnung sollen nach dem Recht des Eröffnungsstaates beurteilt werden, Art. 7 Abs. 2 S. 2 lit. d) EuInsVO. Das Rechtsinstrument der Aufrechnung kann einem Gläubiger im Rahmen der Insolvenz eine Sonderposition für eine Befriedigung außerhalb der Gesamtvollstreckung bieten, wobei dies nicht in allen Mitgliedstaaten anerkannt ist.[571] Fraglich ist daher, ob das Statut nur die grundsätzliche insolvenzrechtliche Zulässigkeit erfasst[572] oder aber auch die materiellen Aufrechnungsvoraussetzungen[573]. Der Wortlaut des Art. 7 EuInsVO lässt grundsätzlich beide Interpretationen zu. Einerseits kann man davon ausgehen, dass der Begriff der Wirksamkeit nicht zwischen einer insolvenzrechtlichen und allgemeinen Wirksamkeit der Aufrechnung unterscheidet. Andererseits muss die Regelung jedoch im Gesamtkontext der Norm gelesen werden. Gemäß Art. 7 Abs. 1 S. 1 EuInsVO beschränken sich die Wirkungen der *lex fori concursus* auf das Insolvenzverfahren und seine Wirkungen für das Insolvenzrecht. Eine insolvenzrechtliche Relevanz weist jedoch im Grunde nur die Zulässigkeit der Aufrechnung auf, die Wirksamkeit selbst stellt sich vielmehr als selbstständige Vorfrage.[574]

570 Haß/Gruber/Huber/Heiderhoff-*Haß/Herweg*, Art. 4, Rn. 25.

571 Allgemein hierzu *Zimmermann*, FS Medicus, 1999, 707.

572 *Bork*, ZIP 2002, 690, 694; Pannen-*Pannen/Riedemann*, Art. 4, Rn. 52.

573 D-K/D/C-*Duursma-Kepplinger*, Art. 4, Rn. 16; *Kolmann*, Kooperationsmodelle, S. 311; *Leible/Staudinger*, KTS 2000, 533, 555.

574 So auch Mankowski/Müller/Schmidt-*Müller*, Art. 7, Rn. 27.

Diese Sichtweise ist auch in systematischer Hinsicht schlüssig. Denn Art. 9 EuInsVO intendiert, dass sich das Statut im Regelfall nach der Hauptforderung richtet und nicht insolvenzrechtlichen Wirkungen ausgesetzt ist.[575] Es handelt sich dabei und eine Regelung des Vertrauensschutzes, die nur dann sinnvoll ist, wenn es sich auch um eine Anknüpfung handelt, auf die der Gläubiger auch tatsächlich vertrauen konnte.[576]

Eine Beurteilung entgegen einer einheitlichen Beurteilung i. S. d. Universalität des Verfahrens rechtfertigt ferner die Tatsache, dass es sich um eine privilegierende Gläubigerposition handelt und nicht um eine Thematik des Schuldnervermögens. Diese Gläubigerposition würde je nach Geltung der *lex fori concursus* einen Statutenwechsel erfahren und gegebenenfalls eine Aufrechnungsmöglichkeit einräumen, die einem Gläubiger nach den allgemeinen Kollisionsregeln nicht zustünden und ihn unangemessen privilegieren.[577] Auch, wenn aus Sicht des Universalitätsgedankens eine andere Auslegung geboten wäre, genießt die Verhinderung einer Gesamtgläubigerbenachteiligung Vorrang. Folglich haben der Grundsatz der Gläubigergleichbehandlung und der Universalitätsgedanke nicht immer dieselbe Schutzrichtung und rechtfertigen mitunter unterschiedliche Ergebnisse.

cc) *Rechtsverfolgungsmaßnahmen einzelner Gläubiger, Art. 7 Abs. 2 S. 2 lit. f)*

Gemäß Art. 7 Abs. 2 S. 2 lit. f) EuInsVO unterliegen Rechtsverfolgungsmaßnahmen einzelner Gläubiger ebenfalls dem Recht des Verfahrensstaates, sofern es sich nicht um anhängige Rechtsstreitigkeiten handelt, diese richten sich nach Art. 18 EuInsVO. Der Begriff der Rechtsverfolgungsmaßnahme ist dabei grundsätzlich weit auszulegen, um eine möglichst umfassende Wirkung der Einheitsanknüpfung zu erreichen.[578] Zwar entfaltet die Norm keinerlei materiell-rechtliche Wirkung in Form von Vollstreckungsverboten, diese sind in der Regel aber ohnehin in den mitgliedstaatlichen Rechtsordnungen vorgesehen und erstrecken sich als internationale Selbstverständlichkeit auch auf Nichteröffnungsstaaten.[579]

575 Bork/Mangano-*Bork*, Rn. 4.21; Bork, ZIP 2002, 690, 693; *Herchen*, Übereinkommen, S. 134 ff.; *Kolmann*, Kooperationsmodelle, S. 311, Fn. 19; *v. Wilmowsky*, KTS 1998, 343, 358.

576 Siehe hierzu auch *Virgós/Schmit*, Erläuternder Bericht, Rn. 107.

577 Pannen-*Pannen/Riedemann*, Art. 4, Rn. 51.

578 MünchKommBGB-*Kindler*, Bd. 11, Art. 4, Rn. 30.

579 EuGH, Urt. v. 09.11.2016, Rs. C-212/15, *ENEFI*, ECLI:EU:C:2016:841, Rn. 3, NZI 2016, 959, 961; D-K/D/C-*Duursma-Kepplinger*, Art. 4, Rn. 19; MünchKommBGB-*Kindler*,

Dadurch wird einer Einzelbefriedigung entgegengewirkt und der Grundsatz der Gläubigergleichbehandlung verwirklicht.

dd) Insolvenzforderungen und Masseverbindlichkeiten, Art. 7 Abs. 2 S. 2 lit. g) EuInsVO

Die *lex fori consursus* bestimmt überdies welche Forderungen Insolvenzforderungen und welche privilegierende Masseverbindlichkeiten darstellen, Art. 7 Abs. 2 S. 2 lit. g) EuInsVO. Dies kann grundsätzlich sowohl die Privilegierung als auch Verschlechterung einer ausländischen Gläubigerposition zur Folge haben, sodass es letztlich vom Zufall abhängt, in welcher Kategorie die Einordnung erfolgt. Nach der Einordnung entscheidet sich letztlich, welchen Wert die Forderung im Verfahren hat.[580] Auch, wenn dadurch formell eine Gleichbehandlung der Gläubiger hergestellt wird und alle Gläubiger demselben Rechtssystem unterworfen sind, geht eine solche Lösung nicht unbedingt mit dem Gebot einer materiellen Fairness einher. Vielmehr muss diese zugunsten einer einheitlichen Handhabung und auch Effizienzgesichtspunkten zurückstehen. Mithin kann eine internationale Gläubigergleichbehandlung nicht pauschal mit dem Gedanken der Fairness gleichgesetzt werden. Dies ist jedoch letztlich auf die mitgliedstaatlichen Rechtsordnungen zurückzuführen, die unterschiedliche Kategorien von Gläubiger vorsehen, sodass es auch zu unterschiedlichen Einordnungen kommen kann. Die EuInsVO stellt im Rahmen ihrer Möglichkeiten hingegen eine formelle Gleichbehandlung her.

ee) Anmeldung, Prüfung, Feststellung, Art. 7 Abs. 1 lit. h) EuInsVO

Überdies unterliegen auch Anmeldung, Prüfung und Feststellung der Forderung der *lex fori consursus*, Art. 7 Abs. 1 lit. h) EuInsVO. Ob die Forderung materiell-rechtlich besteht, richtet sich hingegen als selbstständig anzuknüpfende Vorfrage nach den allgemeinen Kollisionsregeln und damit nach der *lex causae*.[581] Auch damit wird eine überwiegend formelle Gleichbehandlung für alle Arten von Gläubiger hergestellt.

Bd. 11, Art. 4 (a. F.), Rn. 31; siehe auch *Virgós/Schmit*, Erläuternder Bericht, Rn. 142, der grundsätzlich von einer Verhinderung oder Aussetzung von Einzelzwangsvollstreckungsmaßnahmen ausgeht.

580 EuGH, Urt. v. 17.03.1015, Rs. C-294/02, *AMI Semiconductor Belgium*, ECLI: EU:C:2005:172, Rn. 69; Bork/Mangano-*Bork*, Rn. 4.23; Pannen-*Pannen/Riedemann*, Art. 4, Rn. 57.

581 Haß/Huber/Gruber/Heiderhoff-*Haß/Herweg*, Art. 4, Rn. 40; Pannen-*Pannen/Riedemann*, Art. 4, Rn. 59.

Folglich gilt sowohl für die gesicherten als auch die ungesicherten Gläubiger für die Anmeldung, Prüfung und Feststellung ihrer Forderung das Recht eines Mitgliedstaates. Diese Regelungen werden durch das neu eingeführte Sachrecht der Art. 53 bis 55 EuInsVO ergänzt. Um den grundsätzlichen Nachteil ausländischer Gläubiger im Verfahren auszugleichen, muss die Anmeldungsfrist mindestens 30 Tage nach Bekanntmachung der Eröffnung des Insolvenzverfahrens im Insolvenzregister des Eröffnungsstaates betragen, Art. 55 Abs. 6 EuInsVO. Damit wird eine Vereinheitlichung geschaffen, die ausländischen Gläubigern Rechtsschutz bietet und die nationalen Vorschriften insoweit verdrängt.[582]

Fraglich ist, ob die *lex fori concursus* auch auf den Fall der Nichtanmeldung einer Forderung bzw. eines Fristversäumnisses Anwendung findet. Dazu nahm der EuGH im Fall *ENEFI* Stellung.[583] Über eine ungarische Gesellschaft mit rumänischer Niederlassung wurde im Jahre 2012 das Insolvenzverfahren eröffnet. Rumänische Steuergläubiger meldeten ihre Forderungen im ungarischen Verfahren zu spät an, sodass diese nicht mehr berücksichtigt werden konnten. Daraufhin führte die rumänische Behörde im Folgejahr eine Steuerprüfung durch und erwirkte einen Vollstreckungstitel gegen die Insolvenzschuldnerin, um gegen sie vorzugehen. Nach ungarischem Recht wäre die Forderung verwirkt und eine Zwangsvollstreckung rechtswidrig. Würde man die Insolvenzwirkungen der *lex fori concursus* hingegen unberücksichtigt lassen, könnte die rumänische Gläubigerin außerhalb des Verfahrens in Rumänien befriedigt werden. Letzterem hat der EuGH jedoch widersprochen. Zunächst umfasse der Begriff der Anmeldung einer Forderung auch die negativen Folgen ihres Scheiterns, sodass auch dann ein einheitlicher Rückgriff auf die *lex fori* geboten ist. Überdies verstoße diese Vorgehensweise gegen den Grundsatz der Gläubigergleichbehandlung. Sie führe zu einer Ungleichbehandlung im Vergleich zu allen übrigen Gläubigern des Verfahrens und umgehe die Regelungen der *lex fori*.[584] Es kann es zudem keinen Unterschied machen, ob es sich um eine öffentlich-rechtliche oder aber um eine private Forderung handelt – der Grundsatz der Gläubigergleichbehandlung verbietet jede andere Bewertung und schützt den

582 Braun-*Tashiro*, Art. 7, Rn. 37.

583 EuGH, Urt. v. 09.11.2016 – Rs. C-212/15, *ENEFI*, ECLI:EU:C:2016:84, NZI 2016, 959 ff. (auch zum Folgenden).

584 EuGH, Urt. v. 09.11.2016 – Rs. C-212/15, *ENEFI*, ECLI:EU:C:2016:841 Rz. 23, 27, NZI 2016, 959, 960, 961; so auch EuGH, Urt. v. 25.11.2021 – Rs. C-25/20, *Alpine Bau*, Rz. 30, NZI 2022, 40, 41.

Staat gleichermaßen in dessen Position als Insolvenzgläubiger.[585] Diese Rechtsprechung hat der EuGH in seinem Urteil *Alpine Bau* bestätigt.[586]

Anhand dieser Abgrenzungsfragen wird deutlich, dass der Grundsatz Gläubigergleichbehandlung eine Verbindung herstellt zwischen dem reinem Kollisionsrecht und nationalen Regelungen, die einen Bezug zu einer fairen Behandlung aller Gläubiger aufweist. Auch wenn die EuInsVO in der Sache nur Zuweisungen zu einem Rechtssystem trifft, so müssen diese Zuweisungen ohne eine Verletzung der internationalen sowie nationalen Gläubigergleichbehandlung erfolgen. Dafür trägt die Verordnung Sorge und verhindert damit die Umgehung dieses insolvenzrechtlich tragenden Grundsatzes.

ff) Verteilung des Schuldnervermögens, Art. 7 Abs. 2 S. 2 lit i) EuInsVO

Die Verteilung des Schuldnervermögens bildet für alle Gläubiger den Fokus eines jeden Insolvenzverfahrens.[587] Gemäß Art. 7 Abs. 2 S. 2 lit. i) EuInsVO unterliegt auch die Erlösverteilung, der Forderungsrang sowie dingliche Rechte dem Recht des Verfahrensstaates, sodass alle Gläubiger ungeachtet ihrer Stellung im nationalen Rechtssystem in ein anderes Rechtssystem implementiert werden müssen. Probemaltisch erscheint, dass auch hier Privilegierungen sowie Verschlechterungen durch die *lex fori* eintreten können und somit Gläubiger im Verhältnis untereinander schlechter gestellt sind.[588] Hier stellt sich dieselbe Problematik wie in Art. 7 Abs. 2 S. 2 lit. g) EuInsVO. Folglich besteht die Gefahr, dass ein und dieselbe Forderung im Rahmen eines Haupt- sowie Sekundärverfahrens eine unterschiedliche Einordnung erfährt.[589] Auch hier wird die Gläubigergleichbehandlung von der EuInsVO nur in einer formellen Art und Weise gewährleistet, indem alle Gläubiger derselben Rechtsordnung unterstellt werden. Wie die Erlösverteilung, Rangordnung der Forderungen sowie Behandlung dinglicher Rechte des Eröffnungsstaates erfolgt, entscheidet das mitgliedstaatliche Recht. Die EuInsVO stellt hier lediglich einen Gleichlauf der Rechtsanwendung dar.

---

585 EuGH, Urt. v. 09.11.2016 – Rs. C-212/15, *ENEFI*, ECLI:EU:C:2016:841 Rz. 37, NZI 2016, 959, 961, 962.

586 EuGH, Urt. v. 25.11.2021 – Rs. C-25/20, *Alpine Bau*, Rz. 30, NZI 2022, 40, 41.

587 So auch Bork/Mangano-*Bork*, Rn. 4.26; Bork/van Zwieten-*Snowden*, Rn. 7.57.

588 Siehe hierzu *Mankowski*, NZI 2016, 959, 963 – Anm. zu EuGH, Urt. v. 09.11.2016 – Rs. C-212/15, *ENEFI*, ECLI:EU:C:2016:841; *Piekenbrock*, EWS 2016, 181, 189.

589 D-K/D/C-*Duursma-Kepplinger*, Art. 4, Rn. 25; *Virgós/Schmit*, Erläuternder Bericht, Rn. 91 i).

gg) *Nichtige, anfechtbare, relativ unwirksame Rechtshandlungen, die die Gesamtheit der Gläubiger benachteiligen, Art. 7 Abs. 1 lit. m) EuInsVO*

Letztlich sollen auch gläubigerbenachteiligende Rechtshandlungen einheitlich nach dem Recht des Eröffnungsstaates beurteilt werden, Art. 7 Abs 2 S. 2 lit. m) EuInsVO. Damit sind insbesondere Verfügungsbeschränkungen sowie Anfechtungsregelungen gemeint.[590] Fast alle Insolvenzregime enthalten gläubigerschützende Regelungen, um so einer Benachteiligung durch den Schuldner entgegenzuwirken und eine Gläubigergleichbehandlung durchzusetzen.[591] Die *lex fori concursus* bestimmt dabei sowohl die Kriterien der Geltendmachung als auch der Wirkungsweise des Rechtsinstrumente.[592]

Entscheidendes Kriterium für die Anwendbarkeit der *lex fori concursus* nach Art. 7 Abs. 1 lit. m EuInsVO ist, dass die Handlung eine Benachteiligung der Gläubigergesamtheit zur Folge hat und es sich um Regelungen handelt, die den Schutz aller Gläubiger bezwecken.[593] Sowohl der Begriff der Rechtshandlung auch der Gläubigerbenachteiligung ist unionsautonom zu bestimmen und dann zu bejahen, wenn die Handlung *conditio sine qua non* für die Verschlechterung der Gläubigerbefriedigung ist.[594] Sinn und Zweck der Norm ist mithin die unionsweite Durchsetzung der Gläubigergleichbehandlung. Trotz des Kollisionscharakters der Norm wird durch das Merkmal der Benachteiligung von Gläubigern auch ein europäisches Kriterium der Gläubigergleichbehandlung geschaffen.

Im Zusammenspiel eines Haupt- sowie Sekundärverfahrens ist darauf abzustellen, in welchem Verfahren der „Schaden" eintritt.[595] Dies ist allerdings dann problematisch, wenn keine klare Zuordnung möglich ist und die mitgliedstaatlichen Rechte unterschiedliche Beurteilungen vorsehen.[596] In diesem Fall stehen

---

590 *Paulus*, Art. 4, Rn. 36.

591 So auch EuGH, Urt. v. 15.10.2015 – Rs. C-310/14, *Nike/Sportland*, Rz. 22, EuZW 2016, 35, 37; Braun-*Tashiro*, Art. 7, Rn. 30; *Wood*, Principles, S. 458 ff., 523 ff.; *Zeeck*, Internationale Anfechtung, S. 7.

592 Haß/Huber/Gruber/Heiderhoff-*Haß/Herweg*, Art. 4, Rn. 46; *Virgós/Schmit*, Erläuternder Bericht, Rn. 135.

593 Braun-*Tashiro*, Art. 7 Rn. 30; Vallender-*Liersch*, Art. 7 Rn. 44; Uhlenbruck-*Knof*, Art. 7 Rn. 100.

594 Mankowski/Müller/Schmidt-*Müller*, Art. 7, Rn. 72.

595 D-K/D/C-*Duursma-Kepplinger*, Art. 4, Rn. 28 (auch zum Folgenden); *Virgós/Schmit*, Erläuternder Bericht, Rn. 91 m).

596 Siehe *Zeeck*, Internationale Anfechtung, S. 42–43, der den Grundsatz der Gläubigergleichbehandlung in diesem Fall als verletzt ansieht, zumal die Anfechtung in diesem

sich Gläubigerinteressen unterschiedlicher Verfahren gegenüber, die es in Einklang zu bringen gilt und die gleichermaßen dem Grundsatz der Gläubigergleichbehandlung unterliegen.

Im Rahmen eines europäischen Insolvenzverfahrens ist im Falle einer Anfechtung ferner die Ausnahme des Art. 16 EuInsVO zu berücksichtigen. Danach findet die *lex fori concursus* keine Anwendung, wenn sich der Anfechtungsgegner darauf beruft, dass sich die angegriffene Rechtshandlung nach der *lex causae* richtet und nach diesem Recht nicht angreifbar ist. Die Norm wurde trotz vieler rechtspolitischer Bedenken auch nach der Reform unverändert beibehalten.[597] Sie durchbricht die Verordnung sowohl den Grundsatz der Universalität als auch der Einheit des Verfahrens und gewährt Vertrauensschutzgesichtspunkten einzelner Gläubiger Vorrang.[598] Im Ergebnis setzt sich das anfechtungsfeindlichste Recht durch und der Anfechtungsgegner wird privilegiert.[599] Aus Sicht der Gläubigergleichbehandlung wird eines der wichtigsten Instrumente zur Durchsetzung des Grundsatzes geschwächt und eine Ungleichbehandlung innerhalb der Gläubigergemeinschaft herbeigeführt. Es handelt sich um eine bewusste Entscheidung des Verordnungsgeber mit dieser Ausnahmeregelung sowie auch der Regelung zur Aufrechnung nach Art. Art. 7 Abs. 2 S. 2 lit. d) EuInsVO den Wertungsgesichtspunkt des Vertrauensschutzes durchzusetzen, denn ohne die Regelung des Art. 16 EuInsVO könnten Anfechtungsgegner auch kein Vertrauen entwickeln.[600]

d) Anerkennung von Verfahren und Wirkungserstreckung, Art. 19 bis 20 EuInsVO

Der Regelungskomplex der Art. 19 bis 20 EuInsVO hat im Rahmen der Reform keine Änderungen erfahren und besteht in seiner ursprünglichen Form fort. Die sofortige Anerkennung von Insolvenzverfahren stellt einen Grundpfeiler der Verordnung dar. Sie ist Ausdruck des gegenseitigen Vertrauens der Mitgliedstaaten sowie der Universalität und Einheit des Verfahrens.[601]

Fall eben nicht einheitlich beurteilt wird; *Chalupsky* in Baudenbacher, Bd. I (1998), S. 351.

597 *Thole*, IPRax 2018, 388.

598 *Virgós/Schmit*, Erläuternder Bericht, Rn. 91 m), 138; Uhlenbruck-*Knof*, Art. 16 Rn. 2.

599 *Thole*, IPRax 2018, 388.

600 Ebenda.

601 Erwägungsgrund (65) S. 3; Bork/Mangano-*Bork*, Rn. 5.01; Braun-*Ehret*, Art. 19, Rn. 1; *Moss/Fletcher/Isaacs*, Rn. 5.97; *Turck*, S. 63 (auch zum Folgenden); *Virgós/Schmit*, Erläuternder Bericht, Rn. 147; Ergänzt wird der Regelungskomplex der Art. 19–20

Im Einzelnen unterscheidet die Verordnung zwischen der automatischen Anerkennung der Eröffnungsentscheidung nach Art. 19 Abs. 1 UA. 1 EuInsVO und der Wirkungserstreckung dieser Anerkennung auf andere Mitgliedstaaten i. S. d. Art. 20 Abs. 1 EuInsVO als Rechtsfolge. Beide Regelungen zielen darauf ab, einen effizienten und transparenten Verfahrensablauf zu gewährleisten, die Verfahrensökonomie zu fördern und Kosten zu senken.[602] Indem alle Mitgliedstaaten ein eröffnetes Verfahren in einem anderen Mitgliedstaat anerkennen, werden auch positive Kompetenzkonflikte der Gerichte vermieden.[603] Darüber hinaus tragen die Regelungen zur allgemeinen Rechtssicherheit bei, sodass sich sowohl Gläubiger als auch Schuldner auf ein Hauptverfahren einstellen können, das über die Staatsgrenze des Eröffnungsstaates hinaus in allen anderen Mitgliedstaaten Bestand hat.

Während Erwägungsgrund (65) S. 2 annimmt, dass die Wirkungserstreckung eine direkte Rechtsfolge der automatischen Anerkennung darstellt, suggeriert die in Art. 20 Abs. 1 EuInsVO separat geregelte Wirkungserstreckung das Gegenteil, zumal sie sich in systematischer Hinsicht abgrenzt vom Regelungsgehalt des Art. 19 Abs. 1 EuInsVO. Der EuGH hat noch vor Inkrafttreten der EuInsVO festgestellt, dass aus dem Prinzip der Urteilsfreizügigkeit immer die Wirkungserstreckung resultiert.[604] Im Insolvenzrecht sollte jedoch in Anbetracht der Unterschiede von Haupt- und Sekundärverfahren eine genaue Abgrenzung der beiden Regelungen vorgenommen werden. Denn für Sekundärinsolvenzverfahren gilt zwar die automatische Anerkennung nach Art. 19 Abs. 1 UA 1 EuInsVO gleichermaßen wie für Hauptverfahren, allerdings hat ein Sekundärinsolvenzverfahren keine unmittelbare Wirkungserstreckung zur Folge, zumal die Wirkungen des Verfahrens gerade auf das Gebiet des jeweiligen Eröffnungsstaates territorial begrenzt werden, Art. 20 Abs. 2 S. 2 EuInsVO.[605]

EuInsVO von Art. 25 EuInsVO, der auch die Anerkennung von Art. 32 EuInsVO regelt. Von einer gesonderten Behandlung wird indes abgesehen, zumal es die Hauptregelungen lediglich.

602 *Ambach*, S. 77; Mankowski/Müller/Schmidt-*Müller*, Art. 19, Rn. 2; zu den Zielen der Verordnung siehe 2. Teil, A, II, 2, a).

603 Erwägungsgrund (65) S. 5; *Leible/Staudinger*, KTS 2000, 533, 545; MünchKommInsO-*Thole*, Bd. 4, Art. 16 (a. F.), Rn. 4.

604 EuGH, Urt. v. 04.02.1988, Rs. 145/86, Slg. 1988, 645, Rn. 10, 11.

605 *Virgós/Schmit*, Erläuternder Bericht, Rn. 146, 156; D-K/D/C-*Duursma-Kepplinger/Chalupsky*, Art. 17, Rn. 15; K/P/B-*Kemper*, Art. 17, Rn. 9; a. A. *Ambach*, S. 57; *Homann*, KTS 2000, 343, 368.

aa) Art. 19 Abs. 1 EuInsVO

Art. 19 Abs. 1 UA 1 EuInsVO schafft den Ausgangspunkt des Grundsatzes und normiert, dass eine Eröffnungsentscheidung auch in allen anderen Mitgliedstaaten anerkannt wird. Dies gilt sowohl für Haupt- als auch für Sekundärverfahren.[606] Das hat zur Folge, dass es keines gesonderten Anerkennungsmechanismus bedarf und die Anerkennung *ipso iure* eintritt. Hierfür muss ein Insolvenzverfahren nach Anhang A (Art. 2 Nr. 4 EuInsVO) von einem zuständigen mitgliedstaatlichen Gericht i. S. d. Art. 3 EuInsVO wirksam eröffnet worden sein.[607] Gegenstand der Anerkennung ist nur die Eröffnungsentscheidung, die in Bezug auf die vorgenannten Tatbestandsmerkmale eine feststellende Wirkung entfaltet.[608] Damit regelt Art. 19 Abs. 1 UA 1 EuInsVO die Voraussetzungen einer Anerkennung und schafft nur diesbezüglich eine verfahrensrechtliche Geltungserstreckung.[609] Die Rechtsfolge des Art. 19 Abs. 1 EuInsVO ist demnach negativ definiert und bezieht sich lediglich auf die fehlende Notwendigkeit eines Anerkennungsmechanismus. Gläubigergleichbehandlungsrelevante Wirkungen des Verfahrens wie der Vermögensbeschlag oder das Verbot der Einzelzwangsvollstreckung werden hiervon nicht erfasst, sondern unterliegen vielmehr der materiell-rechtlichen Wirkungserstreckung des Art. 20 Abs. 1 EuInsVO, zumal sie nicht Gegenstand der Eröffnungsentscheidung sind.[610]

Zudem tritt ab dem Zeitpunkt der Anerkennung eine Sperrwirkung ein, sodass kein weiteres Hauptverfahren in einem anderen Mitgliedstaat eröffnet werden kann.[611] Sofern dennoch mehrere Verfahren gleichzeitig eröffnet werden, gilt das Prioritätsprinzip.[612] Dadurch wird der Grundsatz der Verfahrenseinheit

606 *Virgós/Schmit*, Erläuternder Bericht, Rn. 146.

607 Zu den Einzelheiten des Anwendungsbereiches sowie des zuständigen Gerichts siehe Abschnitt Teil 2, II, 3., a) und b).

608 *Ambach*, S. 44, 45.

609 *Ambach*, S. 46 (auch zum Folgenden); Braun-*Ehret*, Art. 19, Rn. 14; *Homann*, KTS 2000, 343, 353.

610 *Homann*, KTS 2000, 343, 354; ähnlich *Turck*, S. 111; a. A. D-K/C/K-*Duursma-Kepplinger/Chalupsky*, Art. 16, Rn. 8; Pannen-*Pannen/Riedemann*, Art. 16, Rn. 40.

611 Dies ergibt sich aus einem Umkehrschluss des Art. 19 Abs. 2 S. 1 EuInsVO, zumal die Eröffnung eines Hauptverfahrens einer Sekundärinsolvenz nicht entgegensteht. Ein weiteres Hauptverfahren ist jedoch nicht mehr möglich; K/P/B-*Kemper*, Art. 16 (a. F.), Rn. 2; MünchKommInsO-*Thole*, Art. 16 (a. F.), Rn. 4.

612 EuGH, Urt. v. 02.05.2006, Rs. C-341/04, *Eurofood Ltd.*, Slg. 2006, I-3813, ECLI:EU:C:2006:281 Rn. 39, ZIP 2006, 907, 909; grundlegend zum Prioritätsprinzip in der EuInsVO, *Turck*, S. 37 ff.

zumindest in Bezug auf Hauptverfahren gewahrt und den Gläubigern eine rechtssichere Position zugebilligt, indem sie sich nicht auf mehrere Hauptverfahren einstellen müssen, sondern allenfalls auf Sekundärinsolvenzen am Ort der schuldnerischen Niederlassung. Dies schafft eine Basis für ein universelles Verfahren, das alle Gläubiger unter denselben Voraussetzungen einer Rechtsordnung berücksichtigen kann.

bb) Art. 20 Abs. 1 EuInsVO

Art. 20 Abs. 1 EuInsVO knüpft an die automatische Anerkennung des Art. 19 Abs. 1 EuInsVO an und erstreckt die nationalen Wirkungen der Verfahrenseröffnung auch auf die übrigen Mitgliedstaaten. Es handelt sich mithin um eine Verlängerung der verfahrensrechtlichen als auch materiell-rechtlichen Wirkungen der *lex fori concursus*[613] Die Wirkungserstreckung erfolgt dabei nicht in Form einer Anpassung oder Transformation in das inländische System des Nichtverfahrensstaates, sondern vielmehr anhand des Ausdehnungsmodells, sodass die Wirkungen mit denjenigen des Verfahrensstaates identisch bleiben.[614] Zu diesen Wirkungen zählen insbesondere der universelle Vermögensbeschlag sowie Einzelzwangsvollstreckungshindernisse[615], sodass nationale Gläubigergleichbehandlungsnormen auch außerhalb des Verfahrensstaates durchgesetzt werden und das Verfahren anhand eines einheitlichen Maßstabes abläuft. Die Wirkungserstreckung verkörpert demnach auch den Grundsatz der Universalität des Verfahrens.[616]

Aber auch aus Sicht der Gläubigergleichbehandlung nimmt die Norm eine Sonderstellung ein, zumal sie sowohl zur Verwirklichung des nationalen Grundsatzes beiträgt als auch dessen kollisionsrechtlicher Umsetzung beiträgt. So wird infolge der Wirkungserstreckung die in Art. 7 EuInsVO angelegte Gläubigergleichbehandlung der *lex fori concursus* sichergestellt[617] als auch die formell gleiche Behandlung aller Gläubiger nach einer Rechtsordnung im Allgemeinen. In diesem Fall verfolgen der Grundsatz der Universalität und der der Gläubigergleichbehandlung eine Schutzrichtung.

---

613 *Virgós/Schmit*, Erläuternder Bericht, Rn. 90; a. A. *Ambach*, S. 54.

614 *Virgós/Schmit*, Erläuternder Bericht, Rn. 153; Bork/Mangano-*Bork*, Rn. 5.08; *Turck*, S. 111.

615 H/H/G/H-*Gruber*, Art. 17, Rn. 1; Pannen-*Pannen/Riedemann*, Art. 17, Rn. 6.

616 Braun-*Ehret*, Art. 20, Rn. 5; D-K/D/C-*Duursma-Kepplinger/Chalupsky*, Art. 17, Rn. 6.

617 Mankowski/Müller/Schmidt-*Müller*, Art. 7, Rn. 5; MünchKommInsO-*Thole*, Bd. 4, Art. 17 a. F., Rn. 1; *Turck*, S. 111.

cc) *Ordre Public, Art. 33 EuInsVO*

Die Anerkennung der Entscheidung kann jedoch auch nach Maßgabe des Art. 33 EuInsVO von den übrigen Mitgliedstaaten verweigert werden, wenn damit ein Ergebnis verbunden ist, das offensichtlich mit der öffentlichen Ordnung, insbesondere mit den Grundprinzipien oder den verfassungsmäßig garantierten Rechten und Freiheiten des Einzelnen unvereinbar ist.[618] Der Schutzbereich bemisst sich sowohl anhand des einzelstaatlichen Rechts des betroffenen Mitgliedstaates[619] als auch nach unionsrechtlichen Grundsätzen der Nichtdiskriminierung und fairen Verfahrensteilhabe[620]. Zusätzlich kann zwischen dem verfahrensrechtlichen sowie materiellen *ordre public* unterschieden werden.

Der Grundsatz der Gläubigergleichbehandlung wird dabei ebenfalls geschützt.[621] Fraglich ist jedoch, ob damit die nationale oder europäische Ausgestaltung gemeint ist. Grundsätzlich handelt es sich beim *ordre public* um einen Schutz nationaler Besonderheiten von grundlegenden mitgliedstaatlichen Verfahrensgarantien wie dem Recht auf Beteiligung und des rechtlichen Gehörs.[622] Aus dem Erläuternden Bericht von *Virgós/Schmit* geht zudem hervor, dass insbesondere im Falle eines Sanierungsplans die Beteiligung der Gläubiger und der Kollektivverfahrenscharakter Berücksichtigung finden müssen.[623] Damit wird eindeutig auf nationale Ausgestaltungen Bezug genommen. Ferner kann ein Verstoß vorliegen, wenn das Verfahren für Gläubiger eine willkürliche und unverhältnismäßige Aufopferung ihrer Interessen zur Folge hat[624] und damit auch eine willkürliche Befriedigungssystematik. Mithin werden Verfahrensteilhabe und Befriedigung im Allgemeinen als Mindestmaß eines gerechten Insolvenzrechts vorausgesetzt und ein Maßstab geschaffen. Allerdings erscheint eine offensichtliche Verletzung hierbei eher unwahrscheinlich, zumal in Anhang A nur Gesamtverfahren aufgenommen werden, die in ihren Grundzügen auch auf dem Grundsatz der Gläubigergleichbehandlung beruhen. Sofern jedoch ein Verfahren den Grundsatz der Gläubigergleichbehandlung nicht anerkennt, könnte

618 Siehe hierzu EuGH, Urt. v. 02.05.2006, Rs. C-341/04, *Eurofood Ltd.*, Slg. 2006, I-3813, ECLI:EU:C:2006:281 Rn. 62 ff.; *Virgós/Schmit*, Erläuternder Bericht, Rn. 209.

619 *Virgós/Schmit*, Erläuternder Bericht, Rn. 205.

620 D-K/D/C-*Duursma-Kepplinger*, Art. 26, Rn. 5; H/H/G/H-*Gruber*, Art. 26, Rn. 2; K/P/B-*Kemper*, Art. 26, Rn. 3; MünchKommInsO-*Reinhart*, Bd. 4, Art. 26 (a. F.), Rn. 6.

621 Mankowski/Schmidt/Müller-*Müller*, Art. 33, Rn. 13.

622 D-K/D/C-*Duursma-Kepplinger*, Art. 26, Rn. 7; *Paulus*, Art. 26, Rn. 8.

623 *Virgós/Schmit*, Erläuternder Bericht, Rn. 205; *Turck*, S. 151.

624 Pannen-*Riedemann*, Art. 26, Rn. 10.

man anhand der Umstände des Einzelfalles eine Anerkennungsversagung des *ordre public* in Betracht ziehen.

Aus europäischer Perspektive ist der Grundsatz zudem als Teil der Nichtdiskriminierung und Verfahrensbeteiligung geschützt. Dies betrifft insbesondere das Verhältnis von in- und ausländischen Gläubigern und schützt damit ebenso eine willkürliche Schlechterstellung auf Grund der Nationalität.

Insgesamt sollte berücksichtigt werden, dass es sich um einen Vorbehalt handelt, der restriktiv auszulegen ist, zumal dessen Systematik dem Grundsatz des gegenseitigen Vertrauens zuwiderläuft und daher nur *ultima ratio* in Betracht kommen kann.[625] Den Schutz des *ordre public* genießen jedoch grundsätzlich sowohl nationale als auch internationale Formen der Gläubigergleichbehandlung.

e) Synthetische Sekundärverfahren, Art. 36–38 EuInsVO

aa) Neuregelung durch die Reform

Eine mit der Reform der Verordnung neu geschaffene Möglichkeit stellt die Durchführung eines sogenannten synthetischen Sekundärverfahrens in Art. 36 ff. EuInsVO dar. Aus dem Evaluationsbericht der Europäischen Kommission geht hervor, dass die Eröffnung von Sekundärinsolvenzverfahren in der Vergangenheit die Verwertung der Schuldnermasse und Sanierungschancen behindert hat.[626] Das Inaussichtstellen eines Sekundärinsolvenzantrages konnte insbesondere als Drohkulisse eingesetzt werden, um lokale Gläubigerinteressen gegenüber dem Verwalter im Hauptverfahren zu erzwingen.[627] Mit dieser Problematik waren erstmals englische Gerichte konfrontiert.[628] Um die Situation zu entschärfen, wurde lokalen Gläubigern in den *leading cases* so behandelt, als wäre ein Sekundärinsolvenzverfahren eröffnet worden.[629] Der Gesetzgeber nahm diese Entwicklung zum Anlass und schuf die neuen Art. 36 ff. EuInsVO, um Sekundärverfahren dieser Art und Kosten zu vermeiden, die Effizienz von

625 Siehe Erwägungsgrund (65) S. 4; *Virgós/Schmit*, Erläuternder Bericht, Rn. 205, 208; *Leible/Staudinger*, KTS 2000, 567; *Paulus*, Art. 26, Rn. 2; Pannen-*Riedemann*, Art. 26, Rn. 11; a. A. Mankowski/Müller/Schmidt-*Müller*, Art. 33, Rn. 2.

626 COM (2012) 744 final, S. 3; so auch in Erwägungsgrund (41).

627 Mankowski/Müller/Schmidt-*Mankowski*, Art. 36, Rn. 1.

628 *Re Collins & Aikman Europe SA* [2006] EWHC 1343 (Ch); *Re MG Rover Belux SA/NV* (In Administration) [2006] EWHC 1296 (Ch); *Re Nortel Networks SA and others* [2009] EWHC [2006] (Ch).

629 Siehe hierzu ausführlich Bork/van Zwieten-*Mangano*, Rn. 36.03; *Madaus*, FS Pannen, S. 225 ff.

Hauptverfahren zu steigern und den Verkauf eines Unternehmens als *going concern* zu verbessern.[630]

Nunmehr kann der Verwalter zur Vermeidung eines Sekundärinsolvenzverfahrens eine Zusicherung an lokale Gläubiger abgeben, dass er bei der Verteilung des Vermögens oder bei der Verwertung des erzielten Erlöses die Verteilungs- und Vorzugsrechte nach nationalem Recht wahrt, die Gläubiger hätten, wenn ein Sekundärverfahren eröffnet worden wäre, Art. 36 Abs. 1 S. 2 EuInsVO. Dabei gilt ausschließlich die Verteilungsordnung des Sekundärstaates unabhängig von der *lex fori concursus*, Art. 36 Abs. 2 EuInsVO.

Allerdings ist die Zusicherung von der Zustimmung der qualifizierten Gläubigermehrheit abhängig und bleibt bis dahin schwebend unwirksam, Art. 36 Abs. 5 S. 1 EuInsVO.[631] Abstimmungsberechtigt sind dabei nur lokale Gläubiger i. S. d. Art. 36 Abs. 5 S. 1 i. V. m. Art. 2 Nr. 11 EuInsVO. Unter lokalen Gläubigern, sind nicht lokal ansässige Gläubiger zu verstehen, sondern vielmehr lokale Forderungen, die von Gläubiger im Zusammenhang mit der Niederlassung und damit nicht im Zusammenhang mit dem Hauptverfahrensstaat entstanden sind, Art. 2 Nr. 11 EuInsVO.[632] Zudem muss der Verwalter die tatsächlichen Annahmen benennen, die der Zusicherung zugrunde liegen, Art. 36 Abs. 1 S. 2 EuInsVO. Dabei handelt es sich zwar um eine verpflichtende Angabe, deren Inhalt jedoch bisher unklar bleibt.[633] Das Gesetz selbst nennt hier nur einige nicht abschließende Regelbeispiele wie den Wert der belegenen Gegenstände sowie die Möglichkeit der Verwertung. Der Verwalter soll mithin konkrete und klare Aussagen über die Sekundärinsolvenzmasse treffen können. Verletzt er seine Obliegenheiten im Rahmen dieser Zusicherung, so ist er den lokalen Gläubigern zu Schadensersatz verpflichtet, Art. 36 Abs. 10 EuInsVO. Die Reichweite der Verwalterpflichten – insbesondere in Bezug auf die tatsächlichen Annahmen – sind jedoch nicht näher definiert und weiterhin auslegungsbedürftig.

Nach der Billigung wird die Zusicherung des Verwalters für die Insolvenzmasse verbindlich, Art. 36 Abs. 6 S. 1 EuInsVO. Die Benachrichtigung kann jedoch von den lokalen Gläubigern angefochten werden, sofern sie nicht dem Inhalt der Zusicherung entspricht, Art. 36 Abs. 7 S. 2 EuInsVO.

---

630 COM (2012) 743 final S. 8; *Commandeur/Römer*, NGZ 2015, 988, 990; *Fehrenbach*, GPR 2017, 38; *Garcimartín*, ZEuP 2015, 694, 726; *Thole*, IPRax 2017, 213, 218.

631 Mankowski/Müller/Schmidt-*Mankowski*, Art. 36, Rn. 35.

632 *Fehrenbach*, Hauptverfahren, S. 369; *Thole*, ZEuP 2014, 39, 64.

633 *Skauradszun*, ZIP 2016, 1563, 1564 (auch zum Folgenden).

Trotz einer erteilten Zusicherung besteht auch weiterhin die Möglichkeit der Eröffnung eines Sekundärverfahrens, Art. 37 EuInsVO. Denn nach dem Wortlaut des Art. 36 EuInsVO wird die Zusicherung lediglich für die Insolvenzmasse, nicht jedoch für die Gläubiger oder andere Parteien verbindlich.[634] Die Verordnung enthält jedoch eine zeitliche Begrenzung und erlaubt die Antragstellung nur innerhalb von 30 Tagen nach einer bereits gebilligten Zusicherung, Art. 37 EuInsVO. Dem soll das befasste Gericht stattgeben, wenn es der Überzeugung ist, dass die Zusicherung die Interessen der einheimischen Gläubiger nicht angemessen schützt und hierfür ein Sekundärverfahren notwendig ist, Art. 38 Abs. 2 EuInsVO.

bb) Bewertung

Die Systematik der Art. 36 ff. EuInsVO erinnern an den ersten Vorentwurf der EuInsVO von 1980[635], in dem an einer strikten Universalität und Einheit des Verfahrens festgehalten wurde und die Bildung von Untermassen im Hauptverfahren erfolgte.[636] Obwohl diese Vorgehensweise in der Vergangenheit aus Praktikabilitätserwägungen verworfen wurde, findet sie nunmehr erneut Einzug in die reformierte Verordnung ohne die vorherigen Bedenken aufzugreifen. Anhand dieser Neuerung wird insbesondere deutlich, dass die Verordnung von der Universalität des Verfahrens als angestrebtem Idealfall ausgeht und Sekundärinsolvenzen insgesamt als Störfaktoren empfunden werden, die es einzudämmen gilt.[637] Mit Hilfe eines virtuellen Sekundärverfahrens soll die Effizienz des Hauptverfahrens gesteigert und Verfahrenskosten minimiert werden, um so eine Verteilung unter der Schirmherrschaft des Hauptverfahrens zu ermöglichen. Folglich ist und bleibt ein gewisser Ausnahmecharakter für Sekundärverfahren wesensimmanent.[638]

Allerdings sollte diese Neuerung insbesondere mit Blick auf die Gläubigergleichbehandlung auch kritisch hinterfragt werden.[639] Ob es sich dabei tatsächlich um eine effiziente Methode der Masseverwaltung bzw. Verteilung handelt,

634 *Madaus*, FS Pannen, S. 229; *Mankowski*, NZI 2015, 961, 962.

635 Vorentwurf des Übereinkommens über den Konkurs, Vergleiche und ähnliche Verfahren, EG-Dok. – III/D/72/80-DE – [von 1980], ZIP 1980, 582 ff.

636 *Garcimartín*, ZEuP 2015, 694, 726; *Hoffmann*, Gläubigergleichbehandlung, S. 425; MünchKommInsO-*Reinhart*, Bd. 4, Art. 36, Rn. 5.

637 Siehe auch *Thole*, IPRax 2017, 213, 218.

638 Noch zur alten Verordnung führt *Fehrenbach* an, dass der Grundsatz der Universalität gleichermaßen neben dem der Territorialität steht, in Hauptverfahren, S. 61 ff.

639 Siehe hierzu auch *Schuster*, NZI 2017, 873, 877.

ist fraglich.[640] Aus Praxissicht stellt es für den Hauptinsolvenzverwalter jedenfalls eine deutlich höhere Hürde dar, Gläubiger nicht nach der ihm bekannten *lex fori concursus* zu bedienen, als es für einen fachkundigen Sekundärverwalter der Fall wäre.[641] Wie bereits Kritiker des Vorentwurfes der Verordnung festgestellt haben, handelt es sich auch bei der Bildung von Untermassen um eine Vorgehensweise, die sich als nicht besonders ökonomisch erweist und zu einem zusätzlichen Zeit-, Kosten- und Komplexitätsaufwand führt. Da das Verfahren nicht tatsächlich aufgehoben wird, bleiben auch die Nachteile einer Sekundärinsolvenz bestehen.[642] Das inzidenter geführte Verfahren wird allenfalls an weniger kompetente Personen weitergereicht und trotz Verfahrenseinheit nicht einheitlich nach der *lex fori concursus* beurteilt. Die systematische Verortung der Regelungen im Rahmen der Sekundärverfahren lässt zudem erkennen, dass es sich trotz der Überschrift „Vermeidung von Sekundärverfahren" vielmehr um eine Durchsetzung einer Sekundärinsolvenz handelt.

Es ist auch nicht ersichtlich, warum die Durchführung eines Sekundärverfahrens trotz bereits gebilligter Zusicherung weiterhin möglich sein soll.[643] Damit torpediert der Verordnungsgeber nicht nur die Rechtssicherheit, sondern auch das originäre Ziel der Zusicherung, nämlich die Vermeidung eines weiteren Verfahrens.[644] Ein weiterer Prüfmechanismus zur angemessenen Interessenberücksichtigung überlädt die Zusicherung zu ihrer Komplexität noch zusätzlich und fördert zudem eine unsolide Handhabung in Sachen Antragsrecht. Denn Art. 37 Abs. 1 lit. b EuInsVO gewährt grundsätzlich jedem Gläubiger die Möglichkeit ein Sekundärverfahren einzuleiten, während eine Abstimmung über die Zusicherung nur lokalen Gläubigern vorbehalten ist.

Ferner verstößt die Regelung gegen die *par condicio creditorum*, zumal lokale Gläubiger des Sekundärverfahrens von den Wirkungen des Hauptverfahrens ausgenommen und damit gegenüber den restlichen Gläubigern bevorzugt behandelt werden.[645] Denn nur sie sind abstimmungsberechtigt, während die Teilnahme an einer Sekundärinsolvenz grundsätzlich allen Gläubigern offensteht.[646] Damit wird eine Gläubigergruppe privilegiert und hat einen Sonderstatus im Hauptverfahren.

---

640 Gegen die Praktikabilität *Fehrenbach*, GPR 2017, 38, 41.

641 Ähnlich *Thole*, IPRax 2017, 213, 219; a. A. *Hoffmann*, Gläubigergleichbehandlung, S. 424.

642 *Fehrenbach*, GPR 2017, 38, 41.

643 Mankowski/Müller/Schmidt-*Mankowski*, Art. 26, Rn. 11 (auch zum Folgenden).

644 Siehe *Madaus*, FS Pannen, S. 228.

645 *Fehrenbach*, GPR 2017, 38, 41.

646 So auch *Madaus*, FS Pannen, S. 231 ff.

Positiv zu bewerten ist dabei dennoch die Tatsache, dass eine Sanierung – insbesondere innerhalb einer Konzernstruktur – erleichtert wird und Unternehmenswerte besser koordiniert werden können. Auch der Trend zu einem einzigen grenzüberschreitenden Verfahren ist begrüßenswert und signalisiert, dass diese Art von Verfahren – trotz vieler Schwierigkeiten – höher gewichtet wird als territoriale Vorgehensweisen. Damit kommt die Verordnung dem Ideal der Universalität zumindest in formeller Hinsicht näher.[647] Es bleibt damit der Perspektive geschuldet, ob man die neue Einführung als einen Fluch oder Segen wahrnimmt. Eine abschließend positive Bewertung kann indes unter Berücksichtigung der Gläubigergleichbehandlung nicht erfolgen, zumal die Regelung in ihrem Kern dennoch zu einer Durchbrechung des Grundsatzes führt und eine lokale Gläubigergruppe bevorzugt behandelt. Zudem wird an dieser Stelle erneut deutlich, dass die Verwirklichung der Gläubigergleichbehandlung und der Grundsatz der Universalität und Einheit des Verfahrens nicht immer miteinander einhergehen.[648]

f) Herausgabepflicht und Anrechnung, Art. 23 EuInsVO

Art. 23 EuInsVO bildet die zentrale Norm der grenzüberschreitenden Gläubigergleichbehandlung in der EuInsVO und enthält zwei unionsrechtliche autonome Sachregelungen zur Wahrung des Grundsatzes.[649] Der Artikel ist im Rahmen der Reform unverändert bestehen geblieben und knüpft an den Gedanken eines einheitlichen Wirtschaftsraumes an, in dem ein Hauptverfahren seine Wirkungen im gesamten Gebiet der Vertragsstaaten entfaltet und auch trotz der Eröffnung von Sekundärinsolvenzverfahren eine Verteilung des Schuldnervermögens in dessen Gesamtheit gewährleistet.[650]

aa) Herausgabepflicht, Art. 23 Abs. 1 EuInsVO

Art. 23 Abs. 1 EuInsVO normiert zur Durchsetzung der Gläubigergleichbehandlung einen Herausgabeanspruch des Verwalters gegen einen Gläubiger, der sich nach Eröffnung eines Insolvenzverfahrens aus einem Massegegenstand eines anderen Mitgliedstaates auf irgendeine Weise befriedigt hat.

---

647 Ähnlich *Schmidt*, KTS 2015, 19, 44.

648 Siehe grundsätzlich zur Thematik *Bloching*, Pluralität S. 85 ff.

649 *Virgós/Schmit*, Erläuternder Bericht, Rn. 171 (auch zum Folgenden); Bork/Mangano-*Mangano*, Rn. 6.58; Bork/van Zwieten-*Veder*, Rn. 23.01 ff.; D-K/D/C-*Duursma-Kepplinger/Chalupsky*, Art. 20, Rn. 1; Mankowski/Müller/Schmidt-*Müller*, Rn. 2; *Moss/Fletcher/Isaacs*, Rn. 5.161; Pannen-*Riedemann*, Art. 20, Rn. 1; *Paulus*, Art. 20, Rn. 1.

650 D-K/D/C-*Duursma-Kepplinger/Chalupsky*, Art. 20, Rn. 2.

Diese Regelung beruht jedoch nicht nur auf dem Gläubigergleichbehandlungsgrundsatz, sondern auch auf dem Gedanken der Universalität des Hauptinsolvenzverfahrens und der Passivmasse, die trotz Separation der Aktivmasse auf einem kollektiven Befriedigungssystem basiert.[651] Damit wird zusätzlich zum Schutz nationaler Rechtsordnungen eine Art unionsrechtliches Verbot der Einzelbefriedigung geschaffen, das auch über die Staatsgrenze eines Hauptinsolvenzverfahrens hinausgeht und einen Anspruchsgrundlage *sui generis*[652] begründet. Sie schützt die Insolvenzmasse vor Inanspruchnahmen nach Verfahrenseröffnung. Die einzelnen Tatbestandsmerkmale sind autonom und ohne Rückgriff auf die *lex fori concursus* auszulegen.[653] Der EuInsVO ist gegenüber nationalen Regeln zwar im Fall der Anspruchskonkurrenz vorrangig anzuwenden, allerdings werden die nationalen Regeln nicht vollständig verdrängt. Art. 23 Abs. 1 EuInsVO soll vielmehr Regelungslücken schließen und eine Einzelbefriedigung außerhalb des Verfahrensstaates verhindern.[654]

Als Rechtsfolge wird angeordnet, dass der Verwalter – sofern der bevorzugte Gläubiger das Erlangte nicht in natura herausgeben kann – auf den entsprechenden Geldbetrag zurückgreifen darf.[655] Hier geht die Gläubigergleichbehandlung dem Vertrauensschutz des Einzelnen vor. Konsequenterweise kann die Regelung jedoch nur für Hauptinsolvenzverfahren gelten, zumal Territorialverfahren auf einen räumlichen Anwendungsbereich begrenzt sind und keine Wirkungen in anderen Mitgliedstaaten entfalten.[656] Ebenfalls ausgenommen bleiben dingliche Gläubiger i. S. v. Art. 8 und 10 EuInsVO.[657]

651 *Virgós/Schmit*, Erläuternder Bericht, Rn. 172; D-K/D/C-*Duursma-Kepplinger/Chalupsky*, Art. 20, Rn. 2; *Wiórek*, Gläubigergleichbehandlung, S. 286.

652 MünchKommInsO-*Thole*, Bd. 4, Art. 20 (a. F.), Rn. 2.

653 D-K/D/C-*Duursma-Kepplinger/Chalupsky*, Art. 20, Rn. 22 ff.; a. A. *Paulus*, Art. 20, Rn. 4.

654 Mankowski/Müller/Schmidt-*Müller*, Art. 23 Rn. 19.

655 *Virgós/Schmit*, Erläuternder Bericht, Rn. 172; Mankowski/Müller/Schmidt-*Müller*, Art. 23 Rn. 13, 19.

656 Bork/van Zwieten-*Veder*, Rn. 23.05; D-K/D/C-*Duursma-Kepplinger/Chalupsky*, Art. 20, Rn. 11 ff.; MünchKommInsO-*Thole*, Bd. 4, Art. 20 (a. F.), Rn. 7; Pannen-*Riedemann*, Art. 20, Rn. 13; a. A. Mankowski/Müller/Schmidt-*Müller*, Art. 23 Rn. 4.

657 Braun-*Dugué*, Art. 20 (a. F.), Rn. 12 ff.; MünchKommInsO-*Thole*, Bd. 4, Art. 20 (a. F.), Rn. 16.

bb) Anrechnung, Art. 23 Abs. 2 EuInsVO

Um eine Chancengleichheit innerhalb der Gläubigergemeinschaft zu gewährleisten, ist es jedem Gläubiger grundsätzlich gestattet, in allen Mitgliedstaatlichen Insolvenzverfahren anzumelden, Art. 45, 53 EuInsVO.[658] Mit Art. 23 Abs. 2 EuInsVO reagiert der Verordnungsgeber auf die sich daraus ergebende Problematik von Mehrfachanmeldung einer Forderung in unterschiedlichen Verfahren (*hotchpot rule*).[659] Als Instrumentarium wird dabei auf eine konsolidierte Quotenanrechnung zurückgegriffen, die auf europäischer Ebene bereits aus Art. 32 UNCITRAL Model Law on Cross Border Insolvency bekannt ist und im Rahmen der Verordnung übernommen wurde.[660] Die Herausgabe eines Quotenüberschusses kann hingegen nicht verlangt werden, zumal jeder Gläubiger von seinem Anmelderecht Gebrauch machen kann und soll.[661]

So nimmt ein Gläubiger, der in einem Insolvenzverfahren bereits eine Quote erlangt hat, erst dann an der Verteilung im Rahmen eines anderen Verfahrens teil, wenn die Gläubiger gleichen Ranges oder gleicher Gruppenzugehörigkeit in diesem anderen Verfahren die gleiche Quote erlangt haben, Art. 23 Abs. 2 EuInsVO.

Die Regelung versucht einen Ausgleich für das parallele Bestehen von Haupt- und Sekundärverfahren auf Verteilungsebene zu schaffen. Dem liegt der Gedanke zugrunde, dass auch hinsichtlich der Verteilung der Insolvenzquote von einem einheitlichen Wirtschaftsraum auszugehen ist.[662] Einem Gläubiger sollen keine ungerechtfertigten Vorteile aus dem grundsätzlich legalen Verhalten der Mehrfachanmeldung seiner Forderung erwachsen ebenso wie weniger aktive Gläubiger keiner Benachteiligung ausgesetzt werden sollen.[663] Mit dieser Sachregelung wird aus Sicht des Verordnungsgebers der gemeinschaftsweite Grundsatz der Gläubigergleichbehandlung verwirklicht. Allerdings gilt dieser wiederum nur im Rahmen einer einzelnen Gläubigergruppe und bei Gleichrangigkeit.[664]

---

658 So auch Erwägungsgrund (63).

659 Bork/Mangano-*Mangano*, Rn. 6.64; MünchKommInsO-*Thole*, Bd. 4, Art. 20 (a. F.), Rn. 19; *Paulus*, Art. 20, Rn. 10; *Tkatchenko*, S. 114.

660 Siehe hierzu in der Gesamtschau *Bork*, Principles, Rn. 4.10; Für frühere Erscheinungsformen *Kohler*, Konkursrecht. S. 611 ff.

661 D-K/D/C-*Duursma-Kepplinger/Chalupsky*, Art. 20, Rn. 30.

662 D-K/D/C-*Duursma-Kepplinger/Chalupsky*, Art. 20, Rn. 2.

663 Braun-*Dugué*, Art. 23, Rn. 17; *Hoffmann*, Gläubigergleichbehandlung, S. 430.

664 Mankowski/Müller/Schmidt-*Müller*, Art. 23, Rn. 28 ff.; *Paulus*, Art. 20, Rn. 11.

Eine konkrete Berechnungsgrundlage für die *hotchpot rule* stellt der *Virgós/Schmit* Report auf. Diese besteht aus vier Grundregeln sowie Beispielen, die die Quotenanrechnung und Vorgehensweise konkretisieren.[665]

(1) Kein Gläubiger darf mehr als 100 % seiner Forderung erhalten

Jeder Gläubiger darf insgesamt maximal mit 100 % seiner Forderung befriedigt werden. Dabei wird eine absolute Verteilungsgerechtigkeit hergestellt, die auf alle Gläubiger – unabhängig von deren Gruppenzugehörigkeit – Anwendung findet und verhindert, dass ein einzelner einen unberechtigten Vorteil gegenüber anderen Gläubigern erlangt.

(2) Die Forderung ist in jedem Verfahren in voller Höhe anzumelden

Auch im Falle einer Mehrfachanmeldung müssen alle Gläubiger ihre Forderungen als Ganzes anmelden und nicht nur den fehlenden Restprozentsatz nach Abzug des ersten Verfahrens. Alles andere widerspräche der eingeräumten Option der Mehrfachanmeldung und der Gleichbehandlung der Gläubiger in jedem einzelnen Verfahren.[666] Dingliche Gläubiger bleiben hiervon ausgenommen, ihre Befriedigungsmodalitäten richten sich nach der *lex fori concursus*, Art. 7 Abs. 1 i. V. m. Abs. 2 S. 2 lit. i) EuInsVO.[667]

(3) Eine Forderung wird erst dann berücksichtigt, wenn alle Gläubiger gleichen Ranges befriedigt wurden

Die dritte Regel greift den Wortlaut des Art. 23 Abs. 2 EuInsVO auf und stellt eine verfahrens- und mitgliedstaatübergreifende Gleichstellung der Gläubiger vor. So wird die grundsätzliche Möglichkeit der Forderungsanmeldung korrigiert, um Verteilungschancen im Verhältnis zu anderen bereits durchgeführten Verfahren anzugleichen. Entscheidend ist hierbei, dass nur eine Anrechnung für Gläubiger derselben Gruppe stattfindet. Diese Einordnung kann je nach *lex fori* des jeweiligen Verfahrens variieren.

---

665 *Virgós/Schmit*, Erläuternder Bericht, Rn. 174 ff.

666 *Virgós/Schmit*, Erläuternder Bericht, Rn. 175 Nr. 2; Bork/Mangano-*Mangano*, Rn. 6.66; D-K/D/C-*Duursma-Kepplinger/Chalupsky*, Art. 20, Rn. 34 (auch zum Folgenden); Mankowski/Müller/Schmidt-Müller, Art. 23, Rn. 34.

667 MünchKommInsO-*Thole*, Bd. 4, Art. 20 (a. F.), Rn. 19; Pannen-*Riedemann*, Art. 20, Rn. 29.

(4) Rang / Kategorie der einzelnen Forderungen bestimmt sich für jedes Verfahren nach der lex fori concursus

Es gelten weiterhin die Rangklassen und Verteilungsordnungen der *lex fori concursus*. Folglich kann ein und dieselbe Forderung in unterschiedlichen Rechtssystemen unterschiedlich eingestuft werden. Hierbei handelt es sich um eine Problematik, die bereits im Rahmen des anwendbaren Rechts auftritt und vom Verordnungsgeber hingenommen wird, zumal kein unionsautonomes einheitliches Insolvenzrecht existiert.[668]

cc) Bewertung

Mit Art. 23 EuInsVO hat die Verordnung eine Verteilungsregelung geschaffen, die explizit darauf ausgerichtet ist, den Grundsatz der Gläubigergleichbehandlung in Form eines Gerechtigkeitsausgleiches auf europäischer Ebene zu realisieren und den Anforderungen grenzüberschreitender Insolvenzen gerecht zu werden. Dabei geht die Norm auf die internationale Verteilungsproblematik in unterschiedlichen Verfahren und die Folgen einer modifizierten Universalität ein, die auf nationaler Ebene kraft Natur der Sache nicht existiert. Mithin wird eine autonome Form des Gläubigergleichbehandlungsgrundsatzes geschaffen, deren Aufgabe es ist, eine grenzüberschreitende Verteilungsgerechtigkeit innerhalb aller beteiligten einfachen in- sowie ausländischen Gläubiger im Rahmen der EuInsVO herzustellen.

In rechtstechnischer und systematischer Hinsicht fällt zunächst auf, dass es sich bei Art. 23 EuInsVO um eine Sachregelung handelt, obwohl die EuInsVO überwiegend kollisionsrechtlich ausgestaltet ist. Damit wird der Grundsatz auch auf einer rein europäischen Ebene verwirklicht, zumal die bisherigen gläubigergleichbehandlungsrelevanten Normen nur eine Zuweisung zu einer bestimmten Rechtsordnung und eine einheitliche Rechtsanwendung eines Mitgliedstaates gewährleisten können. Mit Art. 23 EuInsVO wird hingegen eine Harmonisierungsregelung geschaffen, die rein inhaltliche Entscheidungen auf Verteilungsebene trifft. Mithin existiert ein unionsrechtlicher Grundsatz der *par condicio creditorum*, der sich grenzüberschreitenden Verteilungsschwierigkeiten widmet. Beiden Regelungen des Art. 23 EuInsVO ist gemeinsam, dass sie wiederum nur die einfachen Insolvenzgläubiger des gleichen Ranges innerhalb der jeweiligen Gläubigergruppe erfassen, dinglich gesicherte Gläubiger jedoch ausgenommen bleiben. Das Konzept der konsolidierten Quotenanrechnung vermag dann eine

---

668 *Virgós/Schmit*, Erläuternder Bericht, Rn. 175 Nr. 4.

ideale Gleichbehandlung zu realisieren, wenn zwei Gläubiger in beiden Verfahrensstaaten dem gleichen Rang zugeordnet werden und sowohl im Haupt- als auch im Sekundärverfahren im Verhältnis zueinander die gleiche Quotenausschüttung erhalten.[669] Dies entspricht dem Idealbild einer gerechten und ausbalancierten Verteilung trotz unterschiedlicher Massen und Verfahren.

(1) Art. 23 Abs. 1 EuInsVO

Art. 23 Abs. 1 EuInsVO sichert mit seinem autonomen Herausgabeanspruch den Gesamtvollstreckungscharakter des Verfahrens und verhindert, dass Gläubiger sich die Besonderheit der Befriedigungsmöglichkeit in mehreren Mitgliedstaaten nach Verfahrenseröffnung rechtswidrig zunutze machen. Der Verordnungsgeber möchte mithilfe dieser Sachregelung gewährleisten, dass die Gläubigergleichbehandlung nicht gefährdet wird und füllt damit die gegebenenfalls vorhandenen gesetzlichen Lücken der einzelnen Mitgliedstaaten.[670]

(2) Art. 23 Abs. 2 EuInsVO

Obwohl die Anwendung des Art. 23 Abs. 2 EuInsVO zu einem gerechten Ausgleich innerhalb mehrerer Verfahren führen kann, gibt es ebenfalls Konstellationen, in denen das System der konsolidierten Quotenanrechnung nicht greift und keine absolute Gläubigergleichbehandlung realisiert werden kann.

Zunächst berücksichtigt die Norm nur den Überschuss eines Gläubigers, der im ersten Verfahren entsteht. Der Wortlaut des 23 Abs. 2 EuInsVO impliziert hierbei die bereits erlangte Quote und die anschließende Teilnahme am nächsten Verfahren. Tritt der Überschuss eines Gläubigers jedoch erst im zweiten Verfahren auf, so findet andererseits kein Ausgleich der Verteilungsquoten statt, sondern der Mehrerlös verbleibt im Vermögen des jeweiligen Gläubigers.[671] Dies könnte allenfalls mithilfe eines nationalen Bereicherungsanspruches korrigiert werden, zumal Art. 23 Abs. 2 EuInsVO selbst nicht zu einer Herausgabe des Erlangten führen darf.[672] Bleibt es hingegen nur bei der Anwendung des Art. 23 Abs. 2 EuInsVO, so hängt eine Quotenanrechnung maßgeblich davon ab, in welchem Mitgliedstaat das Verfahren zuerst eröffnet wird.[673] Dies geht zulasten der

669 So auch *Hoffmann*, Gläubigergleichbehandlung, S. 433.
670 Mankowski/Müller/Schmidt-*Müller*, Art. 23, Rn. 19.
671 MünchKommInsO-*Thole*, Art. 20 (a. F.), Rn. 31 (auch zum Folgenden).
672 D-K/D/C-*Duursma-Kepplinger/Chalupsky*, Art. 20, Rn. 30.
673 Ausführlich zu dieser Thematik, *Hoffmann*, Gläubigergleichbehandlung, S. 429 ff.

Rechtssicherheit, sodass ein Ausgleich keinem differenzierten System, sondern vielmehr dem Zufall geschuldet ist.

(3) Unterschiedliche Einordnung nach der lex fori concursus

Ferner kommt es auch nicht zum gewünschten Ergebnis, wenn zwei Gläubiger nur in einem Verfahren kraft *lex fori concursus* demselben Rang, im nachfolgenden hingegen in unterschiedlichen Gläubigergruppen zugeordnet werden.[674] Eine etwaige Berücksichtigung findet im zweiten Verfahren nicht mehr statt, zumal ein Vergleichsmaßstab nur innerhalb einer Gruppe hergestellt wird.

(4) Kollision gläubigergleichbehandlungsrelevanter Normen

Zudem besteht ein Spannungsverhältnis zum Recht der Mehrfachanmeldung der Art. 45, 53 EuInsVO. Obwohl eine absolute Gläubigergleichbehandlung lediglich dann verwirklicht werden kann, wenn tatsächlich jeder Gläubiger seine Forderung auch in jedem Verfahren anmeldet[675], werden die Rechtsfolgen eines solchen Verhaltens – wie der Vorteil eines Einzelnen – dennoch korrigiert durch Art. 23 Abs. 2 EuInsVO. Paradoxerweise handelt es sich in beiden Fällen um Normen, die eigentlichen zur Verwirklichung des Grundsatzes beitragen und einander innerhalb einer bestimmten Schnittmenge dennoch zuwiderlaufen.[676]

(5) Synthetische Insolvenzverfahren

Unklar bleibt auch das Verhältnis von Art. 23 Abs. 2 zu synthetischen Insolvenzverfahren.[677] Sofern man die Zusicherung nach Art. 36 ff. EuInsVO nicht als Sekundärinsolvenz qualifiziert, weil die Verteilung im Rahmen eines Hauptverfahrens erfolgt, ist die Quotenanrechnung nicht anwendbar. Konsequenterweise darf eine solche Einordnung jedoch nicht vorgenommen werden, denn der Sinn und Zweck der Art. 36 ff. EuInsVO liegt in der separaten Anwendung des nationalen Rechts und insbesondere im Rangerhalt der Gläubigerposition. Mithin ist Art. 23 Abs. 2 EuInsVO trotz des fehlenden Hinweises auf synthetische Insolvenzverfahren auch auf diese anwendbar. Aus Sicht der Gläubigergleichbehandlung wären zwar beide Varianten vertretbar, im Lichte der neuen Zusicherungsmöglichkeit der Verordnung wird jedoch die universalitätsnähere systematisch ausgeschlossen.

---

674 Siehe zur unterschiedlichen Einordnung Braun-*Dugué*, Art. 20 (a. F.), Rn. 18.

675 D-K/D/C-*Duursma-Kepplinger/Chalupsky*, Art. 20, Rn. 3, Fn. 4.

676 Ähnlich *Wiórek*, Gläubigergleichbehandlung, S. 290 ff.

677 Siehe hierzu Bork/van Zwieten-*Veder*, Rn. 23.27.

(6) *Auskunftsanspruch des Verwalters*

Aus Praxissicht stellt sich im Rahmen des Art. 23 Abs. 2 EuInsVO letztlich noch die Frage nach einem Auskunftsanspruch des Verwalters bezüglich der im Verfahren erlangten Quote eines Gläubigers.[678] Dazu äußert sich die Verordnung selbst nicht, sodass die Anrechnungsregelung des Art. 23 Abs. 2 EuInsVO ins Leere laufen könnte, wenn keine Kooperationsbereitschaft der Verwalter untereinander besteht. Letztlich kann und sollte hierbei auf das Informationsrecht des Art. 41 Abs. 2 lit. a EuInsVO zurückgegriffen werden, um eine Durchsetzung der Verteilungsregel zu gewährleisten. Eine Quotenanrechnung führt zur Maximierung der Haftungsmasse des einzelnen Insolvenzverfahrens und entspricht damit wohl überwiegend dem Interesse beider Verwalter, sodass ein Austausch über die bisher ausgezahlten Quoten zu erwarten ist.

g) *Errichtung und Vernetzung elektronischer Register Art. 24–25 EuInsVO*

aa) *Neuregelung*

Die neue Verordnung schafft in den Art. 24, 25 EuInsVO zwei grundlegende Neuerungen für die Publizität des Verfahrens. Im ersten Schritt verpflichten sich alle Mitgliedstaaten in Art. 24 Abs. 1 EuInsVO dazu, ein elektronisches Insolvenzregister im eigenen Hoheitsgebiet einzurichten und dort Informationen zu Insolvenzbekanntmachungen zur Verfügung zu stellen. Auch, wenn dies in Deutschland bereits infolge der §§ 9, 30 InsO auf www.insolvenzbekanntmachungen.de erfolgt, können nicht alle Länder ein eingerichtetes Register vorweisen.[679] Zumal es in der Vergangenheit zu einer Vielzahl von unnötigen Parallelverfahren kam, die auf mangelnde Informationen über laufende Verfahren zurückzuführen werden, musste diese Entwicklung im Rahmen der neuen Verordnung durch ein erhöhtes Maß an Transparenz für alle Beteiligten korrigiert werden.[680]

Die künftig eingerichteten Portale sollen Pflichtinformationen wie z. B. das Datum der Insolvenzverfahrenseröffnung (Art. 24 Abs. 2 lit. a EuInsVO), das Insolvenzgericht sowie das Aktenzeichen (Art. 24 Abs. 2 lit. b EuInsVO), die Art des Verfahrens (Art. 24 Abs. 2 lit. c EuInsVO), Angaben zu juristischen Personen als Schuldner (Art. 24 Abs. 2 lit. e) sowie gegebenenfalls Angaben zum Verwalter

678 Mankowski/Müller/Schmidt-*Müller*, Art. 23, Rn. 39 (auch zum Folgenden).

679 COM (2012) final 743, S. 19, Fn. 32 mit Hinweisen auf die verschiedenen Länder; MünchKommInsO-*Thole*, Bd. 4, Art. 27, Rn. 4.

680 Siehe COM (2012) final 743, S. 18.

(Art. 24 Abs. 2 lit. g EuInsVO) und zwingend zur Anmeldefrist der Gläubiger (Art. 24 Abs. 2 lit. f EuInsVO) bekannt gemacht werden.

Im zweiten Schritt werden diese nationalen Register innerhalb eines europäischen Portals vernetzt und in allen Amtssprachen der europäischen Union gebührenfrei zur Verfügung gestellt, Art. 25, 27 Abs. 1 EuInsVO.

bb) Bewertung

Die Neuregelungen der Art. 24 ff. EuInsVO verwirklichen neben dem Prinzip der Gläubigergleichbehandlung in Form einer Chancengleichheit auch noch den Grundsatz der Transparenz.[681] Sowohl die Errichtung eines nationalen Registers als auch deren internationale Vernetzung tragen dazu bei, dass Gläubiger überhaupt die Möglichkeit haben, von der Verfahrenseröffnung Kenntnis zu erlangen und ihre Forderungen entsprechend anzumelden.

Dabei ist jedoch ist entscheidend, dass die Fristen der *lex fori concursus* eingehalten werden. Bisher sind diese für ausländische Gläubiger nicht ohne weiteres ersichtlich oder können automatisch auf dem jeweiligen Portal berechnet werden. Eine solche Möglichkeit ist im Rahmen der neuen Verordnung diskutiert worden[682] und erscheint insbesondere aus Gründen der Rechtssicherheit mehr als geboten. Ausländischen Gläubigern die Fristenberechnung innerhalb eines fremden Rechtssystems aufzubürden, stellt einen erheblichen Mehraufwand und ein zusätzliches Hindernis bei der Forderungsanmeldung dar. Dies hat auch die Evaluationsstudie der alten Verordnung bestätigt.[683] Es wäre mithin wünschenswert, wenn auch die Erleichterung der Fristenberechnung in Zukunft verwirklicht werden könnte, um so eine gleichmäßigere Forderungsanmeldung zu gewährleisten und die bereits verbesserte Chancengleichheit weiter zu optimieren.

h) Konzerninsolvenzen

Eine besondere Neuerung stellen die erstmalig eingeführten Regelungen zur Behandlung von Konzerninsolvenzen auf internationaler Ebene dar. Die alte Verordnung hat bewusst auf Regelungen in diesem Bereich verzichtet.[684] Sicher nicht zuletzt, weil es sich bei dieser Materie selbst für den nationalen Gesetzgeber um unerforschtes Terrain handelt. So ist der deutsche Gesetzesentwurf – der für

681 Zu letzterem *Bork*, Principles, Rn. 3.25 ff.
682 Art. 20a lit. f, COM (2012) 743 final, S. 26.
683 COM (2012) 743 final, S. 18, 19.
684 *Virgós/Schmit*, Report EuInsVO, Rn. 76.

die Art. 56 ff. EuInsVO eine Vorbildfunktion inne hatte[685] – erst nach Inkrafttreten der neuen EuInsVO verabschiedet worden und am 21. April Jahre 2018 in Kraft getreten.[686] Auch in anderen europäischen Jurisdiktionen unterliegen maximal Teilbereiche der Gruppeninsolvenzen einer gesetzlichen Regulierung, sodass letztlich wenig bis keinerlei nationale Erfahrungswerte existieren, auf die die EuInsVO zurückgreifen kann.[687] Auf internationaler Ebene konnte sich der Verordnungsgeber jedoch an den Regelungen des UNCITRAL Model Law on Cross Border Insolvency orientieren.[688]

In sachlicher Hinsicht hätte man im Rahmen der Reform die Einführung eines Konzern COMI erwarten können, um Verfahren an einem Ort zu bündeln und das Hindernis einer ineffizienten Abwicklung aus dem Weg zu räumen. Ebenso wäre eine materielle oder zumindest verfahrensrechtliche Konsolidierung naheliegend. All diese Schritte ist der Verordnungsgeber jedoch nicht gegangen und hat sich eines deutlich milderen Mittels in Form von Koordinationsregeln bedient. So wurden zwei neue Grundpfeiler etabliert, die ein neues – nicht zwingendes – Verfahren für Unternehmensgruppen sowie Leitlinien Kooperation für Verwalter und Gerichte beinhalten. Der Gedanke einer einheitlichen Konzernstruktur trotz eigenständiger Unternehmen wird damit beibehalten und auch in der EuInsVO abgebildet.[689] Überdies bleibt der Verordnungsgeber der *Eurofood Ltd.*Rechtsprechung zur Zuständigkeit in Art. 3 EuInsVO treu, womit ein Interessenkonflikt innerhalb einzelner Unternehmen vermieden wird.

cc) Zusammenarbeit und Koordinierung

Art. 56 ff. EuInsVO enthalten Vorschriften zur Zusammenarbeit und Kommunikation von Verwaltern (Art. 56 EuInsVO), Gerichten (Art. 57 EuInsVO) sowie zwischen diesen beiden Akteuren (Art. 58 EuInsVO). Zudem werden die Rechte des Verwalters in Verfahren über das Vermögen von Mitgliedern einer Unternehmensgruppe (Art. 59 EuInsVO) und die Kosten (Art. 60 EuInsVO) geregelt. Alle Kooperationsregeln haben dabei fakultativen Charakter.

---

685 *Thole*, KTS 2014, 351, 374.

686 BGBl. I 2017 S. 866: Gesetz zur Erleichterung der Bewältigung von Konzerninsolvenzen vom 13. April 2017.

687 So auch *Merlini*, IILR 2016, 119 m. w. N.

688 Art. 25 ff. UNCITRAL Model Law on Cross Border Insolvency.

689 Bork/Mangano-*Mangano*, Rn. 8.01; ähnlich *Fehrenbach*, GPR 2017, 38, 44; *Schmidt*, KTS 2015, 19, 35.

(1) Begriff der Unternehmensgruppe

Eine Unternehmensgruppe besteht gemäß Art. 2 Nr. 13 EuInsVO aus einem Mutterunternehmen und all seinen Tochterunternehmen. Sie zeichnen sich dadurch aus, dass sie ihre Tochterunternehmen entweder unmittelbar oder mittelbar kontrollieren (Art. 2 Nr. 14 S. 1 EuInsVO). Zudem handelt es sich auch dann um ein Mutterunternehmen, wenn es einen konsolidierten Abschluss gemäß der EU-Bilanz Richtlinie[690] erstellt, (Art. 2 Nr. 14 S. 2 EuInsVO). Dieser Verweis wurde vielfach kritisiert, weil er nicht auf das primäre Merkmal der tatsächlichen Kontrolle, sondern auf die bloße Möglichkeit einer solchen abstellt, die jedoch unabhängig von einer Zentralisierung der Gruppe keinen Koordinierungsbedarf im Insolvenzfall auslöst.[691] Dagegen ist jedoch einzuwenden, dass durch einen Verweis auf den Bereich des europäischen Unternehmens- bzw. Bilanzrechts die Einheit der Rechtsordnung gewahrt und eine Harmonisierung mit dem Insolvenzrecht der EuInsVO geschaffen wird.[692] Zudem entfällt durch die Anknüpfung an eine tatsächliche Konsolidierung das Erfordernis, die Konzernstruktur auf einen Kontrollmechanismus hin zu überprüfen, sodass eine im Zweifel komplexe Prüfung entbehrlich ist und die praktische Handhabung des Konzernbegriffs erleichtert wird.[693]

(2) Prozessuale Konsolidierung

Obwohl die Neufassung der EuInsVO lediglich Kooperationsregeln vorsieht, bleibt eine prozessuale Konsolidierung weiterhin möglich.[694] So stellt Erwägungsgrund (53) S. 1 klar, dass ein Gericht nicht in seiner Möglichkeit eingeschränkt werden soll, Insolvenzverfahren über das Vermögen mehrerer Gesellschaften, die derselben Gruppe angehören, nur an einem Gerichtsstand zu eröffnen, wenn deren COMI in einem einzigen Mitgliedstaat liegt. Dabei kann auch ein gemeinsamer Insolvenzverwalter bestellt werden, sofern dies mit den geltenden Vorschriften vereinbar ist,

---

690 RL 2013/34/EU des Europäischen Parlaments und des Rates vom 26. Juni 2013 über den Jahresabschluss, den konsolidierten Abschluss und damit verbundene Berichte von Unternehmen bestimmter Rechtsformen und zur Änderung der Richtlinie 2006/43/EG des Europäischen Parlaments und des Rates und zur Änderung der Richtlinien 78/660/EWG und 83/349/EWG des Rates, ABlEU v. 29.06.2013, L 182/19.

691 *Brünkmans*, ZInsO 2013, 797, 799; *Eble*, NZI 2016, 115, 119; *Mock*, GPR 2013, 156, 164.

692 *Schmidt*, KTS 2015, 19, 36 (auch zum Folgenden); *Eble*, NZI 2016, 115, 119.

693 *Brünkmans*, ZInsO 2013, 797, 799; *Fehrenbach*, GPR 2017, 38, 45.

694 *Merlini*, IILR 2016, 119, 127.

Erwägungsgrund (53) S. 2. Diese Vorgehensweise ist bereits im Rahmen der *Collins & Aikmann*[695] sowie *Nortel Networks*[696] Insolvenzen praktiziert worden und entspringt dem Vorbild einer amerikanischen *joint administration*. So kann den Besonderheiten einer Konzernstruktur mit einem Gruppen-COMI im Einzelfall Rechnung getragen werden, sofern dies eine effizientere Abwicklung gewährleistet als die Eröffnung der einzelnen Verfahren an unterschiedlichen Orten. Damit bleibt eine flexible Handhabung möglich, ohne die Nachteile einer starren Regelung, die zu einer Umverteilung und gegebenenfalls auch Nachteilen innerhalb der Gläubigergemeinschaft führen würden.[697]

(3) Materielle Konsolidierung

Der Forderung nach einer materiellen Konsolidierung ist der Verordnungsgeber nicht nachgekommen.[698] Mit einer gemeinsamen Konzernmasse wäre zwar dem Grundsatz der Universalität (und gegebenenfalls auch dem der Gläubigergleichbehandlung) gedient, allerdings verstößt eine solche Vorgehensweise gegen die gesellschaftsrechtlichen Grundsätze eigenständiger Unternehmen sowie der beschränkten Haftung, die gerade in der Insolvenz entscheidend sind.[699] In der europäischen Rechtsprechung ist dieser Themenbereich im weitesten Sinne vom EuGH im Urteil *Rastelli* aufgegriffen worden.[700] Hier klagte der Insolvenzverwalter auf die Erweiterung der Zuständigkeit einer französischen auf eine italienische Gesellschaft in Italien. Dies stütze er allein auf die Tatsache, dass deren Vermögensmassen vermischt waren. Über eine Niederlassung in Frankreich verfügte die italienische Gesellschaft nicht, sodass grundsätzlich keine Zuständigkeit begründet werden konnte. Der EuGH widersprach einer solchen Vorgehensweise, da er weder eine tatsächliche noch eine Annexzuständigkeit annehmen konnte, und zwar ersteres, weil dies eine Umgehung des Systems von Art. 3 EuInsVO wäre, der eine Zuständigkeit ausschließlich an den COMI eines Schuldners und nicht an die bloße

695 *Re Collins & Aikman Europe SA* [2006] EWHC 1343 (Ch).

696 *Re Nortel Networks SA and others* [2009] EWHC [2006] (Ch); COM (2012) final 743, S. 18, Fn. 30.

697 *Thole*, KTS 2014, 351, 373.

698 Vgl. INSOL Europe, Revision of the European Insolvency Regulation (INSOL Europe, Nottingham 2012), S. 98; *Paulus*, ZIP 2005, 1948, 1953 ff.

699 Erwägungsgrund (54); vgl. Mankowski/Müller/Schmidt-*Schmidt*, Art. 56, Rn. 5; Bork/van Zwieten-*Schmidt*, Rn. 56.03.

700 EuGH, Urt. v. 15.12.2011, Rs. C-191/10 – *Rastelli*, ECLI:EU:C:2011:838, NZI 2012, 147 ff.

Vermischung der Vermögensmasse knüpft.[701] Letzteres, weil eine Annexzuständigkeit an der Erkennbarkeit für Dritte bemessen wird und dies bei einer materiellen Konsolidierung Gesellschaftsinterna darstellt, die nicht ohne weiteres nachgewiesen werden können.[702] An diesem Ergebnis würde sich auch infolge der Art. 56 ff. EuInsVO nichts ändern. Denn diese enthalten weder einen Gruppen-COMI noch knüpft Art. 6 EuInsVO die Annexzuständigkeiten an neue Wertungskriterien an. Dennoch schließt der EuGH eine Konsolidierung nicht grundsätzlich aus. Es kommt vorrangig auf Art. 3 EuInsVO an.

Die einzige Möglichkeit der effizienteren Abwicklung wäre die Durchführung eines virtuellen Insolvenzverfahrens i. S. d. Art. 36 ff. EuInsVO. Eine materielle Konsolidierung wäre aber auch hiermit nicht verwirklicht, zumal das Verfahren der eigenständigen Tochtergesellschaften weiterhin nach den Regeln der einzelnen nationalen Insolvenzrechtssysteme erfolgen muss.

dd) Gruppenkoordinationsverfahren

Art. 61 ff. EuInsVO führt ein freiwilliges Gruppenkoordinationsverfahren mit einer zusätzlichen *opt-out* sowie *opt-in* Lösung ein, das von jedem Insolvenzverwalter am Zuständigkeitsort einer mitgliedschaftlichen Konzerngesellschaft beantragt werden kann, Art. 61 Abs. 1 EuInsVO. Einen genauen Inhalt und Ablauf des Verfahrens gibt die EuInsVO nicht vor, vielmehr wird nur ein äußerer Rahmen geschaffen, der je nach Konzernstruktur an die individuellen Bedürfnisse anzupassen ist. Dies kann auch in Form eines Sanierungskonzeptes erfolgen.[703] Ziel des Verfahrens sollte jedoch über den generellen Effizienzgesichtspunkt hinaus immer die Erleichterung der Verwaltung des Gruppenvermögens sein und sich positiv auf die Gläubiger auswirken.[704] Letzteres kann anhand der Befriedigungschancen konkret bemessen werden.

Nach dem Grundsatz der *lex fori* muss auch die Antragstellung des Insolvenzverwalters nach dem Recht des jeweiligen Mitgliedstaates erfolgen, Art. 61 Abs. 2 EuInsVO. Sofern dies eine Genehmigung vorsieht, ist eine solche – in der Regel vor einem Gläubigerausschuss oder einer -versammlung[705] – einzuholen.[706] Der

---

701 EuGH, Urt. v. 15.12.2011, Rs. C-191/10 – *Rastelli*, ECLI:EU:C:2011:838, NZI 2012, 147, 149, Rn. 27, 29.

702 EuGH, Urt. v. 15.12.201, Rs. C-191/10 – *Rastelli*, ECLI:EU:C:2011:838, NZI 2012, 147, 150, Rn. 33, 38.

703 Erwägungsgrund (60) S. 1 EuInsVO.

704 Erwägungsgrund (51), (57) S. 1 EuInsVO.

705 Nerlich/Römermann-*Nerlich/Hübner*, Art. 61 EuInsVO, Rn. 5.

706 Erwägungsgrund (55) S. 2 EuInsVO (auch zum Folgenden).

Antrag soll dabei grundsätzlich derart konkretisiert sein, als dass er (a) einen künftigen Koordinationsverwalter, (b) einen Koordinationsplan, (c) eine Auflistung aller Insolvenzverwalter und eröffneter Verfahren sowie (d) eine Schätzung im Hinblick auf die Kosten des Koordinationsvorhabens enthält, Art. 61 Abs. 3 EuInsVO.

Bei mehreren Anträgen an unterschiedlichen mitgliedstaatlichen Gerichten, richtet sich die Zuständigkeit nach dem zuerst angerufenen Gericht, Art. 62 EuInsVO. Dies hat im Gegensatz zu einer sachlichen Entscheidung am Zentrum des Konzerns den Vorteil der Transparenz und Rechtssicherheit.[707] Zudem stellt der Verordnungsgeber durch die Systematik der Konzernregelungen klar, dass dem Mittelpunkt der Gruppe gerade keine apodiktische Zentrierungsfunktion zukommt, um so Flexibilität zu gewährleisten. Nichtsdestotrotz besteht grundsätzlich eine Korrekturmöglichkeit des Gerichtsstandes in Form einer Prorogation, sofern dem zwei Drittel aller Insolvenzverwalter zustimmen, Art. 66 Abs. 1 EuInsVO. So können sachliche Aspekte der Konzernstruktur eine andere, ausschließliche Zuständigkeit begründen.

Anschließend entscheidet das angerufene Gericht, ob ein Gruppenkoordinationsverfahren anhand der Kriterien des Art. 63 EuInsVO (a) die effektive Führung der Insolvenzverfahren erleichtern kann, (b) nicht zu erwarten ist, dass Gläubiger einer Gesellschaft durch die Koordination finanziell benachteiligt werden und (c) der vorgeschlagene Koordinator den Anforderungen des Art. 71 EuInsVO genügt. Nach positiver Prüfung setzt es die beteiligten Insolvenzverwalter über die Eröffnung eines Gruppen-Koordinationsverfahrens in Kenntnis, Art. 63 EuInsVO.

Letztlich verfügt jeder Insolvenzverwalter über ein Veto Recht mit Hilfe dessen er sein Verfahren 30 Tage nach Eingang der Mitteilung des Gerichts aus der Gruppenkoordination isolieren, aber auch eine nachträgliche Einbeziehung beantragen kann, Art. 64 Abs. 1 lit. a, 69 EuInsVO.

ee) Gläubigergleichbehandlung als Grenze

Sowohl im Rahmen der grenzüberschreitenden Zusammenarbeit als auch innerhalb des Gruppenkoordinationsverfahrens spielt der Grundsatz der Gläubigergleichbehandlung eine fundamentale Rolle. Er bildet die äußerste Grenze einer Koordinationsmöglichkeit und wird für das Gruppenkoordinationsverfahren vorab durch die gerichtliche Überprüfung gewährleistet, die nur dann erteilt wird, wenn eine Einbeziehung keine finanzielle Benachteiligung für die Gläubiger darstellt, Art. 63 Abs. 1 lit. b EuInsVO. Dies gilt ebenfalls für die schlichte

707 *Schmidt*, KTS 2015, 19, 41.

Koordination ohne das in Art. 61 ff. EuInsVO optionale Verfahren. Insgesamt gilt: verschlechtert sich die Quote der Gläubiger eines Mitgliedstaates durch irgendeine Art der Koordination, darf eine solche nicht vorgenommen werden, weil in diesem Moment eine Benachteiligung der Gläubiger eines Verfahrensstaates erfolgt und die Interessen und Befriedigungschancen der Gläubiger einzelner Verfahren torpediert.[708]

Fraglich ist, wie die Sachlage zu bewerten ist, wenn die Verschmelzung der Massen zu einer höheren Quote der Gläubiger oder aber zu einem besseren Sanierungskonzept führen würde.[709] Sofern alle beteiligten Unternehmen einer materiellen Konsolidierung zustimmen, könnte eine Ausnahme vom Grundsatz der Selbstständigkeit der Unternehmen[710] gemacht werden, zumal die Schutzbedürftigkeit der Gläubiger im Zuge einer besseren Befriedigung entfällt. Allerdings wird dies im Rahmen einer Liquidation nicht möglich sein, zumal sich die Quote eines Verfahrens nur auf Kosten eines anderen Verfahrens erhöhen kann. Dies führt unweigerlich zur Schlechterstellung der Gläubigerquote in einem einzelnen Verfahren.[711] Allenfalls für ein Sanierungskonzept kommt eine solche Vorgehensweise in Betracht und kann zu einer Optimierung der Gläubigerstellung führen. Letztlich entscheidet jedoch das materielle Recht des verfahrensführenden Staates über die konkrete Vorgehensweise eines solchen Verfahrens, zumal die EuInsVO keine inhaltlichen Regelungen schaffen will. Grundsätzlich ausgeschlossen wird dies bei einer Sanierung jedoch aus Sicht der Gläubigergleichbehandlung nicht. Für die Liquidation kann dies hingegen nicht gelten, zumal Gläubiger eines einzelnen Verfahrens auf Grund der gesellschaftsrechtlichen Struktur bereits keine einheitliche Gläubigergemeinschaft bilden und damit eine Verschlechterung der Befriedigungsquote einhergeht.

ff) Bewertung

Die neuen Regelungen zu Konzerninsolvenzen in der EuInsVO befinden sich in einer Testphase, die sich in Zukunft erst noch bewähren muss. Eine Entwicklung ist daher schwer zu prognostizieren. Begrüßenswert ist jedoch, dass zunächst lediglich weiche Koordinationsmöglichkeiten geschaffen wurden, die

708 Erwägungsgrund (52 S. 3 Hs. 1) EuInsVO; Bork/van Zwieten-*Schmidt*, Rn. 56.09; Mankowski/Müller/Schmidt-*Schmidt*, Art. 56, Rn. 15.

709 So in *Re Collins & Aikman Europe SA* [2006] EWHC 1343 (Ch); *Pannen*, ZInsO 2014, 222, 223.

710 Erwägungsgrund (54) S. 2 EuInsVO.

711 So auch Mankowski/Müller/Schmidt-*Schmidt*, Art. 56, Rn. 5.

nicht zwingender Natur sind und eine flexible Anpassung an den einzelnen Konzern und dessen Struktur ermöglichen. Dabei wird das Prinzip der beschränkten Haftung im Gesellschaftsrecht sowie auch der der Gläubigergleichbehandlung respektiert und durchgesetzt.

Die Ablehnung eines Gruppen-COMI ist hingegen dogmatisch sauber und wahrt den Grundsatz des Art. 3 EuInsVO. In der Praxis ist eine so starre Regelung – wie bereits Fälle in der Vergangenheit gezeigt haben – nicht überzeugend, zumal eine effiziente Durchführung der Konzerninsolvenz gerade durch den Zusammenschluss des Gerichtsortes erreicht werden kann.

Richtigerweise wurde einer materiellen Konsolidierung eine Absage erteilt. Dies hätte im Liquidationsfall nicht nur einen Verstoß gegen den Gläubigergleichbehandlungsgrundsatz zur Folge, sondern auch einen Anstieg von Kreditkosten für Gläubiger, zumal nicht nur die finanzielle Situation einer Gesellschaft, sondern die des gesamten Konzerns berücksichtigt werden müsste. Dies stellt derzeit eine weder eine zumutbare und transparente, noch rechtssichere Lösung dar. Insgesamt wird anhand der Regelungen deutlich, dass der Grundsatz der Gläubigergleichbehandlung das oberste Gebot im Rahmen einer Konzerninsolvenz bildet und damit in das Gesamtkonzept der neuen EuInsVO einfließt und es maßgeblich beeinflusst.

Verbindliche Regelungen wurde mit den Art. 56 ff. EuInsVO allerdings nicht geschaffen.[712] Es liegt mithin allein in den Händen der einzelnen Verwalter davon Gebrauch zu machen und die Koordinationsmöglichkeiten auszuschöpfen. Nichtsdestotrotz ist es ein erster Schritt, alle Akteure des Insolvenzverfahrens für die Thematik von Konzerninsolvenzen auf internationaler Ebene zu sensibilisieren und ein Grundgerüst zu erstellen, das in Zukunft verändert und verbessert werden kann.[713]

i) Ausübung von Gläubigerrechten, Art. 45 Abs. 1 EuInsVO

Einen bereits im Rahmen der *hotchpot rule* erwähnten und offensichtlichen Teil der Gläubigergleichbehandlung bildet die Anmeldung der Forderung.[714] So kann jeder Gläubiger seine Forderung mit vollem Nominalwert in allen Verfahren anmelden, unabhängig davon, ob es sich dabei um ein Haupt- oder Sekundärverfahren handelt.[715] Es besteht mithin ein Wahlrecht.[716] Art. 45 Abs. 1 EuInsVO

---

712 Kritisch hierzu *Fehrenbach*, GPR 2017, 38, 49.

713 So auch *Thole*, IPRax 2017, 213, 221.

714 *Bork*, Principles, Rn. 4.15; Uhlenbruck-*Lüer*, Art. 32, Rn. 2.

715 MünchKommInsO-*Reinhart*, Art. 32 a. F., Rn. 1; *Paulus*, Art. 32, Rn. 3.

716 *Virgós/Schmit*, Erläuternder Bericht, Rn. 235.

schafft damit eine im Gegensatz zur getrennten Insolvenzmasse über die Grenzen hinaus einheitliche Gläubigergemeinschaft, die durch eine Chancengleichheit in Form einer Anmeldeberechtigung gekennzeichnet ist. Allerdings ist die Regelung auch zwingende Folge des allgemeinen Diskriminierungsverbotes in Art. 10 AUEV, sodass sie nicht als eigenständige und isolierte insolvenzrechtliche Ausprägung zu werten ist. Eine Beschränkung auf bestimmte Gläubigergruppen ist daher grundsätzlich nicht möglich.

Auch wenn Art. 45 Abs. 1 EuInsVO auf den ersten Blick eine materielle Ebene des Verfahrens betrifft, so täuscht dies. Denn eine tatsächliche Teilnahmeberechtigung und bestimmte Befriedigungsgarantie (innerhalb eines konkreten Ranges) im Verfahren geht damit nicht einher, das entscheidet vielmehr die *lex fori concursus*.[717] Insbesondere richten sich die Anmeldefristen und die Form der Anmeldung nach dem jeweiligen Mitgliedstaat.[718] Dies gebietet mitunter auch der Grundsatz der Gläubigergleichbehandlung, zumal anderenfalls ausländische Gläubiger gegenüber inländischen entgegen der mitgliedstaatlichen Regelungen bevorzugt behandelt werden würden. Gerade im Bereich der Einordnung einer Forderung können massive Differenzen innerhalb der Mitgliedstaaten entstehen und zu unterschiedlichen Ergebnisse führen. Die EuInsVO kann dies materiell-rechtlich nicht ausgleichen, auch wenn sie eine Gläubigergleichbehandlung anstrebt und insbesondere mit Art. 45 Abs. 1 EuInsVO im Rahmen ihrer Möglichkeiten verfolgt. Sieht das mitgliedstaatliche Recht jedoch einen grundsätzlichen Ausschluss einer Gläubigergruppe vor, so steht dies im offenen Widerspruch zum Grundsatz der Gläubigergleichbehandlung sowie dem allgemeinen Diskriminierungsverbot.[719] Aus praktischer Sicht, sollte ein Gläubiger seine Forderung allerdings grundsätzlich eher in dem Staat anmelden, in dem seine Forderung den höchsten Rang genießt, um Anrechnungen sowie zusätzliche Kosten zu vermeiden.[720]

Eine weitere Problematik die durch eine Mehrfachanmeldung und garantierten Chancengleichheit entsteht ist, dass *ipso iure* keine Quotenanrechnung stattfindet und die Befriedigungschancen inländischer Gläubiger durch die Anmeldung derjenigen aus dem Hauptverfahren automatisch sinken.[721] Dieser

717 Bork/van Zwieten-*Dammann*, Rn. 45.03; a. A. MünchKommInsO-*Reinhart*, Art. 32 a. F., Rn. 8.

718 D-K/D/C-*Duursma-Kepplinger/Chalupsky*, Art. 32, Rn. 3.

719 D-K/D/C-*Duursma-Kepplinger/Chalupsky*, Art. 32, Rn. 5.

720 Mankowski/Müller/Schmidt-*Mankowski*, Art. 45, Rn. 13.

721 *Wiórek*, Gläubigergleichbehandlung, S. 293.

Umstand wird durch Art. 23 Abs. 1 EuInsVO zumindest dahingehend korrigiert, dass grundsätzlich nur einmal volle Befriedigung erlangt werden kann.

j) Unterrichtung der Gläubiger und Anmeldung ihrer Forderungen, Art. 53 ff. EuInsVO

Als Ergänzung und weitere Ausprägung der europäischen Gläubigergleichbehandlung schützen Art. 53 ff. die Interessen der ausländischen Gläubiger, indem sie Informationspflichten und Gläubigerrechte statuieren.[722]

Zunächst wird zur Vervollständigung der in Art. 45 Abs. 1 EuInsVO gewährleisteten Mehrfachanmeldung klargestellt, dass sich jeder ausländische Gläubiger aller Kommunikationsmittel des Zuständigkeitsstaates bedienen kann und kein Anwaltszwang herrscht, Art. 53 EuInsVO. Damit sollen grundsätzliche Erleichterungen geschaffen werden, um die Anmeldung nicht zusätzlich zur Staatsgrenze zu erschweren.

Zudem müssen alle bekannten Gläubiger unverzüglich vom zuständigen Gericht oder dem bestellten Insolvenzverwalter über die Eröffnung eines Insolvenzverfahrens informiert werden, Art. 54 Abs. 1 EuInsVO. Dabei wird ein individueller Vermerk übersandt, der insbesondere Versäumnisfolgen, Zuständigkeiten, Fristen sowie gesonderte Information für bevorrechtigte oder dinglich gesicherte Gläubiger enthält, Art. 54 Abs. 2 EuInsVO.

Die Anmeldung selbst kann anschließend mithilfe eines Standardformulars unter Angabe bestimmter, der in Art. 55 Abs. 2 EuInsVO aufgelisteten Kriterien in einer Amtssprache der Organe der Union erfolgen, Art. 55 Abs. 1, 5 EuInsVO.

Insgesamt handelt es sich bei den Art. 53 ff. EuInsVO um Sachnormen, die nationales Recht überlagern.[723] Sie dienen alle der *par condicio creditorum* und stellen Chancengleichheit gegenüber den inländischen Gläubigern her und schaffen eine Grundvoraussetzung für Forderungsanmeldungen.

Unklar bleibt hingegen, wie zu verfahren ist, wenn ein Gläubiger seine Forderung infolge einer unterbliebenen oder nicht ordnungsgemäßen Unterrichtung nicht fristgerecht anmelden konnte.[724] Es bestünde zum einen die Möglichkeit auf Schadensersatzansprüche der *lex fori concursus* zu verweisen.[725] Allerdings würde dies gegebenenfalls nicht das Schutzbedürfnis des Gläubigers decken,

---

722 *Virgós/Schmit*, Erläuternder Bericht, Rn. 272; a. A. *Kodek*, KTS 2014, 215, 235.

723 So für Art. 54 EuInsVO: Mankowski/Müller/Schmidt-*Mankowski*, Art. 54, Rn. 1.

724 Mankowski/Müller/Schmidt-*Schmidt*, Art. 54, Rn. 35 m. w. N.

725 Schmidt-*Brinkmann*, Art. 40, Rn. 2; MünchKommInsO-*Reinhart*, Art. 40 a. F., Rn. 17 ff.

sodass eher eine Art Wiedereinsetzung in vorigen Stand erfolgen könnte oder aber die Frist gar nicht erst zu laufen beginnt.[726] Ist das Schuldnervermögen jedoch schon verteilt, so bleibt nur noch der Rückgriff auf einen nationalen Schadensersatzanspruch.

4. Durchbrechungen des Grundsatzes

Obwohl der Grundsatz der Gläubigergleichbehandlung in der EuInsVO zahlreiche Ausprägungen erfährt und ein grundlegendes Element der Verordnung bildet, wird diese Konzeption auch vielerorts durchbrochen.[727] Dies betrifft insbesondere zwei Hauptbereiche der Verordnung: das anwendbare Recht sowie die Einheit des Verfahrens. Die Änderungen erfassen dabei besonders sensible Rechtsbereiche in der Insolvenz, die auf Grund ihrer besonderen Stellung keiner einheitlichen Anknüpfung unterliegen sollen. Begründet wird dies zum einen mit dem Vertrauens- und Verkehrsschutz sowie der Rechtssicherheit der betroffenen Rechtsinhaber[728]; zum anderen werden die Differenzen innerhalb mitliedstaatlicher Insolvenzsysteme und des nationalen Sachenrechts für bisher unüberwindbar gehalten[729], sodass Ausnahmen vom Regelfall etabliert wurden.

Infolge der Abweichungen von den beiden Grundregeln der Verordnung – der *lex fori consursus* und Einheit des Verfahrens – wird gleichzeitig auch der Grundsatz der Universalität tangiert und modifiziert.[730] Die Verfahrensdurchführung erfolgt dadurch weder zentralisiert an einem Ort und noch nach einer einzigen Rechtsordnung.

Bei den nachfolgenden Durchbrechungen handelt sich demnach um gewichtige Veränderungen der Verordnung, die dessen Grundstruktur nachhaltig verändern und deshalb hohen Anforderungen unterliegen.

a) Sonderanknüpfungen außerhalb der lex fori concursus

Das anwendbare Recht und der Grundsatz der *lex fori concursus* werden durch die Sonderanknüpfungen in Art. 8 bis 18 EuInsVO durchbrochen. Dies verdeutlicht, dass im Rahmen der Verordnung auch andere Parameter als die

726 *Mankowski*, NZI 2011, 887, 890 (auch zum Folgenden).

727 *Virgós/Schmit*, Erläuternder Bericht, Rn. 92; *McCormack/Bork*, Security Rights, Rn. 23.

728 Erwägungsgrund (22) und (67) auch zum Folgenden; *Bork*, Principles, Rn. 6.1 ff., S. 174.

729 Siehe Studie zu Unterschieden innerhalb der Sicherungsrechte *McCormack/Bork*, Security Rights. S. 173 ff.

730 MünchKommBGB-*Kindler*, Bd. 12, Vor. Teil 11, B, III, 5, Rn. 14.

Gläubigergleichbehandlung berücksichtigt werden müssen und der Grundsatz nicht den einzigen Wertungsmaßstab innerhalb der Verordnung bildet.[731] So wird in den Sonderanknüpfungen auch das Prinzip der engsten Verbindung verwirklicht.[732]

aa) Dingliche Rechte Dritter – Art. 8 EuInsVO

Gemäß Art. 8 Abs. 1 EuInsVO werden dingliche Rechte eines Gläubigers oder Dritten an Gegenständen des Schuldners, die sich zum Zeitpunkt der Verfahrenseröffnung im Gebiet eines anderen Mitgliedstaates befinden, von der Eröffnung des Verfahrens nicht berührt. Diese gesetzgeberische Entscheidung beruht auf der Erwägung, dass dingliche Rechte von immenser wirtschaftlicher Bedeutung sind und maßgeblich zur Einräumung spezifischer Kreditkonditionen beitragen.[733] Die Frage danach, ob es sich um ein „dingliches Recht" handelt, also die Begründung, Gültigkeit und Tragweite des Rechts, bemisst sich nach Auslegung des EuGH nach dem jeweiligen nationalen Recht und somit in der Regel nach der *lex rei sitae*.[734] Von einer unionsautonomen Definition hat der Gesetzgeber zwar bewusst abgesehen. Dennoch enthält Art. 8 Abs. 2 EuInsVO einen nicht abschließenden Katalog unionsautonomer Kriterien, die auch das dingliche Recht erfüllen muss.

Vor diesem Hintergrund schützt die Vorschrift das kollisionsrechtliche Vertrauen des Sicherungsnehmers dahingehend, dass sich die ihm gewährte Sicherheit auch für den Fall der Eröffnung eines EU-ausländischen Insolvenzverfahrens über das Vermögen des Sicherungsgebers nach derjenigen Rechtsordnung beurteilt, die ihrer Errichtung zu Grunde lag.[735] Die Norm wurde daher auch trotz zahlreicher Kritik in der Literatur[736] im Zuge der Reform unverändert beibehalten.

Stark umstritten bleibt damit weiterhin die Auslegung des Tatbestandsmerkmals „unberührt".[737] Unklar ist hierbei, wovon dingliche Rechte Dritter genau bei Eröffnung eines universellen Hauptverfahrens ausgenommen bleiben. Dies hängt maßgeblich davon ab, ob es sich bei Art. 8 EuInsVO um eine

---

731 *Bork*, ZIP 2014, 797, 799; Principles, Rn. 4.6 ff.; D-K/D/C-*Duursma-Kepplinger*, Vor. EuInsVO, Rn. 19.

732 *Leible/Staudinger*, KTS 2000, 533, 550; *Huber*, ZZP 114 (2001), 133, 152.

733 Erwägungsgrund (68); *Virgós/Schmit*, Erläuternder Bericht Rn. 97; D-K/D/C-*Duursma Kepplinger*, Art. 5, Rdnr. 1; Mankowski/Müller/Schmidt-*Schmidt*, Art. 8 Rn. 3.

734 EuGH, Urt. v. 26.10.2016 – Rs. C-195/15 – *SCI Senior Home/Gemeinde Wedemark und Hannoversche Volksbank eG*, NZI 2016, 1011, 1012, Rz. 18 ff.

735 BGHZ 188, 177 Rn. 21 = NJW 2011, 1818.

736 EuGH, Urt. v. 26.10.2016 – Rs. C-195/15 – *SCI Senior Home/Gemeinde Wedemark und Hannoversche Volksbank eG*, NZI 2016, 1011, 1012, Rz. 28; *Bork*, Principles, Rn. 4.21.

737 Ausdrücklich offenlassend BGHZ 188, 177 Rn. 21 = NJW 2011, 1818.

Sach- oder aber um eine Kollisionsnorm handelt. Sofern man die Regelung als reine Sachnorm begreift, folgt daraus ein absoluter Ausschluss insolvenzrechtlicher Beschränkungen.[738] Das dingliche Recht könnte damit weder von der *lex fori concursus* noch von der *lex rei sitae* insolvenzrechtlich beansprucht werden. Allenfalls im Falle einer Niederlassung des Schuldners innerhalb eines europäischen Mitgliedstaates wäre ein Sekundärinsolvenzverfahren möglich. Diese herrschende Ansicht steht sowohl im Einklang mit den Gesetzgebungsmaterialien als auch mit dem Wortlaut der Norm.[739]

Die Kollisionsnormtheorie versucht diese fragwürdigen Folgen jedoch dahingehend zu korrigieren, dass sie dingliche Rechte nur von Beschränkungen der EuInsVO ausschließt und somit die insolvenzrechtlichen Wirkungen des Belegenheitsstaates zur Anwendung kommen können.[740] Sie stützt sich insbesondere auf die Systematik der Verordnung und verweist darauf, dass die allgemeine Kollisionsnorm des Art. 7 EuInsVO nur durch eine gleichartige Kollisionsnorm ausgeschlossen werden kann.

An dieser Stelle ist jedoch den Vertretern der Sachnormtheorie zu folgen und anzuerkennen, dass Art. 8 EuInsVO weder inhaltlich noch seinem Wortlaut nach eine Rechtsverweisung darstellt. Vielmehr enthält die Regelung ein materiell rechtliches Verbot, dingliche Rechte Dritter dem Insolvenzbeschlag des Hauptverfahrens zu unterwerfen. Auf der anderen Seite hat eine Einordnung des Art. 8 EuInsVO als Sachnorm weitreichende Gläubigerschutzdefizite zur Folge. Während ein dinglicher Gläubiger des Eröffnungsstaates von den insolvenzrechtlichen Wirkungen betroffen ist, kann derjenige, dessen Gegenstand sich im Ausland befindet, die Verwertung selbstständig ohne etwaige Beschränkungen durchführen.[741] Diese Rechtsfolge ist politisch fragwürdig[742] und verstößt zudem gegen den europäischen Grundsatz der Gläubigergleichbehandlung in

---

738 *Virgós/Schmit*, Erläuternder Bericht, Rn. 97; *Liersch*, NZI 2002, 15, 16; D-K/D/C-*Duursma-Kepplinger*, Art. 5, Rn. 22; *Herchen*, ZInsO 2002, 345, 347; *Leible/Staudinger* KTS 2000, 533, 551; MünchKommBGB-*Kindler*, Art. 8, Rn. 22; *Reinhart*, IPRax 2012, 417, 419; *Taupitz*, ZZP 111 (1998), 315, 336; *v. Wilmowsky*, EWS 1997, 295 ff.

739 Vgl. zu Art. 5 EuInsVO a. F.: GA Szpunar, Nerlich/Römermann/*Nerlich*, 26. EL 2014, Art. 5 EuInsVO Rn. 1; Paulus Art. 5 Rn. 1; Mankowski/Müller/Schmidt/*J. Schmidt*, Art. 8 Rn. 34 m. w. N.)

740 *Flessner*, FS Drobnig, S. 280; *Fritz/Bähr*, DZWIR 2001, 228; *Oberhammer*, ZInsO 2004, 761, 772; Schmidt-*Brinkmann* EuInsVO 2000, Art. 5 Rn. 17 ff.

741 Haß/Gruber/Huber/Heiderhoff-*Huber*, Art. 5, Rdnr. 25; *Taupitz*, ZZP 111 (1998), 315, 331.

742 *Liersch*, NZI 2002, 15; Vallender-*Liersch*, Art. 8, Rn. 25.

der EuInsVO. Durch ein insolvenzfreies dingliches Vermögen müssten einige dingliche Gläubiger weder mit Verfügungs- noch Verteilungsbeschränkungen rechnen und wären damit im Verhältnis zu anderen Gläubigern ihrer Klasse bessergestellt.[743] Eine Korrektur erfolgt lediglich dadurch, dass der erzielte Übererlös an den Insolvenzverwalter herauszugeben ist.[744]

bb) Eigentumsvorbehalt – Art. 10 EuInsVO

Art. 10 EuInsVO enthält zusätzlich zu Art. 8 EuInsVO eine eigenständige Regelung für den Eigentumsvorbehalt in der Insolvenz des Käufers (Abs. 1) sowie Verkäufers (Abs. 2). Grund hierfür ist, dass der Verordnungsgeber den Eigentumsvorbehalt nicht als dingliches Recht, sondern ein Annex zum Kaufvertrag versteht.[745] Auch hier wird die *lex fori consursus* zugunsten des Belegenheitsrecht der Sache verdrängt. In Bezug auf die Gläubigergleichbehandlung ist für die Insolvenz des Verkäufers (Abs. 1) auf die Ausführungen zu Art. 8 EuInsVO zu verweisen.[746] Art. 10 Abs. 2 EuInsVO stellt hingegen eine materielle Sachregelung dar und schützt das Anwartschaftsrecht des Käufers im Fall einer Insolvenz, sofern sich die Sache in einem anderen Mitgliedstaat befindet. Letzteres stellt jedoch keinen Verstoß gegen die *par condicio creditorum* dar, sondern schafft vielmehr einen einheitlichen Beurteilungsmaßstab in Bezug auf Anwartschaftsrechte für alle Gläubiger des Hauptverfahrens.

cc) Aufrechnung – Art. 9 EuInsVO

Grundsätzlich unterliegen die Voraussetzung für die Wirksamkeit der Aufrechnung gemäß § 7 Abs. 2 S. 2 lit. d EuInsVO der *lex fori concursus*. Zumal die Mitgliedstaaten eine vor Verfahrenseröffnung entstandene Aufrechnungslage in der Insolvenz unterschiedlichen behandeln[747], kann so eine Gleichbehandlung der Gläubiger gewährleistet werden.[748] Mit Art. 9 EuInsVO erweitert der

743 So in EuGH, Urt. v. 26.10.2016 – Rs. C-195/15 – *SCI Senior Home/Gemeinde Wedemark und Hannoversche Volksbank eG*, NZI 2016, 1011 ff.: Hier wurden Vorrechte des Fiskus durch Anwendung des Art. 5 EuInsVO „durch die Hintertür“ durchgesetzt und dennoch auf den Grundsatz der Gläubigergleichbehandlung gestützt.

744 Erwägungsgrund (67).

745 Haß/Huber/Gruber/Heiderhoff-*Huber*, Art. 7, Rn. 1; Mankowski/Müller/Schmidt-*Schmidt*, Art. 10 Rn. 3; *Taupitz* ZZP 111(1998), 315, 342.

746 So grundsätzlich auch *Virgós/Schmit* Erläuternder Bericht Rn. 112 (auch zum Folgenden).

747 *Virgós/Schmit*, Erläuternder Bericht Rn. 109; Bork/van Zwieten-*Snowden*, Rn. 9.02; siehe zu den Unterschieden auch *Jeremias*, S. 144 ff.; *Moss/Fletcher/Isaacs*, Rn. 4.22.

748 *Bork*, Principles, Rn. 4.23; D-K/C/K-*Duursma-Kepplinger*, Art. 6 Rn. 6.

Verordnungsgeber hingegen die Aufrechnungsmöglichkeit, indem er eine Aufrechnung dem Recht des für die Forderung des insolventen Schuldners maßgeblichen Rechts unterwirft, sofern die *lex fori concursus* eine Aufrechnung versagt. Schutzwürdig sollen allerdings auch hier nur Aufrechnungslagen sein, welche vor Verfahrenseröffnung entstanden sind.[749] Im Vergleich zu Art. 8 EuInsVO handelt es sich bei Art. 9 EuInsVO um eine Kollisionsnorm, die explizit auf das Hauptforderungsstatut verweist[750] und nach Art. 17 der Rom I-VO zu bestimmen ist. Im Ergebnis setzt sich mithin das für den Gläubiger günstigere Recht durch.[751] Ziel der Vorschrift ist eine Art Garantiefunktion, auf die sich der Aufrechnungsgläubiger im Zeitpunkt der Entstehung der Forderung verlassen kann.[752]

Nichtsdestotrotz verletzt die Regelung den Grundsatz einer europäischen Gläubigergleichbehandlung auf materieller Ebene, indem ungesicherte Gläubiger zu gesicherten protegiert werden können, ohne dabei tatsächlich dinglich besichert zu sein.[753] Dadurch erfolgt gegebenenfalls eine Besserstellung von Gläubigern als im Rahmen einer Inlandsinsolvenz der Fall wäre.[754] Dieses vermag auch die Option einer Anfechtung gemäß Art. 9 Abs. 2 EuInsVO nicht zu korrigieren. Eine Rechtfertigung der Insolvenzfestigkeit mit Hilfe des Vertrauensschutzes erscheint überdies nicht haltbar, zumal ein schutzwürdiges Vertrauen nicht in Bezug auf eine zufällige Privilegierung begründet werden kann, selbst wenn dies dem Erhalt einer Rechtsposition gleichkommt. Folglich entsteht die Verletzung rein durch kollisionsrechtliche Mittel, agiert dabei jedoch auf materiell rechtlicher Ebene.

---

749 *Virgós/Schmit*, Erläuternder Bericht Rn. 110.

750 *Bork*, Principles, Rn. 4.23; *Bork*, ZIP 2002, 690, 694; MünchKommBGB-*Kindler*, Art. 6 EuInsVO Rn. 6; *Virgós/Garcimartín* Rn. 186; *Duursma-Kepplinger*, in: D-K/D/C, Art. 6 Rn. 12, ordnet die Norm als sachintegrierende Norm ein.

751 D-K/D/C-*Duursma-Kepplinger*, Art. 6 Rn. 12; Mankowski/Müller/Schmidt-*Schmidt*, Art. 9 Rn. 19.

752 Erwägungsgrund (70) S. 2; *Virgós/Schmit*, Erläuternder Bericht Rn. 109.

753 *Bauer*, Ungleichbehandlung, S. 78; *Bork*, Principles, Rn. 4.23; *Bork*, ZIP 2002, 690, 694; Bork/van Zweiten-*Snowden*, Art. 9 Rn. 9.04; *Huber*, ZZP 114 (2001), 133, 161; *Pluta*, Insolvenzaufrechnung, S. 7; *Taupitz*, ZZP 111 (1998), 315, 343.

754 D-K/D/C-*Duursma-Kepplinger*, Art. 6 Rn. 21.

dd) Laufende Verträge und Arbeitsverträge – Art. 11 und 13 EuInsVO

Die Art. 8 und 10 EuInsVO unterwerfen Verträge an unbeweglichen Gegenständen sowie Arbeitsverträge dem Recht der engsten Verbindung.[755] Die *lex fori consursus* wird dabei zugunsten der *lex rei sitae* sowie dem Arbeitsstatut in Form einer ausschließlichen Sachnormverweisung auf das jeweilige mitgliedstaatliche Recht verdrängt.[756] Rechtswahl und Vertragsfreiheit werden damit ebenfalls verdrängt.[757] Für laufende Verträge wird dies mit den lokalen Schutzinteressen des Rechtsverkehrs und Lageortes gerechtfertigt[758], während Arbeitnehmer seit jeher zu den schutzbedürftigen Bereichen der Insolvenz zählen[759] und privilegiert wurden.

Beide Sonderanknüpfungen stören die mit der *lex fori concursus* hergestellte Gleichbehandlung der Gläubiger, indem lokale Verkehrsinteressen und Arbeitnehmerinteressen der unterschiedlichen Rechtsordnungen höher gewichtet werden.

ee) Benachteiligende Rechtshandlungen, Art. 16 EuInsO

Auch Art. 16 EuInsVO gewährt dem durch eine Rechtshandlung Begünstigten die Möglichkeit, die *lex fori concursus* zu umgehen, sofern er nachweist, dass für diese Handlung das Recht eines anderen Mitgliedstaates maßgeblich und in keiner Weise angreifbar ist. Es handelt sich dabei um eine seitens des Betroffenen geltend zu machende Einrede und wird nicht von Amts wegen berücksichtigt.[760] Der Verordnungsgeber hat sich aus Gründen der Einfachheit für eine Kumulativanknüpfungslösung entschieden, in der dem Wirkungsstatut eine Sperrfunktion zukommt.[761] Im Ergebnis entscheidet mithin das anfechtungsfeindlichste Recht und schützt den Anfechtungsgegner.[762] Sinn und Zweck der Regelung

---

755 *Hess*, Europäisches Zivilprozessrecht, S. 518/519; *Huber*, ZZP 114 (2001), 133, 152; *Leible/Staubdinger*, KTS 2000, S. 550; *Klockenbrink*, Die Gläubigerstellung, S. 284; Mankowski/Müller/Schmidt-*Mankowski*, Art. 10 Rn. 1.

756 *Virgós/Schmit*, Erläuternder Bericht Rn. 118, 127; MünchKommInsO-*Reinhart*, Art. 8 Rn. 16; Vallender-*Liersch*, Art. 11 Rn. 15.

757 *Taupitz*, ZZP 111 (1998), 215, 345.

758 *Virgós/Schmit*, Erläuternder Bericht Rn. 118; Vallender-*Liersch*, Art. 11 Rn. 1.

759 *Virgós/Schmit*, Erläuternder Bericht Rn. 125; *Bork*, Principles, Rn. 6.100.

760 *Virgós/Schmit*, Erläuternder Bericht, Rn. 136; D-K/D/C-*Duursma-Kepplinger*, Art. 13 Rn. 1; *Leible/Staudinger*, KTS 2000, 533, 556, Fn. 175.

761 D-K/D/C-*Duursma-Kepplinger*, Art. 13 Rn. 1 ff.; *Huber*, ZZP 114 (2001), S. 165; Mankowski/Müller/Schmidt-*Müller*, Art. 16 Rn. 3; Pannen-*Dammann*, Art. 13 Rn. 2.

762 Bork/van Zwieten-*Garcimartín/Virgós*, Rn. 16.05; MünchKommBGB-*Kindler*, Art. 16 Rn. 2; Vallender-*Thole*, Art. 16 Rn. 1.

ist Schutz des Vertrauens in die Unabhängigkeit der Beurteilung der Wirksamkeit einer Rechtshandlung gegenüber einem dem Wirkungsstatut fremden Insolvenzrecht.[763]

Innerhalb der nationalen Rechtsordnungen stellt die Insolvenzanfechtung jedoch das zentrale Instrument zur Durchsetzung der Gläubigergleichbehandlung dar.[764] Sie macht ungerechtfertigte Vermögensverschiebungen, die gerade im Insolvenzfall zum Nachteil der Mehrheit der Gläubiger führen, im Interesse der Gläubigergesamtheit rückgängig, um das Schuldnervermögen zur Befriedigung der Allgemeinheit zur Verfügung zu stellen.[765] Mit Art. 16 EuInsVO hat der Verordnungsgeber die gravierendste Durchbrechung der Gläubigergleichbehandlung von allen Sonderanknüpfungen geschaffen. Die Regelung steht im direkten Konflikt der Interessen der Gläubigergemeinschaft im Verhältnis zum Einzelnen.[766] Sie führt dazu, dass Anfechtungsgegner bestimmter Mitgliedstaaten gegenüber denjenigen des Eröffnungsstaates bessergestellt werden und den erlangten Vermögensvorteil nicht zugunsten der Gläubigergesamtheit herausgeben müssen.[767] Dies bewirkt sowohl auf kollisionsrechtlicher als auch materiell-nationaler Ebene eine unmittelbare Benachteiligung, die gerade in den Schutzbereich des Grundsatzes der Gläubigergleichbehandlung fällt. Damit einher geht eine Verletzung der Universalität des Verfahrens[768] sowie fehlt deren Rechtssicherheit.

ff) Wirkung des Insolvenzverfahrens auf anhängige Rechtsstreitigkeiten und Schiedsverfahren – Art. 18 EuInsVO

Art. 18 EuInsVO korrespondiert mit der Ausnahme des Art. 7 Abs. 2 lit. f) Hs. 2 EuInsVO, der die Wirkungen auf anhängige Rechtsstreitigkeiten von der *lex fori* ausschließt. Gemäß Art. 18 EuInsVO richten sich anhängige Gerichtsverfahren ausschließlich nach dem Recht des Mitgliedstaates, in dem der Rechtsstreit anhängig oder in dem das Schiedsgericht belegen ist. Die Norm stellt damit Rechtssicherheit im Prozessrecht sicher.[769] Der Anwendungsbereich der

---

763 *Virgós/Schmit*, Erläuternder Bericht, Rn. 138; Mankowski/Müller/Schmidt-*Müller*, Art. 16 Rn. 2.

764 *Bork*, Principles, Rn. 6.87; ZIP 2014, 797; *Zeeck*, Internationale Anfechtung, S. 6.

765 Bork/van Zwieten-*Garcimartín/Virgós*, Rn. 16.01; *Zeeck*, Internationale Anfechtung, S. 7.

766 MünchKommBGB-*Kindler*, Art. 16 Rn. 3.

767 *Mankowski*, EWiR 2015, 773, 774.

768 *Schmidt*, KTS 2015, 19, 24.

769 Mankowski/Müller/Schmidt-*Müller*, Art. 18 Rn. 1, 3.

Regelung wird maßgeblich vom Grundsatz der Gläubigergleichbehandlung bestimmt wie auch der EuGH in seinem Urteil *Virgílio Tarragó da Silveira/Massa Insolvente da Espírito Santo Financial GroupSA* bestätigt.[770] Um die Gläubigergleichbehandlung im Verfahren nicht zu gefährden, gilt Art. 18 EuInsVO mithin nicht für Zwangsvollstreckungsmaßnahmen.

gg) Sekundärinsolvenzverfahren – Art. 34 ff. EuInsVO

Die Verordnung lässt trotz eines bereits eröffneten Hauptverfahrens die Durchführung von Sekundärinsolvenzen zu, sofern der Schuldner eine Niederlassung im jeweiligen Mitgliedstaat vorweisen kann, Art. 34 Abs. 1 EuInsVO. Dieses Verfahren ist im Gegensatz zum Hauptverfahren auf das jeweilige mitgliedstaatliche Territorium begrenzt und wird nach der *lex fori concursus secundarii* durchgeführt, Art. 34 Abs. 1 EuInsVO.[771] Dadurch sollen lokale Gläubigerinteressen realisiert und die Anwendung einer ihnen fremden mitgliedstaatlichen Rechtsordnung vermieden werden.[772] Die Gläubiger können auf die Durchführung eines Verfahrens nach bekanntem Recht vertrauen, zumal eine Art weiterer COMI im Mitgliedstaat der Niederlassung existiert.[773] Ferner soll die Verwirklichung des Hauptverfahrens erleichtert werden, sofern die Insolvenzmasse zu verschachtelt ist oder aber die Unterscheide innerhalb der betroffenen Rechtsordnungen derart schwer wiegen, dass eine einheitliche Verwaltung das Verfahren behindert.[774] Ziel ist es mithin, insgesamt Koordinierungsschwierigkeiten innerhalb eines Hauptverfahrens vorzubeugen und es zu unterstützen.[775]

Im Ergebnis führt die Durchführung eines Sekundärverfahrens jedoch dazu, dass unterschiedliche Gläubigergemeinschaften gebildet werden, die unterschiedlichen Rechtsordnungen unterliegen. Damit wird sowohl der Grundsatz der Universalität des Verfahrens[776] als auch die Gläubigergleichbehandlung

---

770 EuGH, Urt. v. 06.06.2018 – Rs. C-250/17, *Virgílio Tarragó da Silveira/Massa Insolvente da Espírito Santo Financial GroupSA*, NZI 2018, 613, Rz. 31, 33.

771 EuGH Urt. v. 15.12.2011 – Rs. C-191/10, *Rastelli*, ZIP 2012, 183, 184 Rz. 15.

772 EuGH Urt. v. 22.11.2012 – Rs. C-116/11, *Handlowy*, ZIP 2012, 2403, Rz. 58; Bork/van Zwieten-*Mangano*, Rn. 34.05.

773 Erwägungsgrund (23).

774 Erwägungsgrund (40).

775 COM (2012) 744 final, S. 8; Mankowski/Müller/Schmidt-*Mankowski*, Vor. Art. 34 Rn. 10; Vallender-*Keller*, Art. 34 Rn. 5.

776 *Bork*, Principles, Rn. 2.22; *Haas*, FS Gerhardt, 2004, S. 319, 322; Mankowski/Müller/Schmidt-*Mankowski*, Vor. Art. 34 Rn. 16; *Schmidt* zu Partikularinsolvenzverfahren, KTS 2015, 19, 25 ff.

durchbrochen. Eine effektive Verwaltung der Schuldnermasse ist so gegebenenfalls nicht möglich und stellt einen Störfaktor für das Verfahren oder die gesamte Prozessökonomie dar.[777] Ein Sekundärverfahren liegt in der Praxis selten im Interesse der Gläubigergesamtheit.[778] Ferner ist ersichtlich, dass die Durchführung eines solchen Verfahrens gerade durch eine bessere Befriedigung der lokalen Gläubiger im Vergleich zum Hauptverfahren oder der Durchsetzung von Anfechtungsansprüchen motiviert ist.[779]

Seine Entscheidung *Alpine Bau*[780] hat der EuGH indes mit dem Grundsatz der der Gläubigergleichbehandlung begründet, obwohl es hierbei um die Durchsetzung der *lex fori concursus secundarii* ging. Das Hauptinsolvenzverfahren der Alpine Bau GmbH wurde in Österreich eröffnet und ein Insolvenzverwalter bestellt. Da die Gesellschaft eine Zweigniederlassung in Slowenien hatte, konnte hier ein Sekundärinsolvenzverfahren durchgeführt werden. Dabei hat das Gericht eine dreimonatige Frist zur Forderungsanmeldung gesetzt, die der Insolvenzverwalter des Hauptinsolvenzverfahrens hat verstreichen lassen. Grund hierfür war, dass die Forderungen zu diesem Zeitpunkt noch nicht einmal im Hauptverfahren angemeldet waren, da dieser Prozess Jahre in Anspruch genommen hat. Der Insolvenzverwalter berief sich auf sein Recht aus Art. 45 Abs. 2 EuInsVO. Er vertrat der Ansicht, Forderungen des Hauptinsolvenzverfahrens in jedem Sekundärinsolvenzverfahrens anmelden zu können, ohne dabei an eine Frist gebunden zu sein. Der EuGH hat dies mit Blick auf den in der EuInsVO geltenden Grundsatz der Gläubigergleichbehandlung verneint. Er führte weiterhin aus, dass die Fristen des Sekundärinsolvenzverfahrens vom Recht des Insolvenzverwalters aus Art. 45 Abs. 2 EuInsVO unberührt blieben. Anderenfalls wären Gläubiger, die ihre Forderungen selbst anmelden gegenüber denjenigen schlechter gestellt, deren Forderungen von einem Insolvenzverwalter angemeldet werden. Für diese zwei Gruppen gälten unterschiedliche Fristen, das verstoße gegen den Grundsatz der Gläubigergleichbehandlung. Diese Entscheidung verdeutlicht, dass der Grundsatz der Gläubigergleichbehandlung

---

777 Erwägungsgrund (41) S. 1; COM (2012) 744 final, S. 3; Vallender-*Keller*, Art. 35 Rn. 6.

778 *Schuster*, NZI 2017, 873.

779 Zu Gründen für die Eröffnung eines Sekundärverfahrens: Vallender-*Keller*, Art. 34 Rn. 10; ebenso *Hoffmann*, Gläubigergleichbehandlung, S. 423 ff.

780 EuGH, Urt. v. 25.11.2021 – Rs. C-25/20, *Alpine Bau*, NZI 2022, 40, Rz. 38 auch zum Folgenden.

an dieser Stelle nicht als Verteilungsgrundsatz, sondern vielmehr als Antidiskriminierungsprinzip ausgelegt wird und Chancengleichheit in der Ungleichheit herstellen will.

Im Rahmen der Reform gibt der Verordnungsgeber jedoch durch die Einführung von Regelungen in Art. 36 ff. EuInsVO zu erkennen, dass ein Rückzug von Sekundärverfahren in Zukunft gewollt ist und einer weiteren Verfahrenseröffnung neben dem Hauptverfahren lediglich Ausnahmecharakter zukommt.[781] Durchbrechungen der Grundstrukturen sollen nur dann erfolgen, wenn sich die Durchführung eines Sekundärverfahrens nicht nachteilig auswirkt. Zudem muss ein Sekundärverfahren nicht mehr Liquiditätsverfahren sein, sondern kann auch die Sanierung des Unternehmens zum Zweck haben[782], um so ein gesamtes Sanierungsvorhaben nicht zu torpedieren.

5. Funktionen der Gläubigergleichbehandlung in der EuInsVO

Die vorangegangene Darstellung zeigt, in welchen Regelungen der Grundsatz der Gläubigergleichbehandlung Einschlag gefunden hat, und wie die Reform vom Grundsatz beeinflusst wurde. Aus der vorgenannten Verwirklichung lassen sich Funktionen ableiten, die der Grundsatz im europäischen Kontext erfüllt.

a) Gleichstellung in- und ausländischer Gläubiger

Zunächst bewirkt der Grundsatz der Gläubigergleichbehandlung eine Gleichstellung ausländischer und inländischer Gläubiger im grenzüberschreitenden Insolvenzverfahren. Dies geschieht sowohl in formeller als auch materiell-rechtlicher Hinsicht. Durch die Anwendbarkeit der *lex fori concursus* sollen die Forderungen aller Gläubiger an einer einheitlichen Rechtsordnung bemessen werden. Dabei soll es keinen Unterschied machen, ob es sich um Gläubiger des Hauptverfahrensstaates oder eines anderen europäischen Mitgliedstaates handelt. Im Einklang mit dem Grundsatz der Universalität soll im Idealfall ein einziges Verfahren durchgeführt werden, welches das gesamte Vermögen des Schuldners beschlagnahmt und damit vor dem Zugriff einzelner Gläubiger schützt. Die

---

781 So auch *Schuster*, NZI 2017, 873; der EuGH ist jedoch der Ansicht, dass die EuInsVO nur die effiziente Verwaltung der Schuldnermasse anstrebt und nicht die Schaffung eines Einheitsverfahrens: EuGH Urt. v. 02.05.2006 – Rs. C-341/04, *Eurofood Ltd.*, Slg. 2006, I-3813, ECLI:EU:C:2006:281, ZIP 2006, 907 Rz. 48; ebenfalls Vallender-*Keller*, Art. 34 Rn. 4.

782 COM (2012) 744 final, S. 8 ff.

Anwendung einer Einzelfallgerechtigkeit ist nicht gewollt und Ausnahmen sind nur im Rahmen der gesetzlichen Regelungen der Art. 8 bis 18 EuInsVO zulässig. Dadurch wird das Verfahren vorhersehbar und rechtssicher für alle Gläubiger gestaltet.

Darüber hinaus werden aber auch formelle Gleichstellungen geschaffen, indem Forderungen von Gläubigern grundsätzlich sowohl in Haupt- als auch Sekundärverfahren angemeldet werden können.[783]

b) Effektivität des Verfahrens

Infolge des geltenden Grundsatzes der Gläubigergleichbehandlung wird die Effektivität eines grenzüberschreitenden Verfahrens gefördert. Dies zeigt sich zunächst an der einheitlichen Unterwerfung des Verfahrens nach der *lex fori concursus* und steht damit im direkten Zusammenhang mit der Zielsetzung der EuInsVO. Würde man die Forderungen der Gläubiger nach dem Recht ihres originären Mitgliedstaates abwickeln, wären der Verfahrensprozess und auch die Gerichte infolge unbekannter Rechtsordnungen überfrachtet und die Befriedigung würde enorm verlangsamt werden. Eine solche Entwicklung ginge letztlich auch zulasten der Gläubiger, sodass eine schnelle und unkomplizierte Abwicklung auch eine Funktion des Gläubigergleichbehandlungsgrundsatzes darstellt.

Aber auch die Möglichkeit von synthetischen Insolvenzverfahren steigert die Effektivität und die Abwicklung im Verfahren, indem die Universalität und Einheit des Verfahrens gefördert werden.

Letztlich ist auch die Anerkennung von Insolvenzverfahren in anderen Mitgliedstaaten Ausdruck eines effizienten, einheitlichen Verfahrens, das alle beteiligten Gläubiger in ihrer Rechtsposition im mitgliedstaatlichen Raumschützt.

c) Antidiskriminierung

Anknüpfend an die Gleichstellung der Gläubiger resultiert aus dem Grundsatz der Gläubigergleichbehandlung auch ein Gebot der Antidiskriminierung. Gläubiger unterschiedlicher Mitgliedstaaten sollen gleichermaßen Zugang zum schuldnerischen Vermögen erhalten und dabei gleichbehandelt werden. So können sie ihre Forderungen in allen Verfahren anmelden und auch an allen Verfahren teilnehmen. Ihnen sollen auch alle notwenigen Informationen offenstehen, sodass sie sich optimal auf ein Insolvenzverfahren einstellen und ihre Forderungen durchsetzen können. Weder sprachliche noch administrative Barrieren

783 siehe EuGH, Urt. v. 25.11.2021 – Rs. C-25/20, *Alpine Bau*, NZI 2022, 40, Rz. 38.

sollen Gläubiger daran hindern, ihre Forderung durchsetzen zu können, um so letztlich die Gläubiger inländischer Insolvenzverfahren zu bevorzugen.

d) Materielle Verteilungsgerechtigkeit

Die zentrale Norm zur Verwirklichung der Gläubigergleichbehandlung bildet Art. 23 EuInsVO. Mit der Sachnorm möchte die Verordnung eine materielle Verteilungsgerechtigkeit innerhalb der Gläubigergemeinschaft schaffen und eine Befriedigung über 100 % der Forderung hinaus verhindern. Damit wird der Grundsatz auch auf einer Verteilungsebene verwirklicht und greift auch in das nationale System des Insolvenzrechts ein. Eine Bevorzugung einzelner Gläubiger infolge der Durchführung mehrerer Insolvenzverfahren wird von der EuInsVO nicht hingenommen. Die Verordnung will gewährleisten, dass die Durchführung mehrerer Insolvenzverfahren nicht missbraucht wird und so zu einer ungerechten Verteilung des Schuldnervermögens führt, die einzelne Gläubiger bevorzugt.

Im Falle einer grenzüberschreitenden Konzerninsolvenz will die Verordnung ebenfalls den Grundsatz der Gläubigergleichbehandlung durchsetzen. Werden die jeweiligen Insolvenzverfahren miteinander koordiniert, so muss gewährleistet sein, dass dadurch keine finanzielle Benachteiligung von Gläubigern entsteht. Auch hier manifestiert sich der Grundsatz in dem Bedürfnis nach einer materiellen Verteilungsgerechtigkeit.

e) Koordination von Verfahren

Das Idealbild eines universellen Insolvenzverfahrens ist oftmals nicht möglich, sodass es zu Insolvenzverfahren mit unterschiedlichen Insolvenzmassen kommt. Deshalb müssen infolge der Geltung des Grundsatzes der Gläubigergleichbehandlung in grenzüberschreitenden Insolvenzverfahren Haupt- und Sekundärverfahren koordiniert werden, um u. a. die materielle Verteilungsgerechtigkeit des Art. 23 EuInsVO durchzusetzen. Der Verordnungsgeber möchte mit der Regelung sicherstellen, dass Gläubiger nur das erhalten, was ihnen auch ursprünglich gegenüber dem Schuldner zugestanden hat. Es soll verhindert werden, dass dem Einzelnen Vorteile aus der Durchführung mehrere Insolvenzverfahren entstehen.

f) Transparenz und Chancengleichheit

Mit der Schaffung von elektronischen Registern innerhalb der Mitgliedstaaten und einer Vernetzung dieser Register auf europäischer Ebene haben insowie ausländische Gläubiger Zugang zu allen relevanten Informationen des

Insolvenzverfahrens. Dadurch wird sowohl die Transparenz des Verfahrens als auch eine Chancengleichheit verwirklicht.

g) Harmonisierung

Die Verwirklichung des Prinzips der Gläubigergleichbehandlung schafft auf europäischer Ebene einen gemeinsamen Wertmaßstab und trägt zur Harmonisierung der insolvenzrechtlichen Grundsätze in nationalen Rechtsordnungen bei. Die Verordnung bekennt sich dadurch zudem zum Gebot der Fairness im Verfahren und spricht sich im Einklang mit dem Grundsatz der Universalität und Einheit des Verfahrens gegen eine Bevorzugung einzelner Gläubiger aus. Zwar der Grundsatz hat seinen Ursprung im nationalen Recht, dennoch soll er aber auch – soweit möglich – auf europäischer Ebene verwirklicht werden. Es handelt sich um einen gemeinsamen Wertemaßstab der Mitgliedstaaten.

D. Fazit

Für die anfangs aufgestellten Hypothesen ergibt sich Folgendes:

- Bei der Gläubigergleichbehandlung auf nationaler und europäischer Ebene handelt es sich um eigenständige Grundsätze, sie weisen Gemeinsamkeiten und Unterschiede auf.

Es handelt sich nicht gänzlich um eigenständige Grundsätze. Die Gläubigergleichbehandlung im europäischen Raum ist ein Ergebnis nationaler Gläubigergleichbehandlungen. Dennoch sind sie getrennt voneinander zu bewerten, da sie unterschiedliche Aufgaben erfüllen.

Es lässt sich festhalten, dass der Grundsatz der Gläubigergleichbehandlung infolge der aufgezeigten Durchbrechungen nur in modifizierter Form verwirklicht ist. Beiden Grundsätzen – sowohl auf nationaler wie auch auf europäischer Ebene – ist gemein, dass sie zwar das Idealbild eines Insolvenzverfahrens verkörpern, dabei aber dennoch nicht vollständig verwirklicht sind, Ausnahmen erfahren und auch zulassen. Korrekterweise müsste der Grundsatz der Gläubigergleichbehandlung spiegelbildlich zum Begriff der modifizierten Universalität auch um einen Zusatz wie „relativ" oder „modifiziert" ergänzt werden, zumal dessen Verwirklichung nicht absolut erfolgt, in Zukunft nicht erfolgen kann und auch nicht erfolgen soll.

Während die Ausnahmen im Rahmen einer nationalen Gläubigergleichbehandlung auf die Schutzbedürftigkeit einzelner Gläubigergruppen gestützt werden, sind die Ausnahmen des Gläubigergleichbehandlungsgrundsatzes in der EuInsVO auf die bisher unmögliche Harmonisierung europäischer Insolvenzrechtsordnungen und den Vertrauensschutz von Gläubigern zurückzuführen. Es handelt sich in beiden Fällen nicht um starre Regelungen, sondern vielmehr um politische und gesetzgeberische Entscheidungen, die dem Wandel unterliegen. Sowohl im Falle einer rein nationalen als auch im Falle einer grenzüberschreitenden Insolvenz nehmen dingliche Gläubiger und Arbeitnehmer eine Sonderstellung ein.

Auf internationaler Ebene verschiebt sich der Fokus von der reinen Verteilungsebene der Gläubigergleichbehandlung zur grundsätzlichen Teilnahme am Verfahren. Dabei steht der rechtstechnische Umgang mit allen Gläubigern, die derselben Rechtsordnung unterworfen werden im Vordergrund. Der Aspekt der Fairness wird nur teilweise berücksichtigt. Zwar will Art. 23 EuInsVO eine übermäßige Befriedigung einzelner Gläubiger verhindern, indem jeder Gläubiger nur einmal 100 % Befriedigung erlangen darf. Indes kann die Anwendung der *lex fori concursus* sowohl zu einer Verschlechterung als auch einer Verbesserung der Rechtsposition ausländischer Gläubiger führen. Dies wird insbesondere anhand der kollisionsrechtlichen Regeln zur Insolvenzanfechtung deutlich. Mithin ist eine gerechte Verteilung i. S. d. EuInsVO als eine einheitliche Verteilung definiert, nicht jedoch immer als eine gerechte.

- Es existiert ein eigenständiger europäischer Gehalt der Gläubigergleichbehandlung in der EuInsVO, der sich in einer nationalen Insolvenz nicht wiederfindet.

Das europäische Insolvenzverfahren muss nicht die der *lex fori concursus* bekannten Gläubigergruppen in Einklang bringen, sondern Gläubiger unterschiedlicher Rechtsordnungen. Dies gewährleistet die Verordnung mit Hilfe der Anwendung eines Sachrechts, Regelungen zur Transparenz und Rechtssicherheit des Verfahrens, die Verteilung des Schuldnervermögens sowie die Anerkennung gerichtlicher Verfahren.

Zudem steht das europäische Verfahren vor der Aufgabe, im Zweifel mehrere parallellaufende Insolvenzverfahren und die Verteilung des Schuldnervermögens zu koordinieren. Die Besonderheit besteht darin, diese Koordination trotz Geltung nationaler Verteilungsregeln zu gestalten. Damit muss die EuInsVO eine dem nationalen Verfahren fremde Aufgabe erfüllen und ist gerade für Gläubiger missbrauchsanfällig, wenn keine ausreichende Kontrolle vorhanden ist.

- Der Begriff der europäischen Gläubigergleichbehandlung setzt sich zusammen aus dem nationalen Verständnis der Gläubigergleichbehandlung der verschiedenen Rechtsordnungen und einem Antidiskriminierungsgedanken.

Die europäische Gläubigergleichbehandlung resultiert aus der Existenz des Grundsatzes nationaler Rechtsordnungen und führt diese Tradition auch auf internationaler Ebene fort. In Anknüpfung an ihre Koordinationsfunktion im Verfahren ist der Grundsatz auch als Antidiskriminierung innerhalb der Gläubigergemeinschaft zu verstehen. Gläubiger des verfahrensführenden Staates sollen grundsätzlich nicht anders behandelt werden als Gläubiger anderer Mitgliedstaaten. Dabei äußert sich die Verordnung jedoch nicht zur grundsätzlichen Privilegierung von Gläubigergruppen, wie sie innerhalb der nationalen Rechtsordnungen vorhanden sind. Es geht lediglich darum, grundsätzlich allen Gläubiger, den Zugang zum Verfahren zu ermöglichen, ganz gleich wo diese Gläubiger belegen sind, welche Art von Forderung ihnen zusteht und welcher Nationalität sie angehören.

- Die europäische Gläubigergleichbehandlung bildet eine Art „gemeinsamen Nenner“ nationaler Rechtsordnungen und einen Wertemaßstab für den europäischen Raum.

Sowohl den nationalen Rechtsordnungen als auch der EuInsVO liegt der gemeinsame Gedanke zugrunde, Gläubiger nicht über den ihnen zustehenden Betrag hinaus zu befriedigen und gegenüber anderen Gläubigern zu bevorzugen. Dahinter steht das Bedürfnis nach einem fairen Verfahren. So wie nationale Insolvenzverfahren den Wettlauf der Gläubiger verhindern wollen, indem sie eine Einzelzwangsvollstreckung verbieten und eine *pro rata* Verteilung vorsehen, so verbietet die EuInsVO eine Befriedigung von Gläubigerforderungen über 100 % des Nominalwerts. Damit stellt die Verordnung klar, dass Gläubiger ungeachtet der Möglichkeit, eine Forderung mehrfach anzumelden, keine Vorteile ziehen sollen. Damit bekennt sie sich zu einer fairen und gerechten Abwicklung des Schuldnervermögens.

- Die europäische Gläubigergleichbehandlung soll nicht die nationale Gläubigergleichbehandlung durchsetzen.

Ziel der EuInsVO ist bisher nicht, eine einheitliche europäische Insolvenzordnung, Verteilungsordnung oder eine Harmonisierung dinglicher Sicherheit herbeizuführen. Sie soll lediglich Regeln festlegen, die gerade unter Anerkennung der Andersartigkeit unterschiedlicher Rechtsordnungen eine effiziente Abwicklung ermöglichen.

Nicht ganz eindeutig beantwortet werden kann die Frage danach, ob die Gläubigergleichbehandlung auf europäischer Ebene auch die nationale Gläubigergleichbehandlung durchsetzen möchte. Grundsätzlich soll die EuInsVO nicht in fremde Rechtsordnungen eingreifen, sie enthält überwiegend Kollisionsrecht. Sie steht den mitgliedstaatlichen Rechtsordnungen grundsätzlich neutral gegenüber und ist nur Vermittler bei dem Aufeinandertreffen unterschiedlicher Regeln. Die EuInsVO hat damit eine andere Aufgabe als nationale Rechtsordnungen und verfolgt überwiegend das Ziel der Koordination. Ihre Aufgabe besteht darin, grenzüberschreitende Insolvenzverfahren effizient und rechtssicher zu gestalten, um so zu einem funktionierenden europäischen Binnenmarkt beizutragen.[784] Dieses Ziel soll durch Regelungen zum Gerichtsstand, zur Anerkennung und zum anwendbaren Recht verwirklicht werden.[785] Demnach unterscheidet sich

---

784 Erwägungsgründe (3), (4), (8).

785 Erwägungsgrund (8).

der Wirkungsbereich der europäischen Gläubigergleichbehandlung maßgeblich von der der nationalen Gläubigergleichbehandlung.

Das Prinzip der Gläubigergleichbehandlung in der EuInsVO ist jedoch auch darauf ausgerichtet, auf die Verteilungsordnung Einfluss zu nehmen. Mit der Sachnorm des Art. 23 EuInsVO schafft die EuInsVO materiell-rechtliche Regeln, die direkt auf die Verteilung des Schuldnervermögens und damit auch unmittelbar auf nationale Rechtsordnungen einwirken. Zudem muss berücksichtigt werden, dass die Existenz einer europäischen Gläubigergleichbehandlung auf die Existenz des Grundsatzes auf nationaler Ebene zurückzuführen ist.

Letztlich ist eine differenzierte Betrachtung erforderlich. Der Grundsatz der Gläubigergleichbehandlung kann auf europäischer Ebene kraft Natur der Sache keine *pro rata* Befriedigung ungesicherter Gläubiger durchsetzen. Dabei handelt es sich hierbei um einen Kernaspekt nationaler Gläubigergleichbehandlung. Der Anwendungsbereich der Verordnung ist ebenfalls nicht nur auf Verfahren ausgerichtet, die als Gesamtvollstreckungsverfahren konzipiert sind. Gleichwohl bildet er Verfahren ab, die die nationalen Rechtsordnungen zur Verfügung stellen. Auch wenn der europäische Grundsatz der Gläubigergleichbehandlung eine prozessuale Gleichbehandlung von Gläubigern durchsetzt, die ebenfalls Bestandteil der nationalen Gläubigergleichbehandlung ist, so handelt es sich dennoch um unterschiedliche Wirkungsebenen. Die originäre Durchsetzung der Gläubigergleichbehandlung bleibt auf nationaler Ebene der *lex fori concursus* vorbehalten.

Printed by
CPI books GmbH, Leck

FSC
www.fsc.org
MIX
Papier | Fördert
gute Waldnutzung
FSC® C083411

Kolibri 360 GmbH
Ferdinand-Jühlke-Straße 7
99095 Erfurt, Deutschland
produktsicherheit@kolibri360.de